聊城大学
"海陆经济联动下产业集群升级与区域经济发展"
重点学科项目成果

山东省社会科学规划研究项目
"山东省产业集群升级机制研究——基于分工视角"
结题成果

山东省产业升级与经济协同发展软科学基地成果

分工·市场·制度与产业集群升级研究
——以山东省为例

马中东 ◎ 著

Division of Labour · Market · Institution and
Industrial Cluster Upgrading
-A Case Study of Shandong

中国社会科学出版社

图书在版编目(CIP)数据

分工·市场·制度与产业集群升级研究：以山东省为例／马中东著.
—北京：中国社会科学出版社，2016.1
ISBN 978-7-5161-6591-1

Ⅰ.①分… Ⅱ.①马… Ⅲ.①区域经济发展-研究-山东省
Ⅳ.①F127.52

中国版本图书馆 CIP 数据核字（2015）第 160105 号

出 版 人	赵剑英
责任编辑	任　明
特约编辑	纪　宏
责任校对	季　静
责任印制	何　艳

出　　版	中国社会科学出版社
社　　址	北京鼓楼西大街甲 158 号
邮　　编	100720
网　　址	http://www.csspw.cn
发 行 部	010-84083685
门 市 部	010-84029450
经　　销	新华书店及其他书店

印刷装订	北京市兴怀印刷厂
版　　次	2016 年 1 月第 1 版
印　　次	2016 年 1 月第 1 次印刷

开　　本	710×1000　1/16
印　　张	14.25
插　　页	2
字　　数	241 千字
定　　价	48.00 元

凡购买中国社会科学出版社图书，如有质量问题请与本社营销中心联系调换
电话：010-84083683
版权所有　侵权必究

Abstract

This paper summarizes several major research views on upgrading of industrial cluster through the analysis and conclusion of recent major research on it, which are views from global value chain, innovation perspective and institutional perspective. The shortcoming of current research is the isolated analysis view because of lack of systematization, which requires building up the systematic framework of analysis containing the value chain, innovation and institution. With further strengthening of empirical analysis and practice value, the research on upgrading of industrial cluster can be further enriched. The essence of cluster upgrading lies in obtaining and improving of cluster competitive advantage. The competitive advantage for the cluster comes not only from cost advantage, but mainly from the division advantage form the interaction mechanism between technological innovation and cluster, market advantage for promoting competition and cooperation within clusters, and institutional advantage to ensuring technological innovation and effective competition. This paper attempts to establish an analysis framework covering technological innovation, market innovation and institutional innovation, which takes division of the value chain as the logical starting point. That "division of labour-market-system" model (DMI model) analyzes specifically the impacts on upgrading of industrial cluster by the division of labour, market and institution.

There is a correspond relationship between division of labour and value chain. The value chain of a product can be entirely integrated into an enterprise, and also be part of that. Division of labour can be divided into technological division and social division based on existence conditions of value chain in the enterprise. The division of labour chain within the enterprise is mainly determined by technological level, which is known as technological division of labour. The various links of value chain of a product lying in the vertical distribution among several enterprises, or one part of the link of value chain lying in the horizontal distribution among several enterprises, can be known as social division of labour. Social division of labour is the externalization of technological division of labour, which depends on internal organization cost and transaction cost. Organization cost is determined by the technological division. If the internal transaction cost exceeds organization cost, the existing corporatewill be divided into two or more enterprises until the internal organization cost is less than (or equal to) transaction cost. Industrial division of labour is one kind of social division of labour in the macro level. When a product's production technology is relatively mature, the total number of enterprise is relatively rich, the production scale is relatively huge, one is able to say that the industrial division of labour has been formed. Industrial division of labour concentrates social resources to one certain industry, leading the product into a state of specialization, improving labour efficiency and lowering production cost. When an industry's value chain is fragmentized and gathered in different geographical areas, regional division of labour and regional industry cluster are formed. When the chain is located in different countries, a global value chain is thus formed with the formation of international division of labour. Deepening division of labour and technological innovation are jointly promoting industrial cluster to embed more deeply in the value chain of the international division of labour, especially upgrading to high value-added link, obtaining the advantage of division of labour, promoting transition from labour-intensive industries to technology and capital-intensive industries, so as to the realize the upgrading of industrial organization of industrial cluster.

According to Smith theorem and Young theorem, division of labour can promotethe market, and vice versa. Social division of labour leads to the formation of specialized markets, and the specialized market is deepening social division of labour. The interaction between the social division of labour and market promotes continuous development of industrial clusters. There is a positive correlation between the development of regional industrial clusters and market integration. With the deepening of reform and opening up, the ratio of dependence on foreign trade (FTR) in China improves constantly, and international market becomes the major market for domestic industrial clusters. International market integration is in favour of integrating into the chain of international division of labour for manufacturing industry, attracting international industry transform and upgrading the competition of industrial clusters.

The formation and evolution of industrial clusters is under a particular institutional environment. So institution becomes one of the indispensible elements to effect the upgrading of industrial clusters. The provision of institution is the result of constant deepening of division of labour. The major institutional elements effecting on industrial clusters include social capital, entrepreneurship and government functions, which restrict the division of labour and the development of industrial clusters. The optimization of institutional environment is a prerequisite for deepening the division of labour and market improvement. And institutional innovation is the ensuring of technological innovation. Revolving round the deepening of division of labour and bettering the market, we should innovate the institution from the aspect of social capital, entrepreneurship and government functions, then we can achieve the institutional advantages and institutional upgrading of industrial clusters. The combination of division of labour, market and institution constitutes a new competitive advantage of industrial clusters. And the ultimate achievement of industrial clusters upgrading depends on the upgrading combination of industrial organization, industrial structure and institutional framework.

This paper applies the model of "Division of labour-Market-Institution" (DMI) to research on the issues of upgrading of industrial clusters in Shandong province. It points out the problems that the upgrading of industrial clusters confronted with, which includes the locking on the division of labour caused by low end situation of value chain about international division of labour, the locking on the market caused by market segmentation and blind competition, the low end of social capital value and the locking on institutions caused by the lack of innovation spirit of entrepreneur and the dislocation of government functions. So we should find a new nitching for industrial clusters from the perspective of division of labour, and pay more attention to technological innovation for promoting the upgrading of industrial clusters to the high end of division of labour chains, which will be helpful to overcome some constraints including the locking on the division of labour, market segmentation and the locking on institutions and enhancing the continous competitiveness of industrial clusters in China.

With the technological innovation and embeding in the high end of global value chains, we can build industrial clusters with a regional division of labour characteristic and have the access to the advantages of division of labour, which will promote the upgrading of industrial organization in clusters. Taking the development of service as the premise and enhancing professional market, we can accelerate the integration of domestic and foreign markets to overcome market segmentation and acquire market innovation and market advantages, which will promote the upgrading of industrial structure in those industrial clusters. With the institutional innovation, we can enhance the value of social capital to foster innovative entrepreneurship, improve government services, improve the institutional environment for industrial upgrading, acquire institutional advantages and promote the upgrading of institutional framework in those industrial clusters. By positive analysis on the upgrading of electrical appliances industry cluster, textile industry cluster, aluminium industry cluster in Shandong province, it tests and verifies the rationality of this modle on the whole.

Keywords: Upgrading of industrial cluster; division of labour; modle of DMI; Shandong province

目 录

绪论 …………………………………………………………… (1)
  一 研究目的 ………………………………………………… (1)
  二 研究范围与概念界定 …………………………………… (2)
  三 理论基础 ………………………………………………… (3)
  四 研究设想 ………………………………………………… (4)
  五 研究方法 ………………………………………………… (5)
  六 预期结果 ………………………………………………… (6)
  七 研究意义 ………………………………………………… (6)
  八 创新与不足 ……………………………………………… (7)
  九 本书的内容安排 ………………………………………… (8)

第一章 产业集群升级研究的最新进展综述 ………………… (9)
  一 对产业集群升级必要性的论述 ………………………… (9)
  二 全球价值链视角下的产业集群升级研究 ……………… (11)
  三 创新视角下的产业集群升级研究 ……………………… (17)
  四 制度视角下的产业集群升级研究 ……………………… (19)
  五 产业集群种类划分视角下的产业集群升级研究 ……… (21)
  六 网络范式下的产业集群升级研究 ……………………… (26)
  七 产业集群升级研究的特征与趋势分析 ………………… (26)

第二章 基于分工视角的产业集群演化与升级机理 ………… (29)
  第一节 基于技术分工与社会分工的产业集群演化机理 … (29)
    一 分析的理论基础 ……………………………………… (29)
    二 基于技术分工和社会分工视角的产业集群演进机理分析…… (31)
    三 分工演化与山东产业集群类型的多样化 …………… (33)
    四 社会分工视角下山东产业集群特征与问题分析 …… (35)
  第二节 基于地域分工的产业集群演化机理 ……………… (36)

  一 机理分析……………………………………………………（36）
  二 基于地域分工视角的中国产业集群概述……………………（37）
  三 基于地域分工视角的山东产业集群类型分析………………（45）
  四 基于地域分工视角的山东产业集群分布概述………………（46）
  五 基于地域分工视角的山东产业集群存在的问题分析………（57）
 第三节 新国际分工与产业集群升级……………………………（58）
  一 新国际分工的理论演进…………………………………………（59）
  二 新国际分工下产业集群理论模型………………………………（62）
  三 新国际分工下山东产业集群定位………………………………（66）
  四 新国际分工下山东产业集群升级面临的问题分析……………（66）
 第四节 强化技术创新、融入全球价值链、培育产业集群升级的
     分工优势……………………………………………………（68）
  一 重视技术创新，提高技术分工与社会分工水平………………（68）
  二 依托各地资源优势，形成特色产业集群………………………（69）
  三 构建产业链条，增强产业集群之间的地域分工合作…………（69）
  四 积极融入国际分工新格局，嵌入全球价值链高端环节………（70）
  五 利用FDI集群外溢效应，带动产业集群升级…………………（70）
  六 以生态工业园区为平台，积极推进产业集群绿色发展………（71）

第三章 产业集群升级的市场因素分析……………………………（72）
 第一节 产业集群与专业化市场互动机理分析…………………（72）
  一 专业市场的含义与特征…………………………………………（72）
  二 专业市场与产业集群耦合联动…………………………………（73）
 第二节 专业市场、分工深化与产业集群升级…………………（76）
  一 产业集群与市场条件的关系……………………………………（77）
  二 专业化市场和产业集群的关系——以浙江为例………………（78）
  三 义乌日用品产业集群升级研究案例……………………………（80）
  四 丹阳眼镜产业集群升级研究案例………………………………（83）
  五 余姚模具产业集群升级研究案例………………………………（86）
  六 结论………………………………………………………………（89）
 第三节 山东省产业集群与专业化市场互动机理………………（90）
  一 山东产业集群与专业化市场发展概况…………………………（90）
  二 山东产业集群与专业化市场共生特征与问题分析……………（92）

第四节 产业集群与国内市场一体化研究 …………………… (93)
    一 产业集群发展与市场一体化进程相互促进 …………… (93)
    二 山东产业集群的省际贸易状况分析 …………………… (95)
    三 国内市场分割导致省际贸易低于国际贸易的原因分析 … (96)
    四 市场分割对产业集群、分工的影响 …………………… (97)

第五节 山东省产业集群与国际市场一体化研究 ……………… (98)
    一 山东产业集群国际贸易的省际比较 …………………… (98)
    二 山东省各市产业集群国际贸易比较分析 ……………… (103)
    三 山东各市利用外资与对外贸易的计量分析 …………… (105)

第六节 进行市场创新、培植产业集群升级的市场优势 ……… (108)
    一 强化品牌市场创新，提升专业化市场水平 …………… (108)
    二 进行区域协调机制创新，完善国内一体化市场 ……… (109)
    三 强化品牌集群创新，提高国际市场竞争力 …………… (110)
    四 发展现代服务业，加快市场创新步伐 ………………… (111)

第四章 产业集群升级的制度因素分析 ………………………… (112)
第一节 制度对分工和产业集群影响的理论分析 ……………… (112)
第二节 产业集群升级的制度框架分析 ………………………… (115)
    一 集群治理与集群升级 …………………………………… (115)
    二 企业家创新精神与产业集群 …………………………… (118)
    三 社会资本与产业集群互动研究 ………………………… (119)
    四 政府职能与产业集群 …………………………………… (122)

第三节 山东省产业集群升级与制度变迁 ……………………… (123)
    一 山东产业集群形成历程分析 …………………………… (123)
    二 基于分工的制度变迁与产业集群升级 ………………… (124)
    三 山东产业集群升级面临制度问题分析 ………………… (127)

第四节 进行制度创新、培植产业集群升级的制度优势 ……… (130)
    一 完善集群治理结构：由权威治理向网络治理转变 …… (130)
    二 培养企业家创新精神：由传统企业家向现代企业家
        转变 ……………………………………………………… (131)
    三 提升社会资本价值水平：由传统社会资本向现代社会资本
        转变 ……………………………………………………… (132)
    四 转变政府职能：由领导型政府向服务型政府转变 …… (133)

第五章　DMI 框架的实证分析（Ⅰ）
——以山东家电产业集群升级为例 …………………（136）

第一节　DMI 理论框架构建 ………………………………（136）
　一　框架内容 ……………………………………………（136）
　二　框架构成 ……………………………………………（137）
　三　指标的设定 …………………………………………（139）

第二节　青岛家电产业集群发展现状与分工特征分析 ……（140）
　一　青岛家电产业集群发展现状 ………………………（140）
　二　青岛家电产业集群涵盖全球价值链分工的较多环节 ……（141）
　三　青岛家电产业集群中的纵向分工和横向分工形成分工网络 …………………………………………………（142）
　四　大企业主导是青岛家电产业集群的主要特征 ……（143）
　五　青岛家电产业集群在国际分工链条中处于功能升级阶段 ………………………………………………（144）

第三节　青岛家电产业集群市场特征 ………………………（146）
　一　市场渠道建设多元化 ………………………………（146）
　二　国内市场销售额保持增长，但市场份额在降低 ……（148）
　三　国际市场前景乐观，但贸易壁垒不断强化 ………（149）

第四节　青岛家电产业集群制度建设状况及特征 …………（151）
　一　政府政策支持是家电集群发展的制度保障 ………（151）
　二　行业协会是小家电产业集群升级的助推器 ………（154）
　三　企业家精神是家电产业集群发展的活力源泉 ……（155）
　四　社会资本是家电集群发展的无形之手 ……………（157）

第五节　青岛家电产业集群在 DMI 框架下的实证分析 ……（160）
　一　模型、指标设定和数据描述 ………………………（160）
　二　实证检验结果 ………………………………………（163）

第六节　青岛家电产业集群升级的问题与对策分析 ………（166）
　一　青岛家电产业集群升级面临的问题 ………………（166）
　二　青岛家电产业集群升级的对策建议 ………………（169）

第六章　DMI 框架的实证分析（Ⅱ）
——以山东纺织产业集群升级为例 …………………（175）

第一节　山东纺织产业集群的特征分析 ……………………（175）

一　山东纺织产业集群发展规模与竞争力 …………………（175）
　　二　山东纺织产业集群分工特征 ……………………………（176）
　　三　山东纺织产业集群市场特征 ……………………………（180）
　　四　山东纺织产业集群制度状况与特征 ……………………（181）
　第二节　山东纺织产业集群升级的问题与对策分析 …………（183）
　　一　山东纺织产业集群升级面临的问题分析 ………………（184）
　　二　山东纺织产业集群升级的对策分析 ……………………（186）

第七章　DMI 框架的实证分析（Ⅲ）
　　　　——以山东铝产业集群升级为例 ……………………（190）
　第一节　铝产业分工链分析 ……………………………………（190）
　第二节　山东铝产业集群升级特征分析 ………………………（192）
　　一　山东铝产业集群规模大、发展迅速 ……………………（192）
　　二　山东铝产业集群分工特征 ………………………………（193）
　　三　山东铝产业集群市场特征 ………………………………（196）
　　四　山东铝产业集群制度特征 ………………………………（199）
　第三节　山东铝产业集群升级存在问题和对策建议 …………（199）
　　一　问题分析 …………………………………………………（199）
　　二　对策建议 …………………………………………………（200）
　　三　结论 ………………………………………………………（203）

第八章　结论与需要进一步讨论的问题 …………………………（204）

参考文献 ……………………………………………………………（206）

后记 …………………………………………………………………（215）

绪 论

一 研究目的

进入21世纪，随着劳动力成本的不断上升、自然资源与产品价格大幅波动，加之全球金融危机的影响，我国产业集群的竞争优势受到挑战，比如分布在山东沿海的产业集群，部分韩资企业逃离，劳动密集型企业生存出现危机。近年来，以循环经济、低碳经济、绿色经济为特征的生态经济成为经济发展的新方向，特别是资源密集型的产业集群存在高污染、高耗能等问题，节能减排成为这类产业集群发展的必要内容。因此，产业集群的升级问题成为中国经济可持续发展的关键问题。

山东是全国的经济大省，全省GDP连续十多年位居全国省市前三名。山东经济的快速发展得益于产业集群的大发展。山东产业集群的主要特点是以劳动密集型、资本密集型和资源密集型的产业为主，并且其发展以大企业为核心。比如，邹平以魏桥创业集团为核心的纺织集群和铝业集群；烟台以南山集团和茌平以信发集团为核心的铝业集群；济南、莱芜、日照以山钢集团为核心的钢铁集群；青岛以海尔、海信、澳柯玛集团为核心的家电集群；淄博以齐鲁石化为核心、菏泽以玉皇集团为核心的石油化工集群等。山东IT、生物制药等高技术集群和五金、玩具等传统集群虽然有所发展，但所占比重远低于广东、江苏、浙江等省。

以上特点的形成是符合资源禀赋分工理论的。山东人口有九千多万，劳动力资源丰富，因此适合劳动密集型产业的发展。同时，山东又是资源大省，煤炭、石油、铁矿、盐等资源丰富，适合重化工等资本密集型和资源密集型产业发展。山东也是农业大省，适合专业化特色农业集群的发展。山东还是海洋经济大省，适合港口、运输、造船等海洋产业集群发展。山东海岸线长，邻近日本和韩国，适合吸引韩资和日资企业，发挥人口与资源优势，参与国际分工，承接产业转移，发展FDI产业集群。

山东省产业集群升级要立足于山东产业集群特点。山东主要是依靠大企业、大项目投资带动形成的产业集群，有别于广东主要依靠出口带动形成的产业集群，也有别于浙江主要生产传统产品的中小企业集群。学术界对广东、江苏、浙江产业集群及其升级的研究成果相当丰富，但对山东产业集群升级的研究相对薄弱。

本书以分工为研究视角，以山东为例，通过"分工—市场—制度"（DMI）框架分析产业集群升级问题，指出当前产业集群升级面临的问题是：全球价值链分工低端状态与国内区域分工趋同导致分工锁定，市场分割与无序竞争并存导致市场锁定，集群治理失衡、社会资本价值的低端化、企业家创新精神缺失与政府职能错位导致制度锁定。因此必须从分工角度对山东产业集群进行重新定位，重视技术创新，推动产业集群向分工链条的高端环节升级，克服分工锁定；必须进行市场创新，打破市场分割，建立统一有序的市场，克服市场锁定；必须进行制度创新，完善集群治理、转变政府职能、提升企业家创新精神，克服制度锁定，形成分工优势、市场优势与制度优势，构建产业集群升级的新机制，提升产业集群的持续竞争力。

二 研究范围与概念界定

产业集群升级和产业升级、产业结构优化升级、产业转型等概念密切相关，同时又有所区别，必须掌握它们之间的联系，明确每个概念的内涵，从而为本书界定研究范围。

1. 产业升级、产业结构升级、产业转型

产业升级主要是指产业结构的改善和产业素质与效率的提高。产业结构的改善表现为产业的协调发展和结构的提升；产业素质与效率的提高表现为生产要素的优化组合、技术水平和管理水平以及产品质量的提高。产业升级必须依靠技术进步。

产业结构是指第一、二、三产业在国民经济中的所占比例，以及各产业内部配置，如轻工业与重工业、劳动密集型与资本密集型等。

产业结构升级过程是产业之间关系与地位调整的互动过程，不同生产要素转换、流动与升级导致社会产业结构的变化，产业范围拓展，产业分立加速，不断出现新的产业与产业体系，产业间的融合，即产业间的相容、渗透功能越来越强（何立胜、鲍颖，2005）。

产业升级与产业结构升级密切相关。产业升级更具一般意义，外延更加广泛。产业升级就是从利润率较低的产业结构升级转移到利润率较高的产业结构。

产业转型是指在一个国家或地区的国民经济主要构成中，产业结构、产业规模、产业组织、产业技术装备等发生显著变动的状态或过程。产业转型是一个综合性的概念，它包括了产业在结构、组织及技术等多方面的转型。一般来说，产业转型主要包括产业结构转型和产业组织转型。

无论是产业升级，还是产业结构升级，或者是产业转型升级，都是从低附加值转向高附加值的升级，从高能耗、高污染转向低能耗、低污染升级，从粗放型转向集约型升级；都是资本、劳动力、技术等要素在各个产业之间重新配置的动态发展过程；都是为了获取更好的竞争力和竞争优势，实现产业的可持续发展。

2. 产业升级与产业集群升级

产业集群升级就是集群通过其内部的个体间加强经济业务合作网络和社会关系网络，以及通过外部加强和全球企业的联系，嵌入全球价值链，以增强集群竞争力，获取更多的价值增值，达到集群的可持续发展目的的活动（刘芹，2007）。集群升级的实质是集群竞争优势的获取与提升。

产业升级应该包含产业集群升级，产业集群升级是产业升级的一个载体和形式。产业升级不一定是产业集群升级，但是产业集群升级一定是产业升级。本书主要研究产业集群升级，而且是以作为经济大省的山东省产业集群为例进行分析。

三 理论基础

作者的博士论文《基于分工视角的产业集群形成与演进机理研究》已经完成了DMI框架的构建，并阐述了框架的基本内容，这是该研究报告的理论基础。博士论文已经由人民出版社于2008年9月出版。该书以分工为分析的起点，通过梳理产业集群理论演进过程，指出从分工视角系统研究产业集群的必要性，把对分工的研究划分为四个层次（技术分工、社会分工、产业分工、地域分工），并从三个方面（技术分工、社会分工和地域分工）揭示分工促使产业集群形成的内在机理。然后，通过对分工和市场、分工和制度之间的逻辑关系进行分析，提出了"分工—市场—制度"三位一体的产业集群分析框架（DMI框架）。该框架认为，产集群形成的原因在于分工优势的利用，同时，专业化市场和国内外的一体化市场，是产业集群形成的外在条件，而制度是产业集群形成的实现条件。一个产业集群的形成与演化，是分工、市场和制度综合作用的集合。

博士论文中的 DMI 框架，重点阐述了产业集群形成和演化机理，具有一般意义。在 2008 年全球金融危机之后，我国产业集群面临的主要问题是竞争力的下降，为此需要重新提升竞争力，即进行产业集群升级。通过七年来的研究，我们发现利用 DMI 框架可以更好地研究产业集群的升级问题，探讨产业集群升级的内在机理。产业集群升级的成败，取决于分工优势、市场优势和制度优势的获得与丢失。利用 DMI 框架分析产业集群的升级问题，可以从更为系统的视角进行分析，获得更加全面、前瞻的观点。

本书尝试从技术分工、国内区域分工和国际分工角度寻找产业集群的分工优势，从国内市场和国际市场竞争环境角度寻找产业集群的市场优势，从集群治理、企业家创新精神、社会资本状况、政府政策扶持等制度角度，寻找产业集群的制度优势。因此，根据 DMI 框架，我们认为，分工优势、市场优势和制度创新的结合，才能从根本上解决产业集群的升级问题。

四　研究设想

利用"分工—市场—制度"框架（DMI 框架），尝试构建产业集群升级的分析框架。该框架认为：

分工是产业竞争力的基础。分工深化有利于技术创新，进而推动产业更深入地嵌入国际分工价值链条，尤其是向高附加值环节升级，获取分工优势，促使劳动密集型产业向技术和资本密集型产业的转型，完成产业集群的产业组织升级。

根据斯密定理和杨格定理，分工和市场相互促进。以发展服务业为前提，促进分工深化，发展专业化市场，加速国内外市场一体化进程，克服市场分割，获取市场优势，强力推动产业集群结构升级。

制度环境是深化分工与完善市场的前提条件，制度创新是技术创新的保障，围绕深化分工与完善市场构建制度框架，从集群治理、企业家创新精神、社会资本状况、政府政策扶持等层面进行制度创新，获得制度优势，完成产业集群制度升级。

分工、市场、制度三种优势的组合构成产业集群新的竞争优势，产业组织、产业结构、制度环境三种升级的组合，实现产业集群升级。分析框架见图0-1：

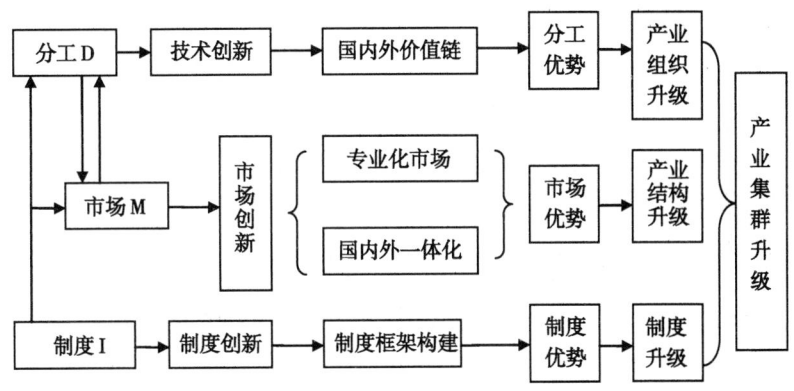

图0-1 产业集群升级分析框架

资料来源：作者整理。

五 研究方法

1. 抽象演绎法

透过产业集群的分工、市场和制度现象，揭示产业集群升级的一般路径。以山东为例，通过分析产业集群发展特征，揭示产业集群升级的分工因素、市场因素、制度因素发挥作用的内在机理，提出升级面临的问题，探索解决的路径和对策。

2. 计量模型分析

依据DMI框架，选取典型变量指标，构建相关计量分析模型，比如专业化系数、区位熵、国内外市场集中度、行业集中度、企业家规模、政府扶持政策效果等，对"分工—市场—制度"框架进行实证检验。

3. 制度分析

分析制约分工、市场和产业集群的制度因素，构建产业集群升级的制度框架，从制度变迁层面解释产业集群升级的路径和对策。

4. 比较分析

从分工演化、国内国际市场一体化、制度变迁等方面比较山东产业集群与广东省、浙江省、江苏省产业集群的区别与联系，找出山东省产业集群的优势和不足。

六　预期结果

本书的预期目标是以山东为例，尝试建立一个较为完整的分析产业集群升级的理论框架，不是仅从一个方面或者几个方面分析产业集群升级，而是把相关要素放到一个有机整体内部进行系统研究。因为产业集群升级是一个系统工程。

1. 尝试建立一个较为完整的分析产业集群升级的理论框架，即"分工—市场—制度"框架。

本书以产业集群升级为研究对象，以价值链分工为分析视角，以"分工—市场—制度"框架（DMI框架）为分析工具，揭示产业集群升级的内在机理与路径选择。

2. 依据DMI框架，指出产业集群升级存在的问题，提出产业集群升级的对策建议。

我国产业集群存在的问题是：分工价值链低端锁定与国内区域分工趋同导致的分工锁定，市场分割与无序竞争导致的市场锁定，集群治理失衡、企业家创新精神缺失与社会资本价值低端化导致的制度锁定等。根据构建的DMI框架以及实证分析，提出三大对策：即通过嵌入全球价值链高端环节，获得分工优势，优化产业组织；通过发展服务业，提升专业化市场与完善国内外市场一体化建设，获取市场竞争优势，优化产业结构；通过制度创新，获得制度优势，改善产业集群升级的环境。只有分工优势、市场竞争优势、制度优势三者有机的结合，才能最终实现山东产业集群升级。

七　研究意义

随着科学发展观的逐步贯彻，特别是经济发展进入新常态，我国产业集群面临的发展形势更加严峻。新劳动合同法实施、人民币升值、环境规制强度加大等因素导致企业成本上升、出口竞争力下降。因此，产业集群面临升级改造和劳动密集型企业外迁等问题。本书利用"分工—市场—制度"框架，即DMI框架，从分工演化、国内国际市场一体化、制度变迁等方面系统分析产业集群演化过程，以及当前存在的问题，揭示产业集群发展的内在规律，对于丰富产业集群研究、政府制定经济政策有理论意义和科学意义，尤其对分析东部沿海省份产业集群升级具有理论上和实践上的指导意义。

本书进一步丰富和完善了产业集群的一个新的分析工具：DMI框架，并通过山东省纺织产业集群、家电产业集群、铝产业集群的分析，验证DMI框架的合理性和有效性，进而证明DMI框架在有限定条件下的应用性，可以丰富产业集群的分析工具，对于促进国内产业集群研究有积极意义。

1. 有利于对产业集群升级进行整体分析，丰富产业集群升级的研究成果。因为当前对于东部地区产业升级的研究往往从一个方面或者几个方面进行分析，缺少整体性的分析框架和视角，比如单纯从价值链角度，或者技术创新角度，或者人力资源开发角度，等等。而产业集群转型升级是一个系统工程，必须把相关要素放到一个有机整体内部进行系统研究。本书提出一个产业集群升级新的分析框架，能够丰富相关领域的研究成果。

2. 有利于提出促进东部地区产业集群转型升级的对策和建议。本书的研究成果对于政府决策、企业经营具有一定参考价值，对于我国东部地区产业集群转型升级具有指导意义。

八 创新与不足

中国的产业集群可以分为三种模式：广东外资为主的产业集群、浙江传统产业为主的产业集群、山东大企业为核心的产业集群。本书以山东大企业为核心的产业集群为例，分析产业集群升级的问题，利用"分工—市场—制度"框架（DMI框架）分析山东产业集群产生、发展的内在机理及其演化趋势，是本书的学术特点和创新之处。具体创新点有：

第一、以DMI框架为分析工具，初步构建了产业集群升级的理论框架和数学模型。

第二、从分工角度阐述产业集群升级的内在机理，从价值链分工、国内市场和国际市场角度分析山东产业集群的发展演化规律，从制度角度分析山东产业集群以大企业集团为主的制度优势。

第三、揭示了山东产业集群的特征、问题，并提出对策建议：必须从分工角度对山东省产业集群进行重新定位，继续发挥大企业为中心的产业集群优势，但同时重视技术创新推动产业集群向分工链条的高端升级，克服省际分工趋同、市场分割、制度锁定等制约因素，提升山东产业集群的持续竞争力。

该书的不足之处在于计量分析的欠缺，由于框架指标的复杂，有些难以定量分析，因而指标筛选存在困难，建立的计量模型有待完善，今后需要进一步筛选定量分析的指标，进一步强化实证分析，验证本书的基本结论。

九 本书的内容安排

全书共九部分，分为八章。

绪论部分：介绍本书的选题背景、写作研究范围、方法、理论基础、写作思路等基本内容。

第一章是文献综述，从全球价值链视角、创新视角、制度视角、种类划分视角等介绍理论界取得的主要成果，并对各个研究视角的研究状况进行简单的点评。

第二章从分工视角分析产业集群升级的内在机理。主要从技术分工、社会分工、区域分工、国际分工四个层面展开分析产业集群的演化与升级。

第三章对产业集群升级的市场因素进行分析。主要从专业化市场、国内市场一体化、国际市场来分析影响产业集群升级的内在机制，还结合了浙江、江苏和山东的市场状况，分析了市场和产业集群升级面临的问题，并提出了市场创新的对策。

第四章对产业集群升级的制度因素进行分析。首先分析了制度与分工、市场的关系，然后提出了产业集群升级的制度分析框架，并以山东为例，分析了产业集群升级的制度问题与对策。

第五章到第七章分别以山东家电业集群升级、山东纺织业集群升级和山东铝业集群升级为例，对 DMI 框架进行实证检验。

第八章是结论与需要进一步讨论的问题。

第一章 产业集群升级研究的最新进展综述

从 20 世纪 90 年代开始,国际上很多学者开始从外部资源、跨境联系、价值链分工等方面研究产业集群的形成与发展问题。进入 21 世纪,产业集群升级研究作为一个经济热点问题引起一些学者的关注,不少集群理论工作者都从自己理论研究的内容和需要方面表述了集群升级的内涵、动力、路径、政策等问题。

产业集群升级就是集群通过其内部的个体间加强经济业务合作网络和社会关系网络,以及通过外部加强和全球企业的联系,嵌入全球价值链,以增强集群竞争力,获取更多的价值增值,达到集群的可持续发展目的、具有阶段性特点的活动(刘芹,2007)。集群升级的目的在于重新定位集群,培育积极的搜寻能力和风险投资能力,最终得到新市场或者用新的方式(如成本更低)占有旧市场。

本书对近期(截至 2013 年)主要的产业集群升级的研究成果进行分析、归纳、提炼和总结,认为现有成果可以分为几个大的方面:首先总结关于集群升级的必要性的论述,然后归纳出产业集群升级的几个研究角度:全球价值链视角、创新视角、制度视角、种类划分视角等,最后对各个研究视角的研究状况进行简单的点评,对研究趋势进行了预测。现有研究成果的不足之处在于分析视角的孤立性,缺乏系统性,应该构建容纳价值链、创新、制度在内的系统分析框架,并强化实证分析,才能进一步丰富产业集群升级的研究成果,强化其应用价值。

一 对产业集群升级必要性的论述

首先,升级是防止产业集群衰退的必要。波特认为一个产业集群经过 10 年的发展基本上比较成熟,若不及时升级则可能出现衰退(Porter,2003)。产业集群也经历着产生、发展、成熟、衰退的生命周期。由于市场行情、产业发展周期，以及产业集群内过度竞争、拥挤效应、柠檬市场、创新的路径依赖与技术锁定等等，导致产业集群绩效降低，竞争力缺乏，最终衰退与消失。尽管产业集群的竞争优势有目共睹，但一些中外著名的产业集群走向衰落却是不争的事实，例如匹兹堡钢铁产业群、温州桥头镇纽扣小企业群、永康市保温杯企业群等。这些衰落的产业集群具有一个共同特征就是发展缓慢，没有适时地实现产业升级（罗勇、曹丽莉，2008）。

其次，升级是防止我国劳动密集型产业集群竞争优势不断减退的必要。我国制造业集群以传统制造业为主，从2007年我国百强产业集群行业分布就可以看出，百强集群主要分布在低附加值的劳动密集型终端产品上，例如鞋、打火机、人造革、锁具、中低压电器、拉链、塑编包装、木业及家具、服装、家用小电器、文具、五金、日用消费品、灯具灯饰、机电产品、家电、纺织等。劳动密集型的最终消费品制造业集群，无论是数量还是产值、规模都处于绝对优势地位（罗勇、曹丽莉，2008）。随着劳动力成本和其他商务成本的上升，劳动密集型产业集群的成本竞争优势正在不断消减，劳动密集型产业集群升级的压力日益增加。

再次，升级是克服产业集群"空洞化"和投资"飞地"的必要。在全球化背景下，我国珠三角和长三角等地有许多通过引入跨国公司投资而形成的"嵌入式"（有的学者称为"外源型"）产业集群，这使得我国制造业集群容易面临"空洞化"的威胁。嵌入式集群大多缺乏根植性，因为国际资本往往是流动的风险投资，其利己性决定了其投资对东道国而言是不确定的。当区域的投资环境被认为不再优越或其他地区更有优势时，资本将发生转移，从而导致本土产业集群的空洞化甚至衰落。如何通过融入国际分工链条，提升在国际分工中的地位，是产业集群升级的重要问题。

最后，升级是提升产业集群创新能力的必要。我国的产业集群，无论是新兴产业集群还是传统产业集群，集群内企业创新行为普遍呈现出一种低端化、模仿化、同质化、个体化、偶然化共性特征，表现出"集体创新动力缺失"困境。从创新活动内容来看，无论是技术创新、管理创新、市场创新，其聚焦多数着眼于成本降低型能力和同质性生产规模扩大能力的获取，而产品质量提升型或产品差异化创新能力缺失；从创新的合作角度来看，追求"小而全"的单打独斗式创新活动，缺乏分工合作网络式创新；从创新战略角度来看，普遍采取市场跟随和产品复制、模仿的渐进性创新战略，主动适应市场需求的原创或突破性创新远远不足，而且缺乏高效创新流程管理和整合能力，不能构建企业内专业化研发部门而导致常规性创新能力的缺失（张杰、张少军、刘志彪，2007）。产业集群升级，就是提升产业集群的创新能力，保持产业集群的核心竞争力。

二 全球价值链视角下的产业集群升级研究

（一）价值链的定义与等级划分

全球价值链理论根源于20世纪80年代国际商业研究者提出和发展起来的价值链理论。全球价值链是指为实现商品或服务价值而连接生产、销售、回收处理等过程的全球性跨企业网络组织，涉及从原料采集和运输、半成品和成品的生产和分销，直至最终消费和回收处理的整个过程（UNIO，2002）。

全球价值链研究中的一个基本思路就是：在某一产业整个全球价值链条众多价值环节中，并不是每一个环节都均等创造价值，按照各个价值环节增值能力，可以把整个价值链条划分为若干环节或片断。也就是说，整个价值链条内部具有价值等级体系特征。高附加值的价值环节一般就是全球价值链上的核心环节，整个价值链条的全球治理规则也是由这些核心环节所决定的。按照增值能力的高低排列，那么各地的比较优势也存在着一种严格的等级体系，全球价值链的价值等级体系与全球各地比较等级体系相匹配的过程就是全球价值链各个价值环节在全球垂直分离和空间再构的过程。当地方比较优势决定了整个价值链条各个环节在全球空间配置的时候，地方的比较优势就决定了地方应该在价值链条上的哪个环节，以便确保竞争优势。现实世界中同一价值链条上各个地方产业集群之间之所以存在等级体系，是由价值环节的等级体系所决定的。

产业价值链各环节与附加价值之间存在"U"型关系，即微笑曲线。一个区域在全球产业价值链的位置直接决定了其在该产业获得的附加价值，微笑曲线说明了产业集群在产业价值链中所处的位置（功能环节）与获得的相应附加价值之间的关系。

按照地理空间关系，可以划分为全球价值链、跨国价值链、国内价值链和地方价值链等四个等级（见表1-1）（詹霞，2007）。

表 1-1　　　　　　　　全球价值链的空间分化

名称	地理范围	学术上相似的其他称谓
全球价值链	全球范围、至少在两个大洲之间	全球商品链
跨国价值链	多国之间，至少在两个国家之间	跨国生产链
国内价值链	一国	国家生产系统
地方价值链	国内某一领域，如城市、市郊等	产业区、地方产业集群

资料来源：转引自詹霞：《基于全球价值链视角的地方产业集群升级对策》，《企业经济》2007年第8期第60—63页。

（二）全球价值链治理模式

当价值链上一些企业根据其他主体设定的参数（标准、规则）进行生产工作时，治理问题就产生了。这些参数包括生产什么（产品定义）、如何生产（即生产过程定义，含技术、质量、劳动和环境标准等要素）、何时生产、生产多少以及价格等五类基本参数。因此，治理（Governance）指通过非市场机制来协调价值链上活动的企业间关系和制度机制。全球价值链治理问题的重要性在于它关系到发展中国家了解市场进入途径、迅速获得生产能力、理解价值链上的收益分配、得到发达国家购买商的技术援助以及找到制定政策和创新的支点等方面。

可以根据不同的标准，对全球价值链的治理模式进行分类。Gereffi（2001）认为，每条价值链中都有一个主导者，这个主导者对价值链的性质起着决定性作用。在全球价值链中居主导地位的企业，通常能获得较多的收益，从而使参与价值链的各企业收入差距明显。按照主导者角色的不同，全球价值链可以划分为两种模式，即购买商驱动型和生产商驱动型。它们在驱动资本、核心竞争力、所在部门、典型产业、所有权、主要的网络连接等特征上存在区别。购买商驱动型主要分布在劳动密集型行业，如服装、鞋、家具和玩具行业，在这一模式中起主导作用的是全球购买者，如大的零售商等。它们利用自身的营销网络和品牌优势，对价值链上游的制造企业进行纵向压榨。而生产商驱动型主要分布在资本和技术密集型行业，如电子、汽车、航空、电脑等，在这一模式中起主导作用的是生产商，它们利用自身的技术优势，向前控制了原材料和零部件的供应商，向后则利用强大的品牌效应对分销商和代理商形成控制，从而在价值链分配中占据较多的利益。

Gereffi、Humphrey和Sturgeon（1999，2003）等都根据全球价值链中

行为主体之间的协调能力的高低,将全球价值链治理模式主要划分为五种,即市场(Market)、模块型(Modular Value Chains)、关系型(Relational Value Chains)、领导型(Captive Value Chains)和科层制(Hierarchy)。五种治理模式中市场和科层制分别处于价值链中行为体之间协调能力的最低和最高端(Gereffi, G. 1999)。市场是组织经济活动最为简单和有效的模式,其运行的核心机制是价格机制;科层制则以企业制为典型,其运行的核心是管理控制。模块型、关系型、领导型同属于网络治理模式,是网络模式的进一步细分。从科层制到网络再到市场,显性协调和权力不对称的程度逐渐减弱。五种全球价值链治理模式的特征见表1-2所示。

表1-2　　　　　　　全球价值链治理模式的特征

全球价值链治理模式		特征
市场		信息交换的复杂程度低,显性协调弱;供应商有能力制造产品;以产品价格作为交易方式;交易双方的转换成本低
网络治理模式	模块型	产品结构模块化,供应商可以为采购商提供定制产品或服务;复杂信息通过弱显性协调转换;转换成本低
	关系型	交易复杂,资产专用性高;供应商能力强;声誉、信用和地理临近等规范双方的依赖关系;复杂隐性知识常通过面对面交流和较高显性协调获得
	领导型	编码能力和产品专业化复杂程度高;供应商能力低,转换成本高;主导企业对供应商的控制程度高;供应商的活动环节主要集中在简单的加工、制造和运输物流等
科层制		产品复杂,产品专业化难以编码;治理是组织内部行为;主导企业通过垂直一体化来开发和制造产品

资料来源:根据Gereffi、Humphrey和Sturgeon(1999,2003)资料整理。

(三)基于价值链的产业集群升级形式

价值链的片断化导致各个价值环节在全球空间上呈现离散分布格局,但是分离出去的各个价值片段一般都具有高度的地理集聚特征,地方产业集群就成了全球价值链条中的一个从属部分。成熟的产业集群往往积极嵌入全球价值链,增强与外部的联系,这有利于产业集群的升级和可持续发展。

Kaplinsky & Morris(2001)从价值链升级的角度谈集群的升级,大致认为集群升级主要有四种类型:流程升级(Process Upgrading)、产品升级(Production Upgrading)、功能升级(Functional Upgrading)和链的升级(Chain Upgrading)。流程升级指通过重新组织产品系统或引入高技术,提高投入产出水平;产品升级指新产品的研发、采用更复杂的产品线、比竞争对手更快的质量提升;功能升级指接受新功能或放弃旧功能,提高技能;链的升级指移向新的、价值量高的相关产业价值链。(见表1-3)

表1-3　　　　　嵌入全球价值链的地方产业集群升级类型

升级类型	升级的实践	升级的表现
流程升级	过程变得更加有效率	通过降低成本、引进新的组织方式,获取更多的价值
产品升级	比对手更快的产品研发和质量提升	通过新产品市场份额扩充;新品牌市场份额增大;商品市场份额增加,获得更多价值
功能升级	改变自身在价值链中所处的位置	通过提升在价值链中的地位,专注于价值高的环节,把低价值的活动外包,获取更多价值
链的升级	移向新的、价值高的价值链	通过涉足高收益的相关产业领域、相异产业领域,获得更多价值

对于工艺流程升级、产品升级、功能升级和价值链条升级四种产业升级的方式,众多研究表明其内部是有一定规律可循的。普遍认为外源型产业集群升级一般都依循从(工艺)流程升级到产品升级再到功能升级,最后到价值链条升级这一规律。(见表1-4)

表1-4　　　　　　　　　产业升级的一般轨迹

	过程升级	产品升级	功能升级	链条升级
发展轨迹例证	委托组装(OEA)↓ 委托加工(OEM)	→ 自主设计和加工(ODM)	→ 自主品牌生产(OBM)	→ 链条升级
经济活动中非实体性程度	附加值的非实体性内容逐渐增加 →			

资料来源:转引自谢名一、王季:《全球价值链内集群产业升级研究综述》,《商业时代》2007年第30期。

(四)地方产业集群嵌入全球价值链的方式

从价值链治理模式的角度分析集群的嵌入方式是一条可行路径。但如果按照 Gereffi 对价值链的区分来分析集群嵌入全球价值链的方式,则产业集群只能进入由生产者或购买者驱动的价值链,这从一开始就把链上的行为主体置于不对等的地位,和现实情况难以吻合。

Humphrey 和 Schmitz 的价值链分类方法增加了产业集群嵌入全球价值链的方式。对应着他们提出的四类链治理模式，地方产业集群的嵌入方式相应地也有四种：①科层嵌入，即一方行为主体完全被另一方行为主体所控制或者是完全控制另一方行为主体，如通过并购或被并购的方式嵌入全球价值链；②市场嵌入，经济行为主体通过货币直接买卖各种商品或服务的形式嵌入全球价值链，各方权力完全对称，只需通过价格机制进行交易，如通过国际贸易方式直接把货物销售到海外市场；③网络嵌入，一方行为主体凭借其他行为主体所需要的互补优势嵌入全球价值链，各方权力对称，但经常通过非价格机制对一些活动进行协调；④准科层嵌入，一方行为主体凭借某些优势成为链上的主导者，其他行为主体则处于从属地位，比如通过 OEM、ODM 等方式嵌入全球价值链；准科层嵌入又包括两种：嵌入购买者驱动的和嵌入生产者驱动的价值链（聂鸣、刘锦英，2006）。

周宏燕、谷祖莎（2012）从"双向嵌入"的视角，对跨国公司本地嵌入和产业集群全球价值链嵌入之间的关系及其动态变化进行了分析，指出二者之间存在着一种相互嵌入的互动机制，为地方产业集群的优化升级提供了一条新的且行之有效的思路。

赵佳颖（2013）认为以各种方式嵌入到全球价值链中的地方产业集群形成了金字塔式的空间等级体系，要实现从价值链低端向高端攀升的、链条控制力不断增加的升级，必须最终完成地方价值链与全球价值链的高度融合与相互促进制约关系的形成。地方产业集群升级受到全球价值链驱动机制、治理模式与集群类型等多维因素的影响，是个复杂过程，研究其升级问题必须立足于地方产业集群的实际情况进行分析，提出不同的升级路径与对策。

李亚林（2012）针对目前产业集群升级的研究现状，选择产业集群升级路径作为研究视角，并重点分析了区域品牌对产业集群发展理论与全球价值链理论下的产业集群升级路径的影响。研究表明，区域品牌对产业集群升级路径产生重要影响，它促进了产业集群的升级。陈超、卢毓（2012）在对国内外学者以全球价值链视角研究区域产业集群升级的相关文献回顾的基础上，认为未来产业集群升级研究的方向——加强其内在机理研究，并指出，"网链协同"模式是嵌入全球价值链的区域产业集群升级的内在机理。

（五）价值链方面的实证分析

许多国家已经或正在经历着通过嵌入全球价值链的形式进行集群的升级，许多学者对这些升级实践活动进行了研究。如 OECD 在对丹麦、芬兰、瑞典、比利时、美国、英国和荷兰这些国家产业集群进行实证分析的基础上，提出了产业升级优化战略的设计等问题。

对巴西南部 SinosValley 的鞋业集群升级的实证表明：SinosValley 的鞋业集群价值链是准科层制治理方式的典型例子，这种治理方式促进了集群产品和过程升级能力，但限制了集群的设计、功能升级，由卖方驱动的 GVC 不能促进集群达到功能升级。

还有的学者从产品系统和知识系统两个角度谈台湾 PC 产业集群的升级现象，将集群内企业间的连接划分为 4 类。认为 20 世纪 80 年代，台湾 PC 产业实现了从原始生产到 OEM 的升级，90 年代实现了 OEM 的升级，即 ODM/全球物流阶段。并认为学习知识及创新在集群升级过程中发挥重要作用。地方产业集群的企业与他们全球客户的紧密联系对于集群升级是十分重要的（Humphrey J. & Schmitz H.，2000）。

我国许多学者从全球价值链角度分析我国地方产业集群的升级问题，其中代表性学者有：钱平凡、文嫭、曾刚、张辉等。钱平凡（2003）较早从全球价值链角度分析产业集群升级。他调查我国淡水珍珠产业发展，认为我国谈水珍珠产业集群升级的方向是沿着全球价值链不断升级。实现途径是强化集群效应，其最终的目的是做大做强我国淡水珍珠产业。

文嫭、曾刚（2004）首先以建筑陶瓷产业的实例分析为依托，探讨国内外集群基于全球价值链的互动对本土集群的影响，分析当前国内集群在全球价值链中面临的挑战，提出集群升级的可能途径。然后，他们通过对嵌入准科层链的浦东 IC 地方产业网络的实证研究，发现浦东 IC 地方产业网络在与全球的领先公司互动过程中，的确实现了一些"过程升级"（快速获取国际上成熟的制程技术），但是，另一些"过程升级"（获取纳米级别的制程技术）却被压制。因此，他们认为，全球领先公司对地方产业网络升级的推动或阻挡，决定于地方产业网络的升级行为是否侵犯了其核心竞争力，而不决定于地方产业网络升级的"类型"。领先公司为了自身的利益，会推动地方产业网络实现不侵犯其核心权益的非关键性升级。而一旦地方产业网络的升级行为侵犯领先公司核心权益，不管是"产品升级"、"过程升级"、"功能升级"，还是"链的升级"，都会被领先公司所阻挡和压制。

张辉的研究主要以浙江和北京为对象。首先通过对浙江平湖光机电集群的升级实践的分析，认为全球价值链的动力机制直接决定着地方产业集群的升级轨迹。购买者驱动型全球价值链下地方产业集群升级轨迹一般会依据工艺流程—产品—功能—链条转换的升级轨迹。生产者驱动型全球价值链下地方产业集群升级轨迹一般会依据功能—产品—工艺流程—链条转换的升级轨迹。张辉还指出，全球价值链治理模式决定着地方产业集群不同升级方式的难易程度（张辉，2006）。

张辉等（2007）还运用全球价值链理论对北京产业集群升级进行了分析。他们结合北京信息与电子、生物工程与医药、光机电、创意与汽车等产业，从全球价值链下空间等级体系、动力机制、治理模式、经济外部性和产业发展空间载体等方面，从外到内地构建全球价值链下北京产业集群升级研究的基本框架。认为：属于购买驱动的北京优势服务能否完成产业升级，基本取决于北京能否形成一大批大型零售商、品牌商和代理商等。北京的装备制造业、生物医药和光机电等生产者驱动型的产业集群的发展重点应该侧重于加工制造能力的形成，要通过垂直一体化来追求规模经济所带来的竞争优势。

陈瑾（2012）通过对绍兴纺织产业集群的案例分析，发现集群演进轨迹经历了从培育、发展、成熟到转型这一生命周期，集群各阶段既呈现出其他集群都具有的共性，又有其特质。该集群各阶段持续更替的动因，也印证了集群各阶段升级的一般条件。成熟期集群只有不断进行转型升级，通过着力提升产业链、营销链、价值链、循环链、服务链五大路径，才能实现更具国际综合竞争力的现代纺织产业集群这一宏伟目标。黄永春、郑江淮等（2012）以全球价值链（GVC）理论为视角，界定了GVC下长三角出口导向型产业集群升级的制约因素，并提出了GVC下长三角出口导向型产业集群的升级路径，即渐进式升级路径与跨越式升级路径，旨在推进长三角出口导向型产业集群攀升全球价值链的高端，摆脱跨国企业的"俘获式"治理模式。

三 创新视角下的产业集群升级研究

根据国内外学者的研究，产业集群有四种升级方式：工艺流程升级、产品升级、功能升级及价值链升级，无论哪一种升级方式都离不开创新，所以，产业集群的升级问题，归根结底就是产业集群的创新问题。只有创新能力的提升才是集群永续发展、不断升级的根本。创新是升级的内在基础，升级是创新的外在表现，而创新能力的形成是创新产生的根本。所以对集群升级的研究最终应该聚焦于对集群创新能力的关注上。

对于集群创新能力的提升，现有研究表明，不但集群的内部结网、相互合作、外部经济、知识溢出、制度环境及政府的政策支持很重要，集群的外部关联尤其是与全球行为主体的关联也不可忽视（聂鸣、刘锦英，2006）。

(一) 集群创新网络

集群创新网络是指在某一产业集群中，各个行为主体（企业、大学、科研机构、中介服务机构和地方政府）共同参与组成的以技术创新和制度创新为导向、在长期正式或非正式的合作与交流的基础上所形成的促进知识在集群内部创造、储存、转移和应用的各种活动和关系的总和。产业集群创新网络可视为一个由各个结点组成的大系统，其网络结点主要包括企业、大学或研究机构、政府等公共组织机构、中介服务组织等四方面。集群创新网络影响力的日益增强将会对产业集群升级产生推动作用。成功的集群战略通过各行为主体间的互动，使集群内部的每一个生产要素都强化或改变其他要素的表现，形成高效率的协同效应，推动集群系统向高效率的创新网络演进。这一网络为集群吸引区域外的经济资源在该区域内聚集、发展，形成竞争优势和全面发展提供了动力（刘珂，2007）。

(二) 集群内部创新网络治理

企业作为产业集群核心网络中的主要结点，是创新活动的主要实施者；而政府作为产业集群辅助网络中的主要结点，要为创新活动提供支撑性服务。因此，需要从企业和政府两个角度去确定治理措施以实现升级（李文秀，2006）。

(三) 集群非正式创新网络建设

非正式创新网络内影响产业集群升级的因素主要表现在非正式交流、个人间的信任和文化三个方面。在产业集群的非正式创新网络内非正式交流越有效，产业集群越有可能实现升级。胡振华（2002）指出，通过个人间经常性的非正式交流，一些隐性知识被反复探讨，慢慢清晰起来，转化为显性知识，同时个人再积累隐性知识，再使之明晰，使群内知识呈现螺旋上升的循环过程，提高隐性知识的溢出效应。产业集群非正式创新网络内员工间信任水平越高,产业集群越有可能实现升级。在产业集群内,个人之间非正式交流经过长时间的积累就会形成信任。因为信任,个人之间交流更充分(交流双方毫无保留地进行交流),交流的效果也更好(不存在欺骗、压力等),交流速度也更快(能随时交流、不用说无关的场面话等),创新也就更容易。产业集群非正式创新网络内的文化建设有利于产业集群的升级。钟坚(2001)对硅谷进行系统的研究过程中发现,硅谷鼓励创新、容忍失败和鼓励合作的文化使许多新思想、新创意随时随地都可产生。在产业集群内,鼓励创新文化的存在使群内许多人抛开权力距离的阻碍和不断地相互学习,为再一次的创新作准备;容忍失败文化的存在使群内更多的人勇于冒险和进行知识的创新,使新的知识、新的创意等不断地产生;鼓励合作文化的存在,使群内个人在拥有个性的同时乐于合作、上下级之间能够通过各种方式进行交流、在随意谈话中获得知识和创造知识,等等(李文秀,2007)。

(四)集群创新动力不足与原因分析

张杰、张少军、刘志彪(2007)总结了中国产业集群特征,从集群内企业的关联行为和分工结构的微观视角入手,分析了我国多数地方产业集群内本土企业创新动力缺失的原因,一是与集群内产业链纵向非一体化分工网络的缺失有关,即多数地方产业集群内表现为专业化市场依托型的"小企业群生型"横向分工格局,另一方面与产业链或生产链纵向分工网络中具有垄断地位、拥有自我创新能力的领导型核心企业的缺失极为相关。因此,改变我国地方产业集群内普遍模仿和跟随行为所导致的"集体创新能力缺失"的根本出路就在于:改变集群内企业分工的横向相互依赖状态,形成以核心企业为主导的产业链或生产链的纵向分工网络群落,进而从根本上改变集群内的分工结构,由此相应地也就改变了利益分配方式与创新动力激励机制,这也就相应地解决了我国地方产业集群内创新动力机制和升级能力的内生获得的难题。

四 制度视角下的产业集群升级研究

价值链整合与向高端升级,必须依靠技术创新,而创新的实施程度如何,又取决于制度的效率。因而,制度分析成为产业集群升级分析的逻辑必然。

把网络理论用于集群研究,一些以格兰诺维特维为代表的社会学者做了奠基性的工作，特别是他们提出的"弱联结"、"根植性"、"社会资本"的概念成为许多学者研究集群的工具。社会资本在新企业的建立中的作用引起了人们对集群内社会资本的研究（Porter，1998，2000）。

张杰、刘东（2006）从非正式制度层面分析我国产业集群升级面临的问题与对策。他们认为，不同社会制度结构（社会资本）中的不同信任类型可以影响不同的企业组织形式，如图1-1所示。

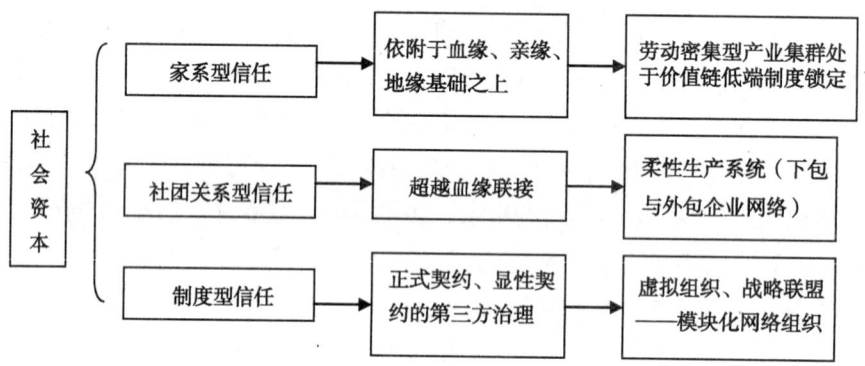

图1-1　不同信任类型影响不同的企业组织形式

资料来源：依据张杰、刘东：《我国地方产业集群升级困境的一个制度解析——基于社会资本的逻辑视角》，《东南学术》2006年第3期整理。

我国目前的产业集群大多是基于家系型信任关系的劳动密集型企业聚集，产业结构很大程度上处于国际价值链分工体系的低端，并且存在着被长期"锁定"于这一低端的趋势。这主要体现在：一方面，集群生产链分工的简单化、核心竞争力的相似化与进入门槛的"过低化"，造成了大量生产同质产品的企业陷入低成本低价格的恶性循环竞争状态；另一方面，在面临国内与全球市场的消费偏好出现层次化、多样化、个性化特征时，缺乏由劳动密集型产业向资本、知识密集型产业升级与跃迁的制度性动力机制。这一方面是因为缺乏具有自我创新能力的规框架领导中心企业，产业集群难以向具有自我创新开发能力的外包与下包制柔性生产系统网络跃升；另一方面是由于制度型信任与社会信用体系的缺位所形成的"制度锁定"，在向虚拟组织、战略联盟这些高弹性、高柔性企业网络跃迁进程中，以核心竞争力的网络化、模块化为主要形式的价值链即时整合能力因缺乏制度层面的内在支持而无法有效开展。

张杰、刘东（2006）还分析了企业家功能与创新精神的转化升级对于产业集群升级的重要作用。企业家的创新活动是企业技术创新乃至产升级的基础活动，包括技术创新、市场创新与制度创新。当企业家通过创新取得"先入"收益时，其外部效应很快扩散到集群，其他集群企业在较低模仿成本、较明确发展路径以及较高预期收益激励下，成为创新企业家的模仿者与跟随者。这种示范效应与模仿效应既是集群创新与发展的催化剂，又在一定程度上改变集群技术惯性与锁定状态、引导集群重焕生机、延长生命周期。然而，现阶段，企业家功能与创新精神面临新经济条件下知识、信息的"先天"不足，也面临着家族企业传承与持续创新的问题，实质上就是面临着"以关系为导向的企业家个人网络"向"以能力为导向的企业家社会网络"转变的进程。如果处理不好集群企业家功能、创新精神的代际传递与社会化转化进程，大量事实证明会削弱地方产业集群的技术创新和产业升级能力。

产业集群发展的实践表明，嵌入于社会结构的非正式制度起到了至关重要的作用。在社会资本的分配方式上，尽管正规金融占据主体和主导的地位，但是，鉴于目前我国绿色产业集群发展在资金筹集上的特殊性，牛艳梅（2012）据此深入分析了非正式制度在集群发展中的正面效应，并提出了引导非正规金融支持绿色产业集群快速发展的途径。

陈晓峰、邢建国（2013）以产业集群的内部治理和外部治理这两种不同空间尺度的治理为分析视角，分析了两者对地方产业集群升级的影响，提出两者在产业集群升级过程中内生的三个一般性耦合作用阶段，并以家纺产业集群为例，剖析了集群内外耦合治理的动态演变及其对产业集群升级的重要性。

五 产业集群种类划分视角下的产业集群升级研究

（一）内源型产业集群和外源型产业集群

不同类型产业集群的升级方式各有不同，根据产业集群内资源要素（尤其是资金要素）的来源不同，产业集群分为内源型产业集群和外源型产业集群。我国产业集群中外源型产业集群主要以广东地区的 FDI 集群模式为代表，如东莞的 IT 产业集群；内源型产业集群主要以浙江"块状"产业集群为代表，如绍兴柯桥的纺织产业集群（杜庆彬，2007）。

目前，国内对外源型产业集群、高科技产业集群研究较多，而对数量多、经济总量大、在全国比较普遍的传统产业集群和特色产业集群研究不够。

盛世豪、郑燕伟（2004）考察了浙江各市区内源产业集群的发展状况，分别分析了嘉善木业、余姚塑料、诸暨大唐袜业、嵊州领带、绍兴轻纺、台州的塑料、泵业、温州的制鞋、服装、打火机等特色集群。但侧重于产业集群与区域经济发展关系的分析，对产业集群面临的困难与问题分析不足。

1. 内源型产业集群

我们把传统产业集群和特色产业集群统称为内源型产业集群，根据在全球价值链中的地位，其发展可划分为简单加工型、合作开放型、创新型、品牌经营型四个阶段（钟成材，2006）。

简单加工型是一个地区形成产业集群的起步阶段。主要特征是：（1）产品属于传统产业，生产技术要求不高，所需投资不大；（2）生产终端产品，加工环节不多，属于简单加工装配；（3）产业配套体系不完善，企业间合作很少；（4）大量的中小企业和家庭作坊并存，质量控制能力较差，产品良莠不齐；（5）生产能力提高较快，区域性生产集中的雏形逐步显现。

合作开放型是产业集群的规模扩展阶段。主要特征是：（1）成为专业化生产区域，产品生产能力在国内甚至国际市场上占据重要地位；（2）企业组织结构是一种典型的"橄榄型"，中间是大量的中小企业，一端是一批成长起来的规模化企业，另一端则是家庭作坊；（3）企业互动频繁，结网现象明显，形成了相对稳定的合作关系，并逐步组建起支撑机构；（4）部分企业逐步向价值链的两端延伸，但在全球价值链中，主要还是承担生产加工功能，处于分工的末端。

创新型是产业集群的功能扩展阶段。主要特征是：（1）企业普遍重视自主创新，在全球价值链上主要承担产品设计、研发、制造等功能，地位有所提升；（2）企业普遍在国内实行品牌经营，有的企业开始以自主品牌出口；（3）集体作为日益增多，企业合作更加紧密，支撑机构和政府作为集群集体利益的代表发挥作用，政府干预程度提高。

品牌经营型是产业集群的高级阶段。主要特征是：（1）品牌经营成为集群企业的普遍行为，一些先行企业在培育国际品牌方面取得初步成功，有些甚至成为链条的驱动者；（2）分包、转包业务成为集群的普遍现象，一些企业专事品牌经营，把生产制造分包给其他企业；（3）集体运作发挥重要作用，支撑机构作用突出，政府的集群政策较系统和完善。

钟成材（2006）分析了内源型产业集群面临诸多的问题和挑战，从集群企业看，低成本优势逐步弱化，产品开发能力不强，质量不稳定。从集群整体看，普遍存在恶性竞争，支撑机构发展滞后，外部不经济等问题。从外部约束看，其影响日趋内部化，资源稀缺，市场空间受到挤压。从全球价值链看，处于从属被动、可替代性强、附加值低的位置。我国内源型产业集群要实现可持续发展，必须充分发挥政府和支撑机构的作用，积极实施集群升级政策，推动产业集群及时向创新型升级，实现在全球价值链上的攀升。

有的学者把内源型产业集群称为原发性产业集群。秦兴方（2007）对原发性产业集群的优势及影响升级的不足进行了分析。原发性产业集群在促成区域和企业量的扩张方面具有优势。这是因为，这种产业集群能使中小企业一开始采用模仿手段迅速投入生产。如果市场销路好，整个产业集群的同类企业会蜂拥而至，通过仿冒生产这种产品，这样导致产业集群规模越来越大，形成巨大的产能规模。然而，原发性产业集群在实现产业升级过程中，又会因"原发性"而面临诸多矛盾或冲突。首先，在区域范围内形成的原发性产业集群技术进步的动力不足。很多民企发家源于模仿和仿冒，创新能力很难增强；在产品销售占有绝对市场份额的情况下，集群内的经济主体缺乏创新的动力，更不容易形成集体创新机制。其次，原发性产业集群的地域、历史和产业文化的根植性，容易使产业集群内形成相对封闭的人文环境、企业文化，不利于企业家队伍的成长和高素质工人的培养。再次，原发性产业集群中企业之间的专业化分工协作主要集中在纵向工艺分工领域，以降低生产成本，而横向功能分工发育明显迟缓，这使得原发性产业集群内的企业的共生性缺乏牢固的、持续的基础。最后，原发性产业集群发展过程中面临的上述困惑，还诱发了集群内中小企业的融资难问题，这给原发性产业集群的产业升级制造了资金"瓶颈"。

2. 外源型产业集群

外源型产业集群又称外资驱动型产业集群。周宏燕（2007）对跨国公司 FDI 与产业集群之间的相互影响进行了分析，在此基础上提出了吸引跨国公司直接投资推动我国产业集群升级的具体政策建议。跨国公司 FDI 对产业集群发展与升级的促进作用表现为：推动产业集群规模的扩大；打破东道国产业集群发展中的技术锁定现象，推动产业集群技术升级；促进地方集群产业链的进一步完善；沟通了产业集群与外界的联系，孵化了新的跨国公司。产业集群在受惠于跨国公司直接投资的同时也促使跨国公司获取直接投资中的竞争优势：有助于跨国公司获得传统的直接投资区位优势；有助于跨国公司获得新的竞争优势等。

涂文明（2008）分析了外资驱动型产业集群在全球价值链中的升级问题。他认为，我国外资驱动型产业集群以加工制造切入价值链决定了其分工地位只能处于全球价值链的低端。而我国人民币持续升值、工资和原料价格上涨，本土企业很有可能被排除在跨国公司主导的全球价值链分工体系之外。基于此，改变加工制造"一元切入"价值链为制造和消费市场"两元切入"全球价值链模式，实现"加工制造型经济"向以知识财产为主的"价值创造型经济"转变是提升我国外资驱动型产业集群国际分工地位的必由路径。

3. 两种产业集群升级比较

周虹等（2006）以广东、浙江为例，在价值链视角下，通过比较内源型集群和外源型集群在资金来源、价值链的完整或者关联程度、增值额的分布、要素及支撑条件、知识溢出的通道和集群的风险特征等方面的差异，尝试提出解决产业集群升级的有效途径（见表1-5）。

表1-5　　　　　各类产业集群的价值链特点对比

	内源型集群	外源型集群
资金来源	内资驱动为主，属"内生型"经济发展模式；产业机构复杂；地方根植性较强	外资驱动为主，属"外生型"经济发展模式；产业结构单一；地方根植性较弱
价值链完整或关联程度	价值链相对完整；产业间关联度大	价值链不完整；产业间关联度小
增值环节及数额	增值链条集群内分布为主；增值额度沿产业链相对均匀分布；资金留在本集群内部较多	增值链条集群外分布为主；增值额度不均匀分布，大多集中在价值链始端和末端；资金外流较多
战略环节所处位置	处于销售环节	集群内不存在战略环节
要素及支撑条件	企业家大多来自本地家族企业，高级人才匮乏；相关中介机构及基础设施发展相对滞后	管理者大多由跨国企业招聘而来，高级人才充裕，相关中介机构及基础设施功能完善
知识溢出通道	主要来源于群内企业；资源共享程度较高；集群内知识溢出的程度较高，跨区域的知识溢出少	主要来源于外商投资；资源共享程度低；跨区域的知识溢出多，而区域内知识溢出少

续表

	内源型集群	外源型集群
抗风险能力	市场风险较小，投资风险较大	市场风险较大，投资风险较小；容易导致"产业空洞化"
升级途径	跨环节升级容易，工艺和产品等环节内升级较难	工艺和产品等环节内升级容易，跨环节升级较难

资料来源：转引自周虹、王陆庄、戴宇伟：《内源型与外源型产业集群升级比较——以浙江和广东为例》，《浙江经济》2006年第3期，第43—45页。

严北战（2012）在对产业集群本地化、区域化与全球化的高级化途径及其空间自然演化次序分析的基础上，分别提炼出内生型与外生型产业集群基于多层次空间协同整合的升级模式与路径。其分析的结论拓展了地方产业集群升级的研究领域，为地方政府制定与实施相关升级政策提供了思路与理论依据。

4. 资源性产业集群

资源性产业集群是我国重要的产业集群类型，也面临升级的巨大压力。张连业、杜跃平（2007）提出了资源性产业集群升级的两种模式：内生渐变式和外部剧变式。所谓内生渐变式升级与转型，是指在资源型产业集群衰退期之前集群自身的升级与转型，是集群自诞生起至衰退期之前或衰退期的前阶段，集群在漫长的发展、创新中实施的升级与转型。所谓外部剧变式转型，是指在资源型产业集群发展、成熟、衰退期间，利用技术创新，自身创造而成或接受外部转移来的性质相近甚至毫无联系的产业而形成的产业集群，从而完成对传统资源型产业集群的转型过程。这种转型包括两种模式：第一种模式是在原有资源型产业集群基础上，利用自身动力机制创新而成一个与原来集群主导产品毫不相干的、新的集群。这种模式主要适用于集群的发展、成熟期以及衰退阶段的早期。第二种模式的动力机制不是生成于传统资源型产业集群内部，而是在具有相同资源禀赋的区域之间进行的产业转移和产业集群成建制地转移。

5. 其他产业集群的种类及其升级划分

丘海雄等（2008）通过对珠三角产业集群发展模式的比较，分析了三种产业集群的竞争优势和升级渠道。三种集群划分分别是：中小企业集群、大企业主导型集群、外资移植型产业集群，与此对应，分析了西樵纺织产业集群、江门摩托车产业集群、东莞电子信息产品制造业集群竞争力的影响因素及升级途径。

六 网络范式下的产业集群升级研究

项枫（2012）指出学术界多从产业集群嵌入全球价值链以实现升级这一视角展开研究，在注重集群外部影响的同时忽视了集群内部出现的异质性发展及对集群升级的影响。随着核心企业在集群中的成长以其为中心形成的内外部网络逐渐成为影响集群升级的关键力量。他以乐清工业电气集群中的核心企业网络为例，从企业这一集群内部驱动力角度，并引入网络分析范式探究了集群的升级之路。

王娇俐、王文平、王为东（2013）研究了产业集群升级的四个内在动力要素及要素之间相互作用构成的知识网络并分析了集群动力要素间互动以促进集群升级的知识更新机制，进而构建了知识网络中四个动力要素在知识更新中发挥作用的"四力"模型及作用机制。并且以浙江余姚灯具产业集群为例对模型作了应用分析，研究表明，核心企业、大学和科研院所、生产型服务机构及政府机构等集群知识网络要素的作用发挥及其匹配是集群顺利升级的关键。

王梅、王文平、杨东（2013）依据知识的互补性和社会关系水平，研究了由生产性知识网络、服务性知识网络和社会网络而形成的超网络与集群升级之间的关系。他们利用变分不等式问题和最优化问题之间的关系，求得超网络的均衡状态以及互补性知识的最优配比关系，探究了集群规模变动所带来的集群超网络均衡状态以及互补性知识的配比度变化。

七 产业集群升级研究的特征与趋势分析

产业集群升级研究不仅具有紧迫性，而且形式、内容丰富，研究空间广阔。但是我国关于产业集群升级的研究仍然处在刚刚起步的阶段，而且目前的研究成果大多限于引入国外研究理论成果，结合我国少数部分产业特点提出相关产业集群的升级策略。

（一）特征

概括现有的主要成果，主要表现为以下特征：

第一、在集群升级的必要性上达成共识

普遍认为产业集群的竞争力有待提高，劳动力成本上升、价值链低端锁定等，导致竞争优势正在减退。必须通过升级，保持产业集群的可持续发展。

第二、侧重于价值链分析

目前国外研究主要局限于分析全球价值链治理对全球价值链上地方产业集群升级的影响，探讨不同的全球价值链治理模式下对应的地方产业集群升级方式，这些研究大都从狭义上分析集群的升级：即全球价值链上附加价值的提升。

但并非所有参与全球价值链的集群都获得了良好的发展业绩。嵌入全球价值链的方式将会影响集群的升级前景，不适当的嵌入只会导致集群的"贫困化增长"。应结合将要嵌入的国家或区域的市场、文化和制度等背景进行全方位、多角度的深入分析。

第三、制度分析相对薄弱

产业集群升级的最终决定因素是制度的绩效状况。好的升级对策、路径，最终要由制度来保证实施和落实。比如社会资本的转型升级、企业家创新精神的转型升级、政府服务意识和功能的升级等等。当前从制度角度研究产业集群升级的成果比较少见。

第四、实证计量分析比较缺乏

在研究方法上大多以静态的描述性和规范性分析为主，与数据结合的定量研究还不够深入，通过统计学的分析来反映全球价值链上收入流和附加值的分配，显示价值链中各环节的价值来源、价值构成和价值分布，以此来揭示全球价值链治理模式和升级方式之间的内在联系的实证研究较少触及。

第五、缺乏系统性分析框架

产业集群升级涉及内容十分繁杂，建立一个统一、规范的产业集群升级的分析框架，并以此为基础对产业集群升级问题进行系统、全面、有层次的分析十分必要。

从广义上讲集群的升级不单只是与跨国公司和其他全球采购商的势力及其对全球市场的垄断与控制程度有关，而且还与集群融入其他国家的价值观和社会文化背景的能力有着密不可分的关系。对于嵌入全球价值链的地方产业集群社会资本升级、区域创新系统升级和技术能力升级的研究涉及较少。

（二）趋势分析

从前面的理论研究可知，有的学者仅从单一角度进行研究，有的则从集群内外影响因素进行分析。比如李文秀从地方治理与全球价值链相结合的角度进行分析。认为：地方治理的研究强调产业集群网络内部治理对提升其竞争力的积极性，原因是产业集群的升级并不会随着世界市场的整合而自发进行，而是依赖于群内某些行动者解决集体行为问题的战略能力和改善集群内部治理的质量；全球价值链的研究强调嵌入全球价值链有利于集群的发展，原因是全球化不仅增加了集群中的多边合作从而促进升级，而且消除了集群内部治理中的一些薄弱点。

但单方面的内部治理和依赖外部联系来促进产业集群的升级都是不够的，我们必须将这两个方面结合起来，从产业集群自身的特性出发，在实现有效的集群内部治理的基础上，寻找正确的路径嵌入到全球价值链（集群外部网络）中去，并利用全球价值链治理带来的机会克服其障碍，共同实现产业集群的升级和发展（李文秀，2006）。

十八大以后，我国产业集群绿色发展成为升级的主要趋势。低碳化、循环经济成为集群升级的主要路径，但是这方面的研究刚刚开始。

第二章 基于分工视角的产业集群演化与升级机理

技术分工推动社会分工，进而推动产业集群形成、演化与升级。技术进步不断改变着技术分工的形式，全球价值链分工成为21世纪分工的主导形式，沿着全球价值链出现的横向分工的网络化、纵向分工的模块化，成为分工的主要具体表现形式。同时，产业间分工向产业内分工转化，国内分工与国际分工融合，共同构成分工的现代体系。与分工演化相适应，产业集群的演化也由地方产业集群向国际化集群升级、由劳动密集型向资本密集型与知识密集型升级、由传统产业集群向现代高端产业集群升级。

第一节 基于技术分工与社会分工的产业集群演化机理

分工是技术进步的结果，分工和技术创新相互促进，共同推进社会分工的发展，社会分工又随着技术进步，不断表现出新的形态，比如价值链分工和模块化分工。产业集群是技术分工和社会分工在一定地理区位聚集的结果，是建立在分工合作基础上的规模经济的必然要求。

一 分析的理论基础

（一）分工与价值链的对应关系

分工是产业竞争力形成的基础，产品生产从原料到半成品、再到成品，最终到市场销售，每个环节连在一起构成一个完整的分工链条，同时也是一个价值增值链条，因此分工既是商品链的分工，也是价值链的分工。分工与价值链条之间存在对应关系（见表2-1）。一个产品的价值链条可以完整地存在于一个企业之中，也可以是部分地存在于一个企业之中。依据价值链条和企业的对应关系，分工可以分为技术分工、社会分工、产业分工、区域分工、国际分工五个层次。

企业内的分工链条的存在主要有技术水平决定，因此称为技术分工。技术分工取决于整个社会的技术水平，或者取决于技术创新水平，发生在企业内部，是企业内部由生产技术水平决定的生产链条中各个生产环节的分工。一个产品的价值链条的各个环节纵向分布于许多企业之中，或者价值链中的某个环节横向分布于众多企业之中，由此形成的分工状态，可以称之为社会分工。社会分工是技术分工的外化，取决于企业内部的组织成本和交易成本的大小，组织成本由技术分工决定，如果企业内部组织成本高于交易成本，那么原有的企业应该裂变为两个或者多个企业，直到企业内部组织成本小于（或等于）交易成本时为止。

产业分工是社会分工的宏观层次，当一种产品的生产技术相对成熟、生产企业数量众多、生产规模庞大，这个时候可以说形成了产业分工，产业分工使得社会资源向某个产业集中配置，使得某种产品处于专业化生产状态，提高了劳动效率，降低了生产成本。当某个产业的价值分工链条片段化，并聚集于不同地理区域时，就形成了区域分工和区域产业集群，当分工链条分布于不同国家时就形成国际分工，并形成全球价值链条。

表 2–1　　　　　　　分工与价值链条的对应关系

分工层次	价值链层次	特征	企业组织和集群类型
技术分工	企业内价值链	整个价值链	一体化等级制大企业
		价值链片段	网络化中小企业
社会分工	企业间价值链	整个价值链——纵向分工	大企业领导型产业集群
		价值链片段——横向分工	小企业群生型产业集群
产业分工	产业价值链	产业内分工或产业间分工	混合型产业集群
区域分工	区域价值链	部分价值链或完整价值链	混合型产业集群
国际分工	全球价值链	完整价值链	虚拟型产业集群

资料来源：作者整理。

（二）分工和技术创新相互促进。

首先，分工有利于技术创新。斯密在《国富论》中指出："劳动生产力上最大的增进，以及运用劳动时所表现的更大的熟练、技巧和判断力，似乎都是分工的结果。"（上卷 P5）"劳动者的技巧因业专而日进"（上卷P8）。① 在现代企业组织中，专门从事技术创新的研发机构是必不可少的部门，企业研发成为技术创新的主要路径。

其次，技术创新促进分工深化。技术创新可以细化分工环节，促使企业产品质量升级和工艺升级；提升附加值，促使功能升级；开发新产品，形成新的分工产业链条，促使整个产业链的升级。技术创新首先在一个或几个企业出现，无论技术是内生的还是外生的，只要能适应市场需求，进一步摆脱市场范围的限制，都会为企业带来巨大的利润。而这种高利润也诱使其他企业对于技术创新成果的引进或模仿。一旦技术创新的成果为行业内大多数企业所掌握，便会为分工的进一步扩大带来可能性，分工的自我演进也得以实现。因此，技术创新的作用在于加快分工深化的步伐，并为分工的扩展提供技术上的可能性。

分工深化与技术创新的互动，推动产业集群更深入地嵌入国际分工价值链条，尤其是向高附加值环节升级，获取分工优势，促使劳动密集型产业向技术和资本密集型产业的转型，提升产业组织效率，完成产业集群的产业组织升级。

二 基于技术分工和社会分工视角的产业集群演进机理分析

假定企业和市场的存在是给定的，在某一起始时间，企业数量少，市场规模小。

技术分工提高劳动效率，但会增加生产环节进而增加企业组织成本。劳动效率提高导致生产成本下降，产量增加，扩大了市场规模，产品和劳动力的交易频率不断提高，进而交易成本也会增加。市场规模的扩大进一步促使企业技术分工不断细化，生产环节越来越多，企业内部的分工链条不断延伸，企业内部组织成本不断增加，当企业内部组织成本大于市场交易成本的时候，企业内部技术分工就外化为社会分工，即产生许多只从事某一个环节生产的专业化企业，并形成企业分工网络。社会分工使产品的生产成本进一步降低，市场规模进一步扩大，产品和劳动力的交易频率进一步提高，进而交易成本也会进一步增加。交易成本中主要包含了运输成本、信息收集成本、谈判签约成本等。提高交易效率可以降低交易成本。为了降低这些交易成本，提高交易效率，企业有集聚在特定区域的内在动

---

① 斯密：《国富论》，杨敬年译，陕西人民出版社，2001年1月第1版。

力,当大量从事专业化分工协作的企业集聚在一定区域时,产业集群就产生了。产业集群是专业化分工的产物,是人们为降低专业化分工产生的交易费用和获取由分工产生的报酬递增的一种空间表现形式。产业集群的存在又进一步促使技术分工和社会分工的深化。

工业生产技术经过四次技术革命,已经由工业化过渡到信息化时代。在以物质资本为主导的工业经济时代,产业内分工主要表现为垂直分工,到了以人力资本为主导的信息经济时代,产业内分工由纵向分工向横向分工转变(刘茂松、曹虹剑,2005)。山东省的生产技术水平,既有物质资本为主导的传统生产技术,也有以人力资本为主导的信息技术。社会分工也经历了几个演化阶段,从价值链角度划分,由传统产业间分工向产业内分工、再向产品内分工转化,从分工的组织关系划分,由垂直分工向横向分工转化。

以垂直分工为主的分工网络形成"轮轴式"产业集群,或者"大企业领导型"产业集群,集群中有一个具有垄断力量的主要企业处于集群分工网络中的控制地位,其他小企业作为核心企业的多层外包供应链体系分布于分工链条的上下游,共同组成一个分工协作生产体系。山东产业集群中"轮轴式"集群比较普遍。比如济南、莱芜的钢铁产业集群,茌平、龙口的铝产业集群,邹平的棉纺织产业集群、青岛家电产业集群等,都是以大企业为轴心,众多中小企业进行配套生产。截至2005年底,海尔的零部件及配套件的关键件本地配套企业已经达到近100家,其核心配套件和电子元器件的本地配套率达到40%;海信已在自身周边形成产业集群企业110余家,其核心配套件和电子元器件的本地配套率达到30%。青岛已成为国内最大的白色家电配套基地、家电塑料加工配套基地和钣金加工配套基地。

以横向分工为主的分工网络形成"蜂窝型"产业集群。分布于产品生产链专业化分工网络上的小企业如同"蜂窝"中的每一个单元,依靠企业间的相互密切合作、相互协作衔接、相互信任、利益共享来完成某种完整产品的生产。"蜂窝型"产业集群的形成基础在于生产链条的可分性和生产技术的拆分性。山东许多传统产业集群属于"蜂窝型"产业集群,比如德州武城县玻璃钢产业集群从业户数3万余户,从业人员6.57万人,期间从小到大,已形成缠绕、拉挤、模压、手糊、喷涂、注射等产品工艺,产品达40多个系列800多个品种,销售市场遍及全国30多个省、市、自治区。聊城轴承产业集群拥有中小企业400家，分布于临清、冠县、东阿、莘县、高唐等10多个乡镇，形成了锻压件、钢球、保持器等产业链分工格局，产品种类上千，销往全国各地。

三 分工演化与山东产业集群类型的多样化

（一）传统分工与产业集群分类

技术分工决定社会分工，社会分工形成产业集群，从社会分工角度划分山东产业集群，要考察技术分工的状况。根据技术分工的水平，产业集群可以分为三类，一是技术含量不高的、由劳动密集型企业组成的传统产业集群，主要有：纺织服装、造纸、农产品加工等；二是技术含量较高、由资本密集型企业组成的资源密集型产业集群，主要有：石油化工、钢铁、电解铝、煤化工、建筑陶瓷、黄金等；三是技术含量最高、由知识密集型企业组成的高新技术产业集群，主要有：医药、新材料、电子设备、通信设备、太阳能、软件等。（见图2-1）

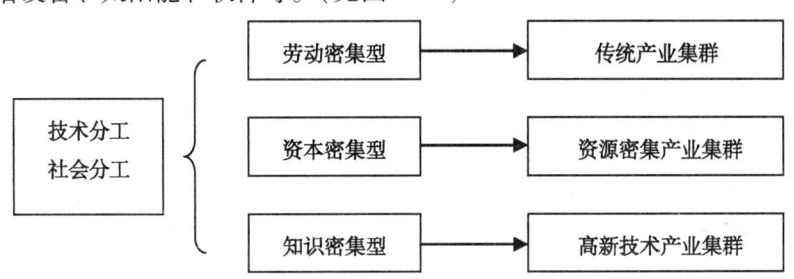

图2-1 分工与产业集群类型结构

具体分类情况参见表2-2。

表2-2　　　　　社会分工视角下的山东产业集群类型

分工类型	集群类型	具体名称与分布
劳动密集型（物质资本为主）	传统产业集群	纺织服装（文登、即墨、邹城、临清、临沂、济宁）、造纸（寿光、高唐、临清）、农产品加工
资本密集型（物质资本为主）	资源密集产业集群	石油化工（青岛、东营、淄博）、钢铁（济南、莱芜、日照）、电解铝（淄博、南山、茌平）、煤化工（济宁）、建筑陶瓷（淄博）、黄金（招远）、装备制造业（济南、青岛）
知识密集型（人力资本为主）	高新技术产业集群	医药、新材料、电子设备、通信设备、太阳能、电子信息产品制造业、软件业

资料来源：作者整理。

(二) 模块化分工与产业集群分类

模块化分工是指参与分工的企业组织模块化。模块化企业可以分为研发、营销集成等脑力劳动为主的模块化企业，以及生产制造、加工组装等体力劳动为主的模块化企业。

脑力劳动为主的模块化企业专注于产品的研发、营销集成与品牌运作等高增值模块；体力劳动为主的模块企业则专事于以生产制造、加工组装等为主的环节。换而言之，模块化分工导致了模块化企业组织的分化，现代企业不再是完成整个商品的组织，它只是完成商品某一部分功能模块的组织，即研发型模块化企业、制造型模块化企业或营销集成型模块化企业。

产品的模块化已经使企业传统的纵向一体化组织形式出现纵向分离，其结果是使原本以追求规模经济为核心目标的企业开始向专注于核心优势模块为目标的生产模式转变。如计算机行业，在20世纪80年代之前，该行业被IBM等纵向一体化企业所控制，这些企业生产几乎所有的零部件。但是从80年代开始，模块化生产组织方式的变革促使企业越来越专注于自身的核心竞争力，从早先的纵向一体化演变为纵向分离。这种纵向分离不仅明确了各个企业的角色分工、加速了它们之间的合作与竞争，而且每一个企业蜕化成一个相对独立的业务"模块"，模块之间的交易行为按照市场规则发生联系。在模块化分工视角下，我们可以将实施纵向分离的企业称为主导模块企业，接受业务模块生产的企业称为合作模块企业。

技术进步一方面推动着产业价值链的不断分解，另一方面又确保了产业价值链重新聚合的可能。在各类技术中，信息技术的发展为模块化生产组织方式的普及提供了直接前提。同时，人们收入水平的提高也推动着消费者需求的多样化，这在客观上成为模块化生产组织快速发展的一大诱因。在以上因素的共同作用下，企业内分工开始向企业间分工转变——这个过程实际上也就是模块化生产组织大规模发展的过程。在这个过程中，主导企业即脑力劳动型模块化企业往往将现有产品的生产结构进行重新聚合，自身专注于核心的、脑力劳动为主的环节，而将那些不具有核心优势的或低附加值的环节剥离出去，交给合作模块企业。

脑力劳动为主的模块化企业组成的产业集群称为知识型高端产业集群，或者是高新技术产业集群，以知识密集、附加值高、生态环保为特征；体力劳动为主的模块化企业组成的产业集群称为劳动型低端产业集群，或者是传统产业集群，以粗放生产、低附加值、高耗能为特征。

四 社会分工视角下山东产业集群特征与问题分析

山东产业集群的典型特征是以大企业集团为核心，形成"轮轴式"产业集群，并成为山东产业集群的主要类型。其优势在于能够充分进行纵向分工，减少交易成本，在集团内部形成完整产业链条，减少原料短缺风险，并能够提升产品品牌知名度和附加值，增强产业集群的竞争力。但是也存在不足，表现为以下几点：

（一）集群内部纵向技术分工明显，缺少横向社会分工，形成众多大企业集团带动的产业集群

浙江广东等产业集群以横向分工为主，但是山东产业集群以纵向分工为主。在纵向分工情况下，一个产业链条全部存在于一个大型企业内部，不利于分工细化，各个分工环节难以展开有效竞争，而且导致企业内部产生大企业病，增加企业内部的组织成本和管理成本。横向分工可以使分工更加细化，各个生产环节之间展开有效竞争，进行专业化生产，有利于提高效率。

（二）集群内部分工协作不足

中小企业组成的集群在山东也有不少存在，但是集群内部横向分工不足，导致缺少分工合作，许多集群处于一种低层次的分工协作阶段。大量企业在同一区域、同一产业甚至同一分工环节聚集，但不少聚集是没有形成彼此关联的专业化、供应商、服务机构及相关产业的地理集聚，市场竞争充分但网络合作缺乏，且主体产业的上下游延伸不够。随着国内外市场竞争的日益激烈，一些传统制造业的产业集群出现贸易量萎缩，内部恶性竞争、资金和人才匮乏等现象，制约了集群的发展。

目前，山东省多数产业集群还只是同类企业的简单"扎堆"，企业不同程度地存在追求"小而全"的倾向，缺乏关联、配套与协同效应。企业合作意识淡薄，企业间合作和交流较少，且缺乏信用。大企业与本地小企业合作甚少，除非企业主之间有私人关系。在一些集群中，企业各自独立地完成生产链上的几乎所有工作，相互之间缺乏分工配套联系，专业化分工程度较低。在许多工业园区，企业之间也缺少有机的产业联系，功能分区不明确。比如临沂的人造板、食品产业都是对当地农产品的深加工，是典型的劳动密集型产业，多为大而全、小而全的企业，专业化程度不

高，不同产业之间互补性差，配套性差，应有的专业化分工协作不到位，许多小企业与大企业一样自成一套体系，从原料采购、加工到产品生产和销售都是由自己完成，不同规模企业的比较优势难以发挥（赵敏、张慧霞，2007）。

（三）技术创新不足影响社会分工水平

山东省的产业集群大多依靠低要素成本和产品低价格来维持其竞争优势，产品以模仿为主而不是以创新为基础，仍处于以仿制和贴牌为主的低级阶段，集群内企业大都缺乏自主创新能力，集群发展存在着"大而不强"的隐患。据调查，集群内聚集的企业大多没有自己的核心技术和知识产权。在那些以传统的劳动密集型产业为主的集群，由于不掌握模具、芯片一类关键零部件和核心技术，产品仿制现象普遍、侵害知识产权问题较大，产品质量档次低、技术含量低、附加值低。在那些接受国际产业转移形成的集群，产品的核心技术仍掌握在外商手中，研发活动以及基本的芯片设计仍保留在跨国公司的本国基地。由于自主创新能力较差，缺乏对技术创新投入的力度，产品更新换代缓慢，仅仅依靠短期的土地价格、政策优惠等措施发展集群。而根据生命周期理论，产业集群如同企业一样，有着各自的生命周期，都要经历起步、成长、发展、成熟、衰落几个阶段。国内外产业集群发展经验表明，自主创新能力不足、产品更新换代缓慢的集群在经历短暂的辉煌后，会出现发展后劲不足、甚至消亡的现象。而山东省产业集群，特别是一些传统产业集群普遍存在产品更新换代缓慢的现象，生命周期比较短，难以保持可持续性发展（赵敏、张慧霞，2007）。

第二节　基于地域分工的产业集群演化机理

社会分工与区域经济的结合形成了地域分工。从比较优势理论到资源禀赋理论，再到中心—外围理论，不同时期的经济学家解释了地域分工的形成机理。本节从地域分工的角度，利用中心—外围模型，分析产业集群的形成和演化机理，并从中国和山东两个层面，列举了产业集群的地域分工状况，最后指出山东产业集群在地域分工阶段存在的问题。

一　机理分析

地域分工主要指因地理位置之间不同的相对优势引起的分工。关于地域的范围，最小单位是行政区划中的乡镇，随着行政级别逐步提高，地域范围逐步扩大到县、市、省或几个地理位置相近的省，范围最大的地域分工是国家之间的分工，因此，地域分工也包括国际分工，国际分工是地域分工的高级形式。

假定存在自由竞争的市场，资源可以自由流动。

不同的经济区域由于其自然资源、经济资源、文化资源的禀赋不同，拥有各自区域优势。各地区经济发展就是依据各自资源优势进行专业化分工，生产具备竞争优势的产品，同其他地区的专业化生产的商品进行交换；在发展初期，会形成"中心—外围"的区域分工格局，导致资源会向中心区域集聚，形成地区专业化集中度很高的产业集群。随着中心区域产业集群的不断发展，集群内部的劳动力价格、地租等会因企业过度进入和拥挤而上升，许多专业化生产企业会迁出中心区域的集群，到生产成本比较低廉的外围地区集聚，这样在外围地区也会形成从事专业化生产的产业集群，最终各种专业化生产的产业集群会均衡分布，达到整个社会资源的最优配置。

山东产业集群的形成也是国内地域分工的结果。山东立足于自己资源优势发展了资源密集型产业，并形成产业链条较为完整的产业集群。比如山东利用自己的铁矿资源发展了莱芜、济南的钢铁产业集群，利用煤炭资源发展了济宁、菏泽的煤炭化工产业集群，利用淄博的铝土矿资源发展了氧化铝、电解铝产业集群，利用沿海资源禀赋发展了沿海的海洋化工产业集群、港口产业集群、造船产业集群等。同时，山东利用自己的劳动力优势发展了大量劳动密集型产业集群，比如青岛、滨州等地的纺织产业集群，临沂、潍坊等地的食品加工产业集群等等。

二 基于地域分工视角的中国产业集群概述

中国产业集群的形成与地域分工有密切联系，可以说正是各地区的资源禀赋不同，在不同地区才形成了不同的产业集群。资源禀赋包括自然资源，比如气候、农业、矿产、地理区位，也包括人文资源，比如人口、文化、历史传统、制度、社会资本、科技等。

概括中国主要的制造业集群分布情况，可以总结如下：

表 2-3　　　　　　　　　　中国制造业集群概况

集群行业名称		集群地域分布	地域分工原因
1. 纺织服装及毛皮制造业		浙江、江苏、福建、广东、山东	劳动密集型产业、东部沿海优越的区位优势、当地政府支持政策
2. 非金属制造业		山东、浙江、福建和广东	资源禀赋型、受当地工商业传统的影响，形成专业化分工、劳动力密集的专业镇、专业村
3. 机械制造业		东部沿海城市	港台企业带动、民营机械企业的发展、产业链长、集群层次较高
4. 家电制造业		珠江三角洲、长江三角洲和胶东半岛，集中于广东、浙江、山东	广东、福建、浙江"三来一补"，胶东半岛的内源型品牌企业带动型
5. 交通运输设备制造业	摩托车及自行车	江苏、浙江、广东、西部的重庆	
	船舶制造	环渤海湾、长江三角洲、珠三角地区	沿海的优势、并且有一定的工业基础
	航空航天制造	沈阳、成都、西安	科技研究能力强
	汽车	长江三角洲、珠三角地区、东北地区、津京地区、华中地区	重工业基地，工业基础较好
6. 金属制品业		浙江、广东、江苏、山东、河北	一是历史传统型、二是市场主导型
7. 木材加工及家具制造业		竹木加工产业集群集中于浙江、福建、广东三省、家具制造产业集群集中在广东、福建	房地产业和装修业的飞速成长、台港家具制造商和配套企业大量设厂、产业链完整
8. 软件及计算机服务业		各省会城市和各省内的一些大型城市，其中北京、上海、深圳、南京、成都、济南等地的集群规模较大	丰富的人力资源、众多的高等院校和研究机构、便利的信息交流和融资条件、各地方政府的大力扶持和重视、国家信息产业的发展规划
9. 石化产业集群		东北地区	本地丰富的石油资源和国家重点扶持的国有大中型企业，发展了以重化工业为基础的产业集群
		中部的山西和湖北	利用本地煤炭资源，在科研院所、高新技术产业及开发区、企业技术研发中心等科技支撑体系下形成了煤化工产业集群
		东部沿海的山东、江苏、浙江、广东	高附加值的精细化工和化纤的下游石化产品为主，形成了技术含量高、产业关联度高、产品链条长、带动能力强的石化产业链

续表

集群行业名称	集群地域分布	地域分工原因
10. 食品饮料制造业	东部沿海地区的辽宁、山东、江苏、广东、福建和中西部的内蒙古、河北、河南、两湖地区都有集群	我国重要的粮食产区,便于企业实行集中采购,有利于降低原料和运输成本;人口密集地区大中型城市,接近消费市场;较完善的物流条件
11. 冶金制造业	京津唐地区、东北地区、长江三角洲地区和中南、西南地区	冶金制造产业集群都属政府主导型,其内部组织结构繁杂、效率低下
12. 医药制造业	以天津、西安为代表	外商直接投资带动的外源型加工业集群
	中西部以中成药为主,东北地区中西医药结合,沿海东部地区的海洋药品	利用本地丰富的药材资源优势建立起来的医药产业集群
	大城市及省会城市	上海市浦东医药工业园、中关村生物医药园
13. 造纸印刷业	珠江三角洲、长江三角洲和环渤海三大产业集群,并已成为广东、浙江、江苏、山东、福建的支柱产业	属于政府主导型产业;处于我国河流下游;经济开放程度比较高,其良好的区位优势,宽松的政策吸引大量外资的进入,发展了一批骨干的合资造纸企业,带动了造纸印刷配套产业的发展

资料来源:根据"中国产业集群概况"整理。

1. 纺织服装及毛皮制造业集群

纺织服装及毛皮制造产业包含了国民经济行业分类中的纺织业、服装制造业、皮革羽毛绒制品业。

我国的纺织服装及毛皮制造产业集群绝大部分分布在东部沿海地区,主要是浙江、江苏、福建、广东、山东五省,其他零星分布在中部和东北部。特别是长江三角洲环太湖区、杭嘉湖地区、宁波、温州,以及珠江三角洲地区,以个别县、镇或村为范围,集中某种产品的社会化生产形成纺织服装企业集群。

现在纺织服装行业的发展重心已经从上海、青岛、天津等大城市的传统基地转移到如星星之火般出现的广大小城镇、农村。其主要原因:一是纺织服装产业是劳动密集型产业,农村广大的劳动力,加之东部沿海这些城市经济开放程度较高,有着现代化的产业技术与专业服务,使得劳动力、资本、专业技术能够有效组合,大大降低了生产开支成本;二是东部沿海优越的区位优势,使得原材料和产品能方便的运输,还能大量的出口；三是当地政府提供了土地、工商管理、引导服务等支持政策，促进了集群地产业链的完善与升级。

皮革羽毛绒制品行业属于产业资源和劳动密集型产业。其集群主要分布在东南沿海，中部的河北、河南，西部的重庆、宁夏。

2. 非金属制造业集群

非金属矿物制品业在国民经济行业分类中主要包含非金属建筑材料业、陶瓷及其制品业、玻璃及其制品业。

非金属矿物制品产业集群属于资源禀赋型，虽然在全国范围内分布比较广泛，但是也有一定的特点：一是东部沿海地区非金属矿物制品产业集群集中度最高，特别是山东、浙江、福建和广东。其形成原因主要是受当地工商业传统的影响，形成专业化分工，劳动力密集的专业镇、专业村；当地开放活跃的经济环境和政府宽松的产业政策，促使产业集群的快速发展和迅速集中。二是中部地区集中在河北、山西、内蒙古、河南、湖南、湖北和四川境内。从城市分布构成来看，也集中靠近材料消费需求较大的城市。尽管这些区域资源丰富，但是集群发展缓慢。有以下原因：缺乏当地政府的政策扶持和市场指导；当地配套产业发展滞后，难以形成专业化分工，更难以进行技术创新。由于建材、陶瓷、玻璃产业集群对资源的依赖较强，因此有从东部转向中西部的趋势，但是需要中西部城市不断完善自己城市配套设施的建设，建立起活跃有序的市场环境，吸引资金和相关产业的进入，快速提升非金属矿物制品产业集群的竞争力。

3. 机械制造业集群

机械制造业包括通用设备制造业、专业设备制造业、电气及器材制造业（除家电制造业）和仪器仪表及文化办公用机械制造业。

我国机械制造业分布广泛，主要有以下特点：一是东北、山西、湖南、湖北这类重工业基础雄厚的地区有国家重点投资建设的大中型国有企业，在大中型企业周围聚集了一批产业配套的企业。如今问题是这类政府主导型集群核心企业组织结构复杂，产品没有竞争力，导致整个集群发展缓慢。二是东部沿海城市经济开放程度较高，在改革开放初期，以优惠的政策吸引了一批港台企业，并刺激了当地民营机械企业的发展，由于当地各种配套产业发展也较快，因此机械制造产业链还延伸到商业、维修服务业、运输业和公路建筑等诸多行业，其集群层次也较高，正处于集群发展的高端。但是，沿海城市重工业基础普遍薄弱，加之竞争激烈，劳动力成本也不再具有优势，因此我国机械制造产业集群正有向中部和东北地区转移的趋势。

4. 家电制造业集群

各类家用电器制造业，包括家用电力器具、照明器具、家用视听设备的产业集群。

我国家电产业集群主要分布在珠江三角洲、长江三角洲和胶东半岛，其中以广东、浙江、山东几省最为明显。除此之外，在中西部的部分地区也有零星分布。在这些地区的家电行业中不仅有着较大的生产规模企业，而且集中了大量的相关企业，也已形成了较为完整的产业链。改革开放初期，广东、福建、浙江等省抓住机遇，以优惠政策、丰富而廉价的劳动力和土地资源，吸引外资，引进技术，在发展"三来一补"经济的基础上形成了家电产业集群。而胶东半岛的产业集群形成则属于内源型品牌企业带动型。在政府的适当引导下，以具有竞争优势的大企业为核心，建立了一批相关行业企业，进而促进了配套产业的发展，最终形成能在竞争中不断创新和升级的产业集群。与此类似的，还有西部绵阳地区的以长虹集团为核心的家电产业集群。

5. 交通运输设备制造业集群

交通运输设备制造业包括国民经济行业分类中的铁路运输设备制造、汽车制造、摩托车自行车制造、船舶制造、航空航天器制造。机车制造产业集群属于轮轴式的产业集群，是依靠大型企业配套形成的产业集群。其分布地也是重工业较发达的东北和中西部城市，依托当地在国内电力机车、城市轨道交通设备制造领域有先进研制能力的骨干企业，吸引聚集了大量的相关配套企业，已逐步形成"众星拱月"之势。

摩托车及自行车产业集群集中分布在东南沿海的江苏、浙江、广东，西部的重庆。其集群主要是建立在农村、乡镇工业基础上。

我国的船舶制造产业集群主要分布在环渤海湾、长江三角洲、珠三角地区，由于这些地区沿海的优势并且有一定的工业基础。

航空航天制造产业集群属于高技术产业集群，其集中分布在科技研究能力较强的沈阳、成都、西安等。

我国的汽车产业集群分布在五大区域：长江三角洲、珠三角地区、东北地区、津京地区和华中地区。长江三角洲区以上海为龙头，无论是整车还是零部件公司，均数量多、实力强，整车产量、零部件产值、成本控制、新产品推出、吸引外资各方面均在国内汽车产业集群中遥遥领先。珠三角经济相对发达，地处沿海，改革开放早，市场发育程度高，市场化意识强，引进了本田、丰田、日产，形成了各自配套的整车制造产业链。津京地区，依靠北京巨大的消费市场和良好的投资环境，吸引了具有相当竞争力的国际跨国汽车公司，加上天津的港口优势，其集群优势相当明显。东北地区是国家最早发展汽车工业的地区，汽车产品的上游产业重工业基础雄厚，其集群发展有一定空间。华中地区也是重工业基地，工业基础较好，围绕东风雪铁龙公司，汽车零部件等上游产业具有一定竞争力。

我国的交通运输设备制造产业集群刚呈雏形，有待于产品国产化率的不断提高，实现产业链的不断完善，促进集群的不断发展。

6. 金属制品业集群

我国的金属制品产业集群集中于沿海地区的浙江、广东、江苏、山东，在河北、湖南也有零星分布。按照各集群的发展模式，把金属制品产业集群划分为：一是历史传统型。河北衡水市安平县丝网业已有500年的历史，最早可追溯到弘治元年，即1488年，可谓历史悠久，源远流长。这样的基地还有永康五金、水口龙头等。二是市场主导型。金属制品业属于劳动密集型产业，一些农民通过模仿与学习，以2—3人组成的家庭工厂就开始了产品的生产，形成了金属制品的专业镇、专业村，随着发展形成了上下游产品及各类配件齐全的产业集群，也带动了一批品牌企业的崛起。但是现在面临的问题是由于金属制品产业集群内生产企业数量大幅度攀升，造成产品生产的饱和现象，加上土地、原料的稀缺，必定造成集群内企业间的恶性竞争，从而会削减集群竞争力，最后导致集群的消亡。因此如何进行集群内部制度创新，已经成为金属制品产业集群可持续发展的首要问题。

7. 木材加工及家具制造业集群

木材加工及家具制造业包括国民经济行业分类中的木材加工及木、竹、藤、棕、草制品业和家具制造业。

我国的竹木加工产业集群集中于浙江、福建、广东三省，其他分散于中部的河北、湖北等。家具制造产业集群集中在广东、福建，其他分散在中部的河北、辽宁、浙江。其主要原因：一是改革开放以来我国房地产业和装修业的飞速成长激活了我国家具市场，东南沿海是我国开放程度比较高的地区，因此吸引了台湾、香港家具制造商和配套企业大量设厂。二是家具制造业需要相关的配套产业形成低成本的产业链。广东、福建有相当的纺织、木材加工、小五金制造业基础，并且以当地活跃、成熟的销售市场为依托，使得该地的家具产业都已形成上百亿元产值，上中下游产业链衔接，产供销一条龙的产业集群形态。

8. 软件及计算机服务业集群

我国的软件和计算机产业集群多依托于城市，主要分布在各省会城市和各省内的一些大型城市，其中北京、上海、深圳、南京、成都、济南等地的集群规模较大，发展较快。这种分布特点是与我国现阶段的国情相适应的。软件与计算机服务业属于高新技术行业，对人才、技术和资本的要求都较高。大型城市拥有丰富的人力资源、众多的高等院校和研究机构，在知识储备和人才培养上有着不可比拟的优势。同时，大城市还有着良好的信息及其他相关产业的发展基础，便利的信息交流和融资条件，在地理人文环境方面也更胜一筹。除此之外，各地方政府的大力扶持和重视，以及国家信息产业的发展规划，也对产业集群的形成和发展有着重要的影响。

9. 石化产业集群

我国石油加工及化学制品制造业分布广泛，东北地区依托本地丰富的石油资源和国家重点扶持的国有大中型企业，发展了以重化工业为基础的产业集群，其产业区产生于计划经济体制下，集群的政府规划特色明显。中部的山西和湖北利用本地煤炭资源，在科研院所、高新技术产业及开发区、企业技术研发中心等科技支撑体系下形成了煤化工产业集群。东部沿海的山东、江苏、浙江、广东地区开采海洋原油，以生产高附加值的精细化工和化纤的下游石化产品为主，形成了技术含量高、产业关联度高、产品链条长、带动能力强的石化产业链。西部的内蒙古、甘肃、宁夏、新疆，由于工业基础、科技能力薄弱，以单一、初级的石油天然气加工为主形成产业集群，下游产品较少。

10. 食品饮料制造业集群

我国食品行业产业集群在全国范围内的分布较为广泛，东部沿海地区的辽宁、山东、江苏、广东、福建和中西部的内蒙古、河北、河南、两湖地区都有集群出现。从分布图上可以看出，食品行业的产业集群主要集中在重要的农业粮食产区或人口密集的大中型城市。这些地区由于位于或靠近我国重要的粮食产区，便于企业实行集中采购，有利于降低原料和运输成本；同时，位于人口密集地区大中型城市，既可以满足食品行业对劳动力的大量需求，又能接近消费市场，便于企业直接掌握市场的状况，快速地应对市场的变化，再者，利用大中城市较完善的物流条件，可以较好地解决食品行业对地区物流的依赖。

11. 冶金制造业集群

冶金制造业包括国民经济行业分类中的黑色金属及压延加工业和有色金属及压延加工业。

我国的冶金制造产业集群分布在以几大冶金基地为中心的区域范围内。京津唐地区地处煤、铁资源之间的交通枢纽，运输方便，又靠近巨大的消费市场，是由国有大型企业首钢带动起来的冶金产业集群。东北地区有丰富的煤、铁等资源和相对完整的材料产业门类，较强的工业配套能力，其冶金制造产业集群属于资源禀赋型和政府主导型的。但由于国有经济比重较高，历史包袱沉重，集群竞争力较低。长江三角洲地区拥有完整的产业链，雄厚的技术力量，以上海为中心的冶金产业集群带动了下游产业迅速的发展，同时也提升了集群的竞争力。中南地区、西南地区都是以政府牵头建立的大型国有冶金企业为中心的产业集群区。我国的冶金制造产业集群都属政府主导型，其内部组织结构繁杂、效率低下，如何提升集群竞争力成为当务之急。

12. 医药制造业集群

医药制造业在国民经济行业分类中包含化学药品制造业、中成药制造业、生物生化药品制造业和卫生材料及医药用品制造业。

医药制造产业集群分布比较广泛，根据集群产生的特点分为：一是外商直接投资带动的外源型加工业集群，以天津、西安为代表。二是利用本地丰富的药材资源优势建立起来的医药产业集群，主要有中西部以中成药为主，东北地区中西医药结合，沿海东部地区的海洋药品。三是依托密集的国家高科技资源形成的高科技医药产业工业园，主要分布在科技基础雄厚，有众多科研机构和大学的大城市及省会城市，以上海市浦东医药工业园、北京海淀的中关村生物医药园为代表。

13. 造纸印刷业集群

造纸印刷业对应国民经济行业分类中的造纸及纸制品业、印刷业及记录媒介的复制。

我国造纸印刷工业形成珠江三角洲、长江三角洲和环渤海三大产业集群,并已成为广东、浙江、江苏、山东、福建的支柱产业。其他零星分布于中部的河北和西部的重庆。造成这种分布格局主要原因:一是造纸印刷业属于政府主导型产业,由于造纸会造成大量水源的污染,造纸印刷厂的建造需要当地政府的审批,而东部沿海地区处于我国河流下游,自然成了造纸印刷产业发展的最佳地点;二是东部沿海是经济开放程度比较高的地区,其良好的区位优势,宽松的政策吸引大量外资的进入,发展了一批骨干的合资造纸企业,带动了造纸印刷配套产业的发展,形成了一定的产业集群规模。

由于造纸印刷业属于高污染产业,其行业的特殊性规定了企业应具有相当规模和相对集中,但现在面临的问题是原料的枯竭和水资源的紧张,因此产业集群内部如何做好技术升级改造,做好资源的生态循环利用,使造纸印刷产业集群持续发展的问题已迫在眉睫了。

由以上分析可知,我国存在区域分工趋同的问题。改革开放与FDI的引入使得资源向东南沿海集中,计划经济时代的区域分工同构现象得到缓解,但是,到2007年各省份之间的产业同构系数仍在50%以上,区域分工趋同仍会在一定时期内存在。赵丽、夏永祥(2004)以长三角为例,通过对长江三角洲地区的区域分工协作状况、工业化水平和产业结构现状的分析与评价,指出城市间的"产业结构低水平趋同"是阻碍长江三角洲地区经济一体化进程的重要原因,这一方面使得区域间相互争抢资源,无法将有限的资源投入到区域内具有绝对优势的产业中去,导致作为区域整体的某些行业无法形成绝对竞争优势;另一方面,各省市"大而全,小而全"的经济构架给以后长三角地区的产业整合、结构优化与升级等区域经济一体化进程设置了巨大的障碍,产业集群之间和内部的分工和专业化必然受到限制,阻碍了产业链的延伸,危及集群的自我发展和集群竞争力的提升。

三 基于地域分工视角的山东产业集群类型分析

以产品价值链为基础,分析山东产业集群参与地域分工的类型。根据地域分工的范围大小,价值链可以分为全球价值链、国内价值链、地方区域价值链三个类型或层次。

首先从全球价值链来看,山东产业集群主要是利用外资的形式参与国际分工,从事价值链条中附加值比较低的环节,即微笑曲线中的中间部分，根据地域优势，主要吸引日资和韩资，形成的外源型加工贸易型产业集群。

其次从国内价值链来看，山东产业集群立足于省内资源优势参与国内分工，与国内其他省份的产业形成完整价值链条，或者在山东省内形成完整的产业价值链条。根据技术分工中科技含量高低可以分为内源传统产业集群和内源高新技术产业集群。

再次从地方区域价值链来看，山东许多产业集群包含价值链主要环节，比如山东有四大铝产业集群，分别以烟台南山集团、淄博山东铝业集团、邹平魏桥创业集团、茌平信发集团为龙头企业，包含了氧化铝、热电厂、电解铝、铝材加工等整个产业链条主要环节，从而使得山东成为全国电解铝产量第一大省。（见图2-2）

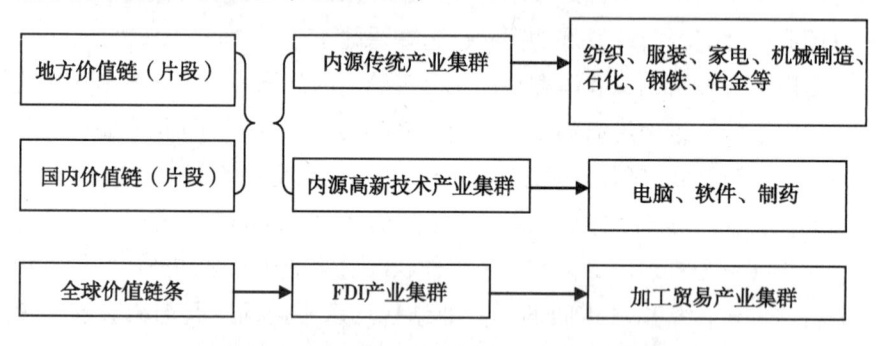

图2-2 价值链类型与产业集群类型的关系

资料来源：作者整理。

四 基于地域分工视角的山东产业集群分布概述

山东产业集群的分布与山东省内形成的区域分工格局密切相关。山东区域分工格局的形成有资源禀赋、历史文化等诸多原因，但是国家和省委政府制定的区域战略是主要因素之一，甚至会产生直接的影响。改革开放以来，山东省的区域发展战略经过不断完善，现在已经形成"一蓝、一黄、一圈、一带"的四大格局，其中蓝黄战略是国家级战略，对山东的区域分工产生了直接引领和影响。考虑到四大格局的地理范围有所交叉重叠，本书仍然借鉴传统的区域划分方式，把全省产业集群的区域分工分为半岛制造业基地、济南城市圈和鲁南经济带三大布局。

（一）半岛制造业基地与十大产业集群分析

山东半岛包括济南、青岛2个副省级城市和烟台、威海、潍坊、淄博、日照、东营6个设区的市，辖66个县（市、区），土地总面积7.3万平方公里，占全省总面积的46.6%；人口3897万人，占全省总人口的43%。其中，青岛、烟台、威海、潍坊、日照、东营6市为沿海地区，青岛、烟台、威海三市也称胶东半岛地区。本区聚集了全省主要的优势资源和先进生产力，是带动全省经济超常规、高速度、跨越式发展的"龙头"区域，也是全省发展水平最高、潜力最大、活力最强的经济区域。

山东省于2005年提出半岛区域经济发展目标："围绕形成全国重要经济增长极的战略目标，突出半岛城市群建设和半岛制造业基地建设两大重点，努力把本区建成环黄海经济圈有重要影响力的国际化都市群和面向日韩的现代化制造业基地"。[①] 重点提出，要发挥产业集聚效应，着力培植产业集群。顺应跨国公司投资由低成本区位转向产业集群区位的新趋势，积极推动全球化与本地化的有机结合，紧紧围绕七大战略优势产业和产业核心企业，大力发展专业化、本地化的中小企业，实行上下游关联性生产企业、流通企业、服务企业以及技术开发、社会中介等相关机构在地域上相对集中布局，配套发展，形成十大相互依存、共生共赢的产业集群，降低生产流通成本，放大区域带动效应，带动整个制造业向大规模、高层次的方向发展。这十大产业集群是：1. 立足已形成的电子信息与家电产业基础，依托大型企业和专业园区，形成了以微电子、光电子和新型元器件为基础，以计算机、通信产品及软件产品为主导和信息应用服务业协调发展的电子信息产业集群；2. 围绕为大型优势家电企业的配套与服务，形成了家用电器产业集群；3. 围绕为汽车工业的配套与服务，以专业配套园区为重点，积极吸引日韩汽车零部件产业转移，加快山东大宇发动机重组，大力发展汽车用发动机、空调器、车桥、轮胎和主要零部件等相关产业，提高汽车产业的本地化生产配套水平，形成了汽车产业集群；4. 围绕为船舶工业的配套与服务，大力研发、发展船用钢板、系列柴油机、锅炉、锚链、五金、仪表、化工、建材、计算机、应用软件等配套产业，形成了造船产业集群；5. 围绕大型石油、化工企业和项目，积极采用新聚合和改性等高新技术，集中布局和发展通用合成树脂、基本有机原料的深度加工产业和有机化工、精细及专用化工、新型合成材料等系列产品，完

[①] 刘冰主编：《山东半岛经济社会发展概论》，经济管理出版社2008年8月版，第169—187页。

善产业配套，形成了大型石油化工产业集群；6. 围绕盐卤资源、溴资源和海洋生物资源的开发，大力发展和集中布局纯碱深度加工产业及医药中间体、染料中间体、感光材料等溴深度加工产业，形成了以纯碱、溴系列产品和海洋生物化工为主要内容的海洋化工产业集群；7. 以大型钢铁企业和项目为核心，充分发挥现代化港口群和陆路交通便捷的区位优势，配套发展耐火材料生产、铁矿石开采、配送运输和钢材深度加工等产业，形成了钢铁冶炼、加工产业集群；8. 以新材料为重点，集中培植龙头企业，配套发展、配置相关产业和企业，形成了新材料制造产业集群；9. 以大型造纸企业和造纸项目为核心，配套发展速生丰产林、纸浆、纸制品和其他相关产业，形成了造纸产业集群；10. 以优势纺织企业和名牌服装企业为龙头，按照上下游产品配套发展的思路，形成了纺织服装产业集群。

（二）济南经济圈与八大产业集群分析

省会城市群经济圈包括：济南、淄博、泰安、莱芜、德州、聊城、滨州"一城六市"。从七市的产业基础看，在各具特色、都有比较优势的支柱产业的同时，也存在相当程度的同构性，这样一方面为加快区域产业整合和协作、促进产业集群式发展提供了条件，另一方面由于区域内部各经营主体发展水平的差异，导致区域产业水平和垂直的分工，产业和产品结构又具有相当强的互补性，为合理确定区域各市的产业分工奠定了基础。

结合省会城市群经济圈内各市的产业基础及内在联系，依托区域内骨干企业，完善生产配套，促进产业集聚，形成了汽车及零部件、电子信息、机械装备、石油化工、钢铁及有色金属深加工、纺织服装、农产品加工及食品饮料、建材等8个有区域特色的产业集群，以及新材料、新能源高技术产业基地。

1. 汽车及零部件产业集群。汽车产业是产业链长、上下游产品关联度大、分工层次清晰、产业集聚效应最明显的产业。围绕上游冶金工业的汽车用钢板轧制、铸件、锻件、车轴及有色金属（铝、铜）等，下游的汽车零部件加工，依托区域内现有企业和产品积极发展构筑汽车产业链，带动机械与金属加工、电子、电器、仪表、轮胎、塑料、玻璃等相关产品的发展。

汽车整车制造以重型卡车、客车和农用车为主，并大力发展为汽车配套的油漆、轮胎、玻璃及汽车电子等零部件产品。汽车整车主要依托济南中国重汽集团（重型卡车）、聊城中通客车（客车）、时风和迅力（商务用车、农用车)、滨州中汽恒星皮卡(皮卡);改装车和特种车依托济南改装车、泰安中国重汽泰安五岳、泰安航天特车、泰安起重机厂、德州福田汽车改装公司等;汽车零部件主要依托济南汽车车灯、新型发动机使用的中空充钠气门、ABS、柴油机等,德州金麒麟集团 OEM 刹车片、方向机厂 DFW 系列动力转向器、重型汽车驾驶转向机构等,聊城汽车底盘、发动机等,莱芜汽车、摩托车、拖拉机配件,滨州渤海活塞集团的活塞、海得曲轴有限公司的曲轴、汽车轮毂等,以及泰安泰凯电气、泰山集团、巨菱集团、华泰轮毂、山东厚丰等企业,加强产业间分工和协作,促进企业集聚和生产的配套衔接,打造区域汽车和零部件产业集群。

2. 电子信息产业集群。发挥省会济南及淄博、泰安在电子信息产业的基础和优势,围绕上游电子材料、电子元器件和下游光电通讯、光机电一体化、家电、汽车电子及软件等产品,打造形成区域电子信息产业集群。

电子信息产品制造业主要依托浪潮集团等骨干企业发展多媒体计算机、便携式计算机、工业控制计算机、军用及特殊行业专用计算机等各类高性能、多功能、多用途计算机产品,及高性能服务器等外围设备,不断调整计算机产业结构,提升计算机档次,逐步形成国内计算机及外围设备生产基地;新型元器件依托山东华光光电子、济南半导体总厂、淄博美林电子、淄博博航新材料、德州三河电子等重点企业,要着眼于整机装备水平的提高,积极开发生产各类新型元器件,重点发展表面贴装(SMT)元器件、光电子及新型平板显示器件、各种新型传感器和敏感器件、新型电力电子器件、高亮度及超高亮度半导体发光器件、汽车、船舶等电子配套产品,逐步形成小品种、大规模、专业化的生产体系;依托齐鲁软件园、山东中创中间件工程研究中心、山东积成电子、大陆机电、泰安蓝光计算机等企业,加快企业资源整合,尽快形成一批研发、生产和系统集成的骨干企业,推广利用骨干企业 ERP(企业资源计划管理系统)、CRM(客户关系管理系统)和 SCM(工艺链管理系统)改造机械、化工、冶金、建材、轻工食品、纺织、造船等传统产业,积极开拓国际市场,扩大软件外包业务,培育软件产业出口基地,形成规模效应和聚集效应,逐步形成配套完善、区域特色明显,服务全省乃至周边地区的软件研发平台和产业密集区。

3. 机械装备产业集群。结合机械工业全球化、集群化、信息化、服务个性化、产品高技术化的发展趋势,加快产品结构调整步伐,促进产业和相关产品合理集聚,发展壮大特色产品中小企业。推广现代高新技术和先进管理技术的应用,促进加工、生产、服务向智能化、个性化方向发展。

重点依托济南二机床、济南一机床、齐鲁发电设备厂、济南锅炉、泰安电气、山东时风、德州工程机、济柴、淄博柴油机等企业,打造区域机械装备产业集群。

4. 石油化工产业集群。发挥资源优势,围绕做大规模总量和提升效益水平,以大型化、集约化、精细化、集群化为方向,大力发展乙烯、丙烯、丁烯等基本有机化工原料及合成纤维、合成橡胶、塑料等产品,延伸拉长石油化工产业链,带动精细化工、医药、纺织、轮胎和塑料制品等下游相关产业的发展。

重点依托济南炼油厂原油加工、淄博齐鲁石化、滨州滨化集团、济南正昊化纤、德州临邑恒源石化、聊城华祥石化炼油等企业,形成炼油、有机化工原料、各种中间体、助剂等多个领域和系列产品的石油化工产业聚集带。

5. 钢铁及有色金属深加工产业集群。区域内钢铁企业较为密集,铁矿石资源不足(目前我省铁矿石的自给水平仅为30%,每年有70%的铁矿石依靠进口),产品档次低,优质薄板、中厚板、不锈钢、合金钢等代表钢铁工业技术水平和消费层次的高附加值品种比重仍然比较低。各钢铁企业应在控制生产规模的基础上,用现代化、大型化、连续化的工艺装备替代小型落后的工艺装备,加快产品调整和工艺升级。济钢围绕系列中厚板、热轧、双机架冷轧及酸轧联合机组搞好调整,增加中厚板、薄板的产品规格、品种,提高产品档次,建设国内一流的精品板材基地;莱钢淘汰落后工艺装备和低附加值长线产品产能,发挥 H 型钢、优特钢优势,不断提高产品档次,建设成 H 型钢、优特钢精品基地,搞好板材产品深加工,形成新的增长点;泰钢进一步发挥中宽带和窄带产品优势,增加品种,提高质量,发展成中宽带材生产基地;张钢淘汰落后工艺,易地建设符合国家标准要求的高强度棒材生产线。

依托莱钢、济钢、泰钢、德州永锋钢铁、聊城炼铁(钢),冷轧板、镀锌板、彩涂板、不锈钢制品、淄博万杰钢铁、张钢等,济南铝板带材、聊城电解铝、电解铜、淄博氧化铝、电解铝、铝合金、泰安电解铝等,构建区域钢铁及有色金属深加工产业集群。

6. 纺织服装产业集群。省会城市群经济圈纺织原料（棉花和化纤）资源丰富，劳动力成本较低，纺织棉纱、坯布、印染、整理、面料、服装及棉纺、毛纺、麻纺、针织、纺织机械等门类齐全，纺织生产企业众多，产业发展基础较好。应进一步强化特色、壮大优势、培育品牌、提高档次、突破辅料、开拓市场，以满足消费者对衣着类多层次、个性化、休闲化、舒适化、功能化的需求为目的，重点发展西服、高档色织衬衫、系列牛仔服、男女时装、休闲运动装、职业装、高档针织内衣、针织时装等产品。重点培育济北、洛口、淄川等服装、面料、辅料、服饰、纱线综合批发市场，加快区域服装产业链的发展。发挥现有优势，加强技术创新和新产品设计及系列产品配套开发，在稳步发展滨州家纺基地的同时，推动莱芜泰丰等企业利用自身优势发展系列床上用品，积极培育以中高档床上用品为龙头的家纺产业链。毛纺织行业要围绕服装产业链的需要，以提高面料质量、档次和顶替进口为目标，加快企业技术进步，增强行业竞争力。以泰安康平纳等企业为骨干，采用电子信息技术提升产业技术水平，积极开发细支轻薄产品，拓宽原料使用范围，提高产品档次和质量，满足时装和高档休闲装需求；发挥淄博维尔公司生产优势，强化装饰性和功能性，进一步提高毛毯制造业的竞争力。重点支持济南正昊、淄博万杰聚酯、淄博碳纤维原丝、海龙博莱特高模量低缩型聚酯纤维等化纤原料生产，鼓励企业积极开发各类功能性、差别化、复合型纤维，提高企业的自主创新能力和市场竞争力。引导有条件的化纤企业向深加工、精加工方向发展，拓宽化纤原料的应用领域，形成从原料、抽丝到纺织染整直至最终成品的一条龙加工体系，延长产业链，扩大整体优势。

依托济南的棉纺织、家纺类和产业类纺织品、服装，德州的德棉集团、华乐实业、元济公司、波司登（山东）公司、华纺（夏津）公司、临邑如意奥泰公司，聊城冠星、华润、临清华润、三合、茌平金号，淄博的万杰高科、鲁泰纺织（包括化纤、棉纺织、毛纺织、针织、服装、丝绸），莱芜的泰丰、银河、新开元、王子等企业，滨州的魏桥纺织、华纺股份、亚光纺织、德基公司，泰安的山东岱银、山东傲饰、山东泰鹏、山东平阳、泰安泰龙、泰安康平纳等企业，构建涉及棉纺、毛纺、麻纺、丝纺、针织、面料、染整、服装、家纺类及产业用纺织品的门类齐全的纺织产业集群。

7. 农产品加工及食品饮料产业集群。省会城市群经济圈北部是平原，南部为山区，是山东省重要的农产区，发挥农业资源优势，以食品饮料等农副产品加工业为龙头，以提高农产品加工度、增加农民收入和促进农村剩余劳动力就业为突破口，结合农业产业化基地建设，打造农产品加工和食品饮料产业链。

依托济南的肉类加工、粮油加工、蔬菜生产、调味品、冷食制造、糕点加工、乳品加工、碳酸饮料、茶饮料、果汁饮料、烟草，德州双汇、金锣、德州扒鸡、光明乳业、小麦产品加工、酒产品、大豆和玉米深加工、"三糖一药"，聊城凤翔集团（禽制品），莱芜"三辣"，滨州食品加工、植物油、酒类、淀粉、肉类加工，泰安的有机食品、绿色食品和无公害农产品等，打造形成区域农产品加工及食品饮料产业集群。

8. 建材产业集群。依托济南的水泥（山水集团）、新型墙体材料、石材、化学建材；德州的水泥、平板玻璃、空心玻璃砖、新型建材；淄博的建筑陶瓷、日用陶瓷、工艺美术陶瓷、水泥、平板玻璃；莱芜的高标号水泥、玻化砖、新型墙体材料、铝型材；泰安的无碱玻璃纤维及制品、纸面石膏板等，构筑涵盖水泥制品、玻璃、预制构件、新型墙体和装饰材料以及建筑业、房屋装修业等下游产品的建材产业集群。

依托区域产业基础和技术资源优势，打造淄博、莱芜两大新材料产业基地。发挥淄博在高分子材料、陶瓷新材料、新型耐火及节能材料等方面的产业基础和技术优势，突出比较优势和发展潜力。以东岳集团氟硅材料、中化集团橡胶助剂、齐鲁伊斯曼特殊增塑剂为龙头，加快发展有机高分子材料；依托山东硅研院、山东工陶院、国家建材科学院等，建成全国重要的工业陶瓷工程技术研究中心和产业化基地；以旭硝子、鲁阳、鲁中耐火材料公司为龙头，努力建成国际一流水平的新型耐火及节能材料研发生产基地；支持电子新材料、碳纤维、工程塑料、玻璃纤维、复合材料、纳米材料、新型显示材料、金属新材料等新材料的研发及产业化，建成全国重要的新材料产业化基地。发挥莱芜在粉末冶金制粉与制品、有机高分子材料及精细化工、金属基复合材料、新型建筑材料、磁性材料等方面的技术和产业优势，依托国家新材料研发中心，建设成为特色鲜明的国家新材料产业化与技术创新示范基地。

依托济南、德州在太阳能综合利用等领域的产业和技术优势，合理企业间产品分工，在原材料供应和新产品研发等领域加强协作，力诺集团突出以太阳能光伏光热和设备制造为主攻方向，皇明集团以太阳能采暖等为主攻方向，以重大项目为载体，引进资金和人才，形成规模经济和产业技术优势，加快成为全国太阳能综合利用的示范样板，形成了国家太阳能综合利用产品制造业基地。

（三）鲁南经济带的产业集群分析

鲁南经济带是山东省提出的"一体两翼"战略中的"南翼"部分，包括济宁、临沂、枣庄、菏泽四市，既不属于山东半岛经济带，也不属于济南城市圈经济带，应该是和二者并列的第三个经济带。

1. 济宁经济的支撑来源于四大产业集群：机械制造、食品制造、煤化工、能源。

济宁市多年来重点培植装备制造业、煤化工产业、食品工业和能源工业四大千亿级产业集群。以山推股份、重汽商业车、山托、大丰机械为龙头，扩大装备制造业规模；以兖矿集团为依托，延伸产业链条，提高煤化工精深加工能力；食品工业提升产品档次，打造区域龙头食品企业。稳定市内煤炭产量在1亿吨左右，支持企业到市外占领煤炭等能源资源，同时调整优化电力装机结构，重点发展生物质能、河泥、太阳能、煤矸石发电。

同时，济宁还通过重点项目带动，集中培育电子信息、光伏、新材料三大高新技术产业，改造提升服装纺织、医药、造纸、建材等优势支柱产业。

2. 临沂大力发展地方特色产业集群

临沂以打造鲁南制造业强市为目标，坚持自主创新，大力发展高新技术产业，改造提升传统行业，推进产业结构升级，实施产业集群示范工程和特色产业提升计划，重点培育板材、工程机械、园林机具、电动车、复混肥等20个产业集群，全市营业收入过百亿元的产业集群力争达到10个，创建一批知名度高、带动力大的优质产品生产基地。正逐步形成以金正大等企业为重点的临沭复合肥产业基地，以海峰、新港木业等为重点的兰山区、费县板材加工基地，以鲁洲集团等为重点的沂水食品加工基地，以山东临工为重点的先进制造业基地，以鲁南制药为重点的生物制药基地等高新技术产业集群的发展格局。

（1）板材产业集群：重点培育兰山、费县板材产业，整合产业资源，以新港、千山、安信等为龙头企业，壮大发展一批核心竞争力强的板材加工企业群体，着力构建市场交易、交通网络两个发展平台，努力加强生产加工体系、配套加工产业服务体系、产品质量检测体系三个产业发展体系，有效促进产业层次的提升，实现全市板材产业的快速、健康发展，形成与国际接轨的多层次、专业化、信息化的现代板材产业产销网络体系，使全市成为国际知名、国内领先的木材加工产业强市。

（2）有色金属产业集群：重点培育兰山区、经济开发区有色金属加工产业，以金升集团为龙头企业，带动集群向基地化、产业化、规范化、规模化发展，打造江北最大的有色金属产业基地。建设社区回收，市场集散及加工利用三个环节紧密衔接，基层网点与分拣中心、交易市场与加工利用中心配套、功能齐全、覆盖城乡的再生资源回收利用体系。

（3）工程机械产业集群：以临工、常林、众友为龙头企业，发展壮大工程机械产业集群。加强与国际知名企业合作，推进投资35亿元的临工-沃尔沃项目，投资26亿元的常林集团年产60万套重大装备液压件，投资25亿元的山重建机（原众友工程机械）年产万台中小型液压挖掘机，投资20亿元的柳工混凝土罐车、矿山机械、工程机械及汽车零部件机械等项目建设。剥离专业化强的零部件和生产工艺，拉长产业链条，培育一批生产关联、市场关联、技术关联、采购关联以及财务、法律、人力、资本等基础性关联的相关企业。

（4）食品产业集群：重点培植沂水食品产业集群，以青援、鲁洲、家乐氏、大地玉米四大企业集团为龙头，建设四大专业园区，延伸六大产品链条，创建"全国优质食品生产示范基地"，打造"沂水食品"整体品牌。

（5）复合肥产业集群：重点培育临沭复合肥产业集群，按照"整合要素，统一规划，优化布局，合理分工"的要求，加快复合肥产业布局调整，加快金正大工业园、史丹利工业园两大园区建设步伐，促进生产要素向优势企业园区聚集。发挥缓控释肥企业集中的优势，加强企业间在生产、研发、流通、交易、信息等方面的合作，努力打造特色鲜明、优势明显的绿色新型肥料基地。

（6）陶瓷产业集群：重点培育罗庄区日用陶瓷和建筑陶瓷产业，发挥传统优势和资源优势，积极打造"罗庄陶瓷城"，扩大陶瓷产业在全国的影响力。日用瓷类以银凤陶瓷为龙头，重点发展高档骨质瓷餐具、茶具，形成生产、科研一条龙的高档日用瓷全球知名企业；地板砖类以地王陶瓷、天地瓷砖为龙头，充分利用技术和能源优势，重点发展环保型、节能型和新材料型特色中高档地板砖；内墙砖以佳贝特建陶、佳宝建陶为龙头，通过加快专利技术引进和消化、开展项目对接、兼并等有效途径，提高竞争力。

（7）五金产业集群：以蒙凌铸钢、中泰园林为龙头企业，培植壮大河东五金产业集群，打造"中国五金加工城"。

（8）蔬菜加工产业集群：重点培育以苍山县大蒜、大姜、"棚菜"、创汇蔬菜、夏秋露地栽培蔬菜及食用菌六大品类特色蔬菜产业区；重点扶持以大林食品为龙头企业的河东区脱水蔬菜产业区；大力发展临沭县脱水、保鲜、速冻、腌渍蔬菜产业区。

（9）电动车产业集群：以澳柯玛、格伦特、绿源等企业为龙头，培植壮大沂南电动车产业集群，规划建设"中国·沂南电动车配套园"，引入和发展环保型电池、车架、轮毂、塑料件等配套企业，打造江北最大的电动车整车及配套产业区。

（10）园林植保机械产业集群：以华盛中天、三禾永佳为龙头企业，发展园林植保机械产业集群，整合资源、整顿市场，扩大全国最大的园林植保机械生产基地影响力。

3. 枣庄建设以煤化工为主的产业集群

枣庄市立足于煤炭工业的技术基础，大力进行工业转型，发展煤化工产业集群。经过几十年的发展，形成了一些骨干龙头企业和知名品牌。重点培育了以鲁南化肥、国泰化工、新能凤凰为龙头的煤化工企业集团，以枣矿、中泰、辰龙、丰源、王晁为龙头的煤炭企业集团，以水煤浆气化及煤化工国家工程研究中心为主的科研机构，以盛隆焦化和海化煤业为龙头的煤焦化企业。枣庄市已形成了一定的煤化工产业基础，2008年有煤化工企业16家。产品主要集中在化肥、甲醇、醋酸、焦炭方面，甲醇和醋酸生产规模位居全省第一，尤其醋酸的生产能力在国内处于领先地位，国泰化工建成世界上第一套 IGCC 联产甲醇、醋酸装置。枣庄已成为我国最有潜力、最具竞争力的煤化工基地之一。同时，枣庄大力推动其他集群建设，把新型建材产业做成骨干、机械制造产业做成亮点、纺织服装产业做出品牌、食品加工产业做出特色、高新技术产业做大规模，提升产业的综合竞争力。

4. 菏泽建设新兴煤化工、石油化工和医药等产业集群

菏泽从编制产业规划、强化调度服务入手，集中政策、资源加大主导

产业培育力度，形成了东明县石化、牡丹区医药、成武县机电、定陶县农副产品加工等一批优势产业集群，东明石化集团进入中国企业500强。煤炭资源开采后，初步形成了煤化工产业集群。

菏泽高新区把培植医药产业作为壮大经济实力、提升产业水平的重中之重，着力打造全省知名的医药产业基地。截至2011年底，医药加工及关联企业82个，拥有市级以上高新技术医药企业11家，其中省级7家，产品涵盖中药、西药、制药设备等十大门类、千余品种，形成了研发、生产、销售、物流等完整的产业链条。2010年实现销售收入90亿元，利税23亿元，上缴税金突破7亿元。2009年，被省发改委批准为第一批省级生物高技术产业基地。2010年被山东省中小企业办公室认定为省级产业集群。

菏泽开发区形成了以山东玉皇盛世化工股份有限公司为主体的芳烃综合利用产业集群、以菏泽玉皇化工有限公司为主体的烯烃综合利用产业集群、以山东辰信新能源有限公司为主体的新能源产业集群、以菏泽金正大生态工程有限公司为主体的生物控施肥产业集群、以山东能源集团菏泽聚隆能源有限公司为主体的碳一化工产业集群、以山东易达利化工有限公司为主体的新材料产业集群、以山东东药药业股份有限公司为主体的生物医药产业集群、以山东菏泽华昌机械科技有限公司为主体的高端机电制造产业集群、以菏泽美凯电子有限公司为主体的高端电子器件产业集群。

牡丹区持续加大生物医药、机械电子新材料、煤电化工等特色产业集群的发展力度，较好地促进了经济总量的扩张和经济结构的优化。生物医药产业集群是牡丹区的品牌产业，是中国百强县域产业集群之一。目前，全区医药制造及关联配套企业已发展到36家，涉及中药现代化、生物制剂、原料药生产、医疗器械、保健品等十大门类，千余品种。步长、睿鹰、华信、健民四大医药园区快速膨胀，步长、睿鹰两家制药企业连续多年稳居全国医药工业百强。机械电子新材料是该区蓬勃发展的新兴产业，一批科技含量高、发展前景广的项目相继建设投产。牡丹区充分利用全市丰富的煤炭、石油资源，瞄准高端产业和抢占产业高端，使煤电化工这一朝阳产业快速崛起。

东明县抢抓"突破菏泽"的战略机遇，打造山东省及中原地区重要石油化工基地，按照"大项目、产业链、产业集群"模式，推动大企业向大集团、大产业向大集群转变，力促全县石油化工业质与量提升和扩张。为确保石油化工业又好又快发展,县里科学编制了《东明县石油化工产业 2008—2012 年发展规划》,提出五年内建成千万吨级炼化基地,规模以上石油化工企业主营业务收入突破 1000 亿元的"双千"目标。按照"科技含量高、环境污染少、资源消耗低、经济效益好"的新型工业化要求,着力打造三大产业集群,一是打造石油加工集群,以东明石化集团扩能改造为重心,加大技术改造力度,实现企业规模的进一步扩张,形成山东省重要的石油加工基地;二是打造石油化工产业集群,着力拉长环己酮、异丁烯、碳五产业链条,加快相关项目建设;三是打造氯碱化工产业集群,围绕热电、氯碱、有机原料,强化"热电—氯碱—化工"一体化发展,实现氯碱化工与石油化工的优势互补,资源合理配置,发挥综合效益。

2012 年底,成武县拥有机电制造规模以上企业 22 家,其中达驰电气有限公司为国家级高新技术产业,初步形成了以变压器、高压开关、风力电塔等输变电设备为主的机电制造业生产体系。到 2014 年底,成武县机电制造企业发展到 70 多家,形成了完整的高端机电产业链和产业集群,成为山东省输变电设备制造和华北地区重要的电力设备研发和制造基地。

五 基于地域分工视角的山东产业集群存在的问题分析

(一) 山东产业集群在国内地域分工中处于产业链"短"和"断"的状态,导致产业集群配套率过低

山东的机械电子设备、家电等制造业集群发展较快,但是产业配套性差,产业链不完整。据 2008 年调研发现,浙江慈溪地区家电塑料产品形成了颇具规模的产业集群,并且其 70% 的产品都卖到了山东,其中包括电视机壳和电脑外壳。据当地人介绍,昆山笔记本电脑在 70 平方公里的范围内 1—2 小时就能够实现配件装机。台州汽车行业和摩托车行业 90% 以上的配件都能在本地加工完成。山东产业聚集化程度最高的青岛电子家电企业,在当地配套率仅为 30% 左右,个别县市的产业集群配套率甚至不到 14%。[①]

---

① 《山东产业集群"链短"问题突出》,2008 年 11 月 13 日 10:01 中国联合钢铁网 (http://www.custeel.com)。

（二）山东产业集群在国内地域分工中处于"两高一资型"产业，生态压力较大，转调创任务艰巨

山东是资源消耗大省，环境压力大，高耗能产业集群比重大，先进制造业和高新技术产业集群比重小，产业集群由资源密集型升级为资源节约型和生态友好型成为必然趋势。

山东的工业是主要耗能产业。在2005年全省能源消费总量中，工业消费占84.2%。工业中，耗能大头又在制造业，煤炭的51%、焦炭的99.1%、汽油的75.5%、柴油的64.6%、燃料油的97.8%、电力的76.3%，都集中在制造业上。由于制造业结构方面的原因，造成山东万元GDP耗能偏高。山东省统计局提供的2005年数字表明，与江苏、浙江、广东等工业化进程较快的省份相比，山东万元GDP耗能分别高出0.17、0.21、0.08吨标煤，折合电力消耗，山东每万元GDP比江苏、浙江、广东分别多消耗1383、1708、651千瓦时。[①]

《山东省人民政府关于发展循环经济建设资源节约型社会的意见》指出："我省资源型、初加工型工业比重较高，在重工业中，采掘业、原材料工业所占比重超过60%，在轻工业中，以农产品为原料的占70%以上。资源利用方式总体上仍然是粗放型的，能源、资源的过度消耗带来严重的环境污染，继续沿用传统的经济发展模式，不仅资源难以为继，而且环境不堪重负。"因此，随着经济发展进入新的阶段，生态压力逐渐加大，和其他省份相比，山东产业集群转型升级的问题更为突出，节能减排任务更为艰巨。

第三节 新国际分工与产业集群升级

国际分工是指各国生产者通过世界市场建立起的劳动联系，是国际化的地域分工。随着经济全球化进程加快，世界产业结构调整和外资大量涌入，对我国地域分工产生深远影响。国际分工已经进入全球价值链分工时代，世界各国之间的分工由产业间分工向产品内分工转变，国际分工沿着"不同产业间分工→相同产业间不同产品分工→相同产品不同工序间分

---

① 《山东：GDP跃进下的资源镣铐 能源消耗全国第二》，2005年09月05日01：42 第一财经日报（http://finance.sina.com.cn）。

工"路径不断深化。改革开放以来，我国东南沿海利用劳动力资源优势，参与国际价值链分工，承接国外产业转移，建立了许多劳动密集型企业，形成了许多以外销为主的"贴牌加工型（OEM）"产业集群。

一 新国际分工的理论演进

（一）国际分工理论演进过程

国际分工理论在经历了比较优势理论、资源禀赋理论等阶段之后，进入21世纪形成了以"全球价值链分工"为核心的新国际分工阶段。新国际分工的一个重要特征是发达国家集聚高技术生产并占领全球价值链的高端，外围国家或后发国家集聚低技术生产，处于被控制的环节（范黎波、吴勇志，2010）。

当代全球生产价值链分工系统并存有传统国际分工与新国际分工两种模式，传统国际分工主要指产业间的分工，如一国生产工业品与另一国生产农业品进行贸易的分工。新国际分工随全球生产网络的不断扩张而日渐占据主导地位。与传统国际分工模式相比，新国际分工的基础由过去的产业间或产业内的分工演变为产品内分工，即参与分工的国家是在同一产品内根据价值链的划分进行分工合作。

新国际分工理论的演进过程经历了比较优势、产业内贸易两个发展阶段。

亚当·斯密在《国富论》中阐述了绝对比较优势（或绝对成本）理论，成为比较优势学说的创始人。李嘉图做了进一步发展，提出比较成本学说，即具有相对优势的国家通过相互贸易仍能获利。俄林则从要素禀赋角度提出各国应生产其相对丰裕要素的产品，换回其相对稀缺要素的产品。传统国际分工理论的基本假设建立在生产者和消费者之间基于比较优势的自由市场交易的基础上，资源禀赋和自由贸易体系可使参与各方普遍受益。随着时间的推移，传统国际分工理论对许多重要经济现象越来越缺乏解释力。

20世纪中期以来，产业内贸易理论对新国际分工现象有了更为独到的解释力，成为国际贸易理论发展的主要趋势之一。以克鲁格曼为代表的"产业内贸易学派"认为，跨国公司出于纵向和横向一体化规模经济的战略动机，使国际分工逐步呈现贸易一体化与生产非一体化特征。产业内贸易的产品既可以是同一产业内具有完全替代性的相似性产品，也可以是不能完全替代的异质产品，具有双向贸易或贸易重叠的功能。同一产业的产品同时输出和输入活动，使产品价值链在全球范围内实现重构，对国际分工产生重大影响。跨国公司促进了国际专业化分工水平的提高和效率改进，孵化和催生了全球价值链体系的建立和深度发展。

全球价值链体系不仅促进了发达国家间的贸易流量，也促进了发达和发展中国家之间的贸易流量。我们今天面对的世界经济和国际市场，已不是简单的南北分工或东西分工关系，也不是传统意义上基于要素禀赋差异的国际生产分工。在相当长的时间内，传统国际分工模式与新国际分工模式会并存，但彼此的地位已发生变化。

全球经济与技术的进步促进了传统国际分工体系向新国际分工体系的迈进，跨国公司的组织形式与功能的演进过程对新国际分工时代的到来起到了加速作用。全球资源与创新的整合不仅大大降低了生产成本，还开辟了技能和知识的新来源。

全球价值链在全球范围内组织最佳的价值生产过程，这个巨大的跨国界的生产链条连接设计、开发、制造、营销、销售、售后服务等各种增值活动，是价值工程在国际经济关系中的体现。跨国公司通过全球价值链垂直分工与水平分工并举的方式，目前正对资源与创新进行着一场全球范围的整合。在全球价值链体系中，虽然参与价值创造的国家和地区很多，但在价值创造过程中的地位有很大不同，有主导价值创造和分配过程的领导者，有服从价值安排和分配的参与者，之间有着明显的层级关系。新兴工业化国家和地区、发展中国家和地区在这一分工中处于较低层次（范黎波、吴勇志，2010）。

（二）价值链模块化与国际制造业分工格局的演化

所谓价值链模块化，即某一行业一体化的价值链结构逐渐裂变成若干独立的价值节点，通过各价值节点的横向集中、整合以及功能的增强，形成了多个相对独立运营的价值模块制造者以及若干模块规则设计与集成者的产业动态分化、整合过程。

在价值链模块化不断深入的过程中，涌现出两类典型的厂商组织：一类是若干主导厂商（或称品牌制造商），主要负责产品的基础研发、概念设计、功能设计、成品组装、系统集成与升级以及营销等产业核心价值环节（为了防止知识产权外溢，有的仍保留部分核心模块的加工制造），具有自有品牌，因此属于模块规则设计与集成者，如汽车业某些国际知名的品牌制造商：GM、Ford、Daimler-Chrysler、Mercedes-Benz、Volkswagen 等。另一类是合同制造商，主要负责加工、制造、装配、检测、包装等非核心价值环节，如果还具备应用型研发、工艺、外观设计、物流、供应链管理以及附加服务等更加系统化的功能，则成为合同制造商的高级形态——交钥匙供应商（Turn-key Supplier）（或全球供应商），它们主要以全球或区域的主导厂商为主要客户，本身也随主导厂商进行全球化（或区域化）运营，但一般不具有自有品牌，因此都属于独立的价值模块制造者，如汽车业中专业于各种重要零部件开发制造的大型全球供应商：Delphi、Visteon、Robert Bosch、Denso、TRW-Lucas 等（朱有为、张向阳，2005）。

在大部分制造业中，传统产业组织是通过价值链的垂直一体化来实现规模经济，而模块化产业组织则通过不同的模块分工与每一个价值模块的专业化经营来实现更为显著的规模经济和范围经济，甚至还可通过大规模的横向并购与整合取得垄断性的市场势力。这样，产业的竞争就呈现了多层次性，既在不同的主导厂商之间展开，同时也在经营每一个价值模块的多个合同制造商之间展开。因此，价值链模块化本质上就是一类特殊的横向一体化（Horizontal Integration）产业组织结构以及产业分工形态。

近20年来，国际制造业组织结构的调整推进了国际制造业分工格局的演变。国际制造业分工格局的重心已经开始从产业间分工向产业内分工和产品内分工转变，从垂直型分工向水平型分工转变，但各类分工仍在不同国家间同时并存，呈现多层次化的格局。同时，随着信息技术的发展、投资政策自由化以及全球化的推进，国际制造业分工逐渐从以不同产业为边界开始转向以同一产业或产品价值链不同的增值环节为边界，从以国家为主体转向以企业（尤其是跨国公司）为主体，国际分工格局日益深入。目前，制造业价值链加速在全球分散布局，使各国不同类型企业纷纷在某一产业或产品的全球价值链上游技术环节（如研发、设计）、中游生产环节以及下游营销环节中进行垂直型和水平型的专业化分工。因此，一国国际分工地位将主要体现在其在产业价值链环节中所处的位置上，占据的价值链高增值环节越多（如技术与营销环节），就越在国际分工中占据有利位置。代表国际制造业分工发展方向的产品内分工有两种类型，制造业价值链模块化正是水平型产品内国际分工的一种典型形态，分布于各国，且掌握一个或若干个价值模块的合同制造商与设计模块规则并掌握部分核心模块（如电脑和通信设备的芯片、冰箱的压缩机、微波炉的磁控管等）

的主导厂商成了参与分工的主体，它们之间的关系已经成为了国际分工的高级化形态。

模块化国际分工的"高级化"主要在于其把合同制造商与主导厂商之间长期以来的附属型关系转化为互补型、甚至对等型关系，从而削弱了主导厂商的产业控制，使合同制造商成为产业发展的重要角色。目前，在全球制造网络中，以跨国公司主导的产品内国际分工仍以垂直型为主，发达国家、新兴工业化国家和地区的品牌制造商掌握着核心的价值环节，一方面通过合资或独资在发展中国家设立加工制造分支机构，在总部统一的技术和管理控制下进行面向当地或是全球的生产，并通过公司内贸易保证部件的及时供应，此外还有大量的当地供应商为子公司提供配套加工服务；另一方面通过全球外包、OEM（原产地委托制造或贴牌）等非股权投资方式，把加工制造环节转移给具有成本优势和质量优势的发展中国家合同制造商、分包商。发展中国家合同制造商能力一般来讲都是有限的，主要集中在价值链低端加工制造环节，常常为一家主导厂商服务，资产专业化程度高，能力的升级路径常常被主导厂商锁定。主导企业控制着销售渠道、市场规则、产品标准以及核心技术，价值的实现基本控制在主导企业手中。

二 新国际分工下产业集群理论模型[①]

（一）理论模型的构建

假设：

1. 只有两个国家、两个产业、生产要素是单一的（劳动）；

2. 每个国家都被赋予一单位的劳动，并假定劳动在国家之间是不可流动的；

3. 不存在农业部门；

4. 使用上标 1 和上标 2 对产业进行分类；

5. 先从一个国家（"本国"）的模型开始，并且不使用国家下标来标注本国，需要识别外国时在变量上添加一个符号"～"；

6. 两个产业都是垄断竞争性产业。

[①] 本节主要参考：藤田昌久、保罗·克鲁格曼、安东尼·J. 维纳布尔斯：《空间经济学》，梁琦主译，人民大学出版社 2005 年版，第 337—343 页。

产业间系数的对称性,在需求方面,都具有相同的消费者需求参数,每个产业都获得消费者一半的支出,并且具有相同的需求弹性 σ;技术上,都具有相同的固定成本和均衡的企业规模;同时按照柯布·道格拉斯的技术要求雇用劳动力、使用中间投入品,中间投入品既可以由他们自己所在的产业提供,也可以由其他产业提供。

投入产出矩阵给出了每单位成本下不同投入的值,其形式如下:

	产业 1	产业 2
产业 1	α	γ
产业 2	γ	α
劳动	β	β

交易矩阵的产业间系数部分是对称的,所以对于每一个产业,来自于其他产业的投入在成本中所占的份额为 γ,来自于同一产业所占份额为 α,$\alpha > \gamma$ 意味着产业内的联系大于产业间的联系。劳动力所占份额为 β,$\alpha + \beta + \gamma = 1$。

选择适当的单位以满足边际投入等于价格成本加成(即 $c = \rho$),这意味着产业 1 和产业 2 中的本国企业所要求的价格是:

$$P^1 = (w^1)^\beta (G^1)^\alpha (G^2)^\gamma \tag{1}$$

$$p^2 = (w^2)^\beta (G^2)^\alpha (G^1)^\gamma \tag{2}$$

其中 G^1 和 G^2 是国内每个产业的价格指数,w^1 和 w^2 是国内每个产业的工资率。国内每个产业雇用的劳动力数量为 λ^i;国内劳动总供给设为 1(即 $\lambda^1 + \lambda^2 = 1$)。假设企业的规模为 $q* = 1/\beta$,这样产业 i 的工资总额就是 $w^i \lambda^i = \beta n^i p^i q* = n^i p^i$。现在可以写出每个产业的价格指数,

$$G^1 = [\lambda^1 (w^1)^{1-\beta\sigma} (G^1)^{-\alpha\sigma} (G^2)^{-\gamma\sigma} + \tilde{\lambda}^1 (\tilde{w}^1)^{1-\beta\sigma} \\ (\tilde{G}^1)^{-\alpha\sigma} (\tilde{G}^2)^{-\gamma\sigma} T^{1-\sigma}]^{1/(1-\sigma)} \tag{3}$$

$$G^2 = [\lambda^2 (w^2)^{1-\beta\sigma} (G^2)^{-\alpha\sigma} (G^1)^{-\gamma\sigma} + \tilde{\lambda}^2 (\tilde{w}^2)^{1-\beta\sigma} \\ (\tilde{G}^2)^{-\alpha\sigma} (\tilde{G}^1)^{-\gamma\sigma} T^{1-\sigma}]^{1/(1-\sigma)} \tag{4}$$

应注意到,每个价格指数都取决于两个国家的两种产业的价格指数(本国是 G^i,外国是 $\tilde{G}^i$),因为他们都进入了制造企业的成本和价格。

本国经济体中的工资方程为:

$$[(w^1)^\beta (G^1)^\alpha (G^2)^\gamma]^\sigma = \beta[E^1(G^1)^{\sigma-1} + \tilde{E}^1(\tilde{G}^1)^{\sigma-1}T^{1-\sigma}] \quad (5)$$

$$[(w^2)^\beta (G^2)^\alpha (G^1)^\gamma]^\sigma = \beta[E^2(G^2)^{\sigma-1} + \tilde{E}^2(\tilde{G}^2)^{\sigma-1}T^{1-\sigma}] \quad (6)$$

这种工资水平给定了产品的价格，在这一价格水平上，产业内各企业的利润为零。

每个产业的支出由下面两个公式给定：

$$E^1 = \left[\frac{w^1\lambda^1 + w^2\lambda^2}{2}\right] + \left[\frac{\alpha w^1\lambda^1 + \gamma w^2\gamma^2}{\beta}\right] \quad (7)$$

$$E^2 = \left[\frac{w^1\lambda^1 + w^2\lambda^2}{2}\right] + \left[\frac{\alpha w^2\lambda^2 + \gamma w^1\gamma^1}{\beta}\right] \quad (8)$$

收入等于每个产业部门的工资总额，消费者偏好使得收入平均分配在两种产品的消费上，这就是给定了第一个方括号内的项。第二个方括号内的项表示对中间投入品的需求取决于每个产业的工资和技术参数。

对于一个给定的劳动力配置 λ^1 和 λ^2，方程（3）到（8）决定了本国的瞬时均衡。对于外国，可以同样构建一组方程，于是就产生了含有12个未知数（两个国家两种产业的价格指数、工资和支出水平）的12个方程式。在长期中，劳动力是会随着工资的差异而在两个产业之间流动的，但是现在我们仍然继续保留劳动力在国际间不可流动这一假设。

（二）国际分工下集群形成的条件分析

以上模型会导致两种均衡，一是分散：每个国家都拥有每种产业一半的市场份额。二是地理上的集中：每种产业都会形成产业集群，从而每种产业的企业只位于一个国家。

假设两个国家两种产业都是对称的，即双重对称，先假定产业1集中在本国，因此

$\lambda^1 = 1$，那么外国拥有产业2，于是就有：

$$\lambda^1 = \tilde{\lambda}^2 = 1, \text{以及} \lambda^2 = \tilde{\lambda}^1 = 0 \quad (9)$$

将这一对称扩展到其他内生变量，于是本国的产业1的各内生变量的值于外国的产业2相应的内生变量的值相等，即：

$$G^1 = \tilde{G}^2, G^2 = \tilde{G}^1, E^1 = \tilde{E}^2,$$

$$E^2 = \tilde{E}^1, w^1 = \tilde{w}^2, w^2 = \tilde{w}^1 \quad (10)$$

这里两个经济体的实际工资水平也是一致的。本国的工人全部在产业1就业，获取工资 w^1；外国工人则全部在产业2就业，获取工资 $\tilde{w}^2$。

现在分析产业聚集时均衡的条件,并确定集聚得以维持下去的参数值。

首先看价格指数（3）式和（4）式,如果产业 1 仅在本国运营,产业 2 仅在外国从事生产,那么价格指数间就会存在以下跨国关系：

$$\tilde{G}^1 = TG^1, G^2 = T\tilde{G}^2 \tag{11}$$

根据（10）式中的对称性,继续推到可以得到：

$$\tilde{G}^1/G^1 = G^2/\tilde{G}^2 = G^2/G^1 = \tilde{G}^1/\tilde{G}^2 = T \tag{12}$$

用（5）式来除（6）式,同时根据（12）式,可以得到两个工资方程的比值：

$$\left(\frac{w^2}{w^1}\right)^{\beta\sigma} T^{(\alpha-\gamma)\sigma} = \left[\frac{\tilde{E}^2 T^{1-\sigma} + E^2 T^{\sigma-1}}{E^1 + \tilde{E}^1}\right] \tag{13}$$

如果产业是集中的,那么支出水平就是：

$$E^1 = \tilde{E}^2 = w^1(1/2 + \alpha/\beta)$$

$$E^2 = \tilde{E}^1 = w^1(1/2 + \gamma/\beta) \tag{14}$$

把（14）式带入（13）式,连同给定条件 α + β + γ = 1,得到：

$$\left(\frac{w^2}{w^1}\right)^{\beta\sigma} T^{(\alpha-\gamma)\sigma} = \left(\frac{\beta+2\alpha}{2}\right)T^{1-\alpha} + \left(\frac{\beta+2\gamma}{2}\right)T^{\sigma-1} \tag{15}$$

或者：

$$\left(\frac{w^2}{w^1}\right)^{\beta} = T^{-(\alpha-\gamma)}\left[\left(\frac{1+\alpha-\gamma}{2}\right)T^{1-\sigma} + \left(\frac{1+\gamma-\alpha}{2}\right)T^{\sigma-1}\right]^{1/\sigma} \tag{16}$$

（16）式表示 w^2/w^1 是一组参数的函数。如果产业 2 并不支付较高的工资,即 $w^2 \leq w^1$,那么本国的产业 1 的集聚式可以维持的。

在（16）式中,参数 α - γ 起着重要作用。方括号外面的项反映前向关联；如果产业 1 要在国外建立企业,它会发现,来自于产业 1 的投入要十分昂贵,而来自于产业 2 的投入则相对便宜,这些投入在成本中所占的份额分别是 α 和 γ。方括号内的部分反映后向关联。其中,本国对产业 1 的支出占世界总支出额的 (1 + α - γ)/2,本国对产业 2 的支出占 (1 + γ - α)/2。

如果 α - γ 是负数,那么产业间的关联效应就强于产业内的关联效应。于是,对于所有的 T > 1,（16）式的右边大于 1,集聚绝不可能维持下去；因为企业可以从与其他产业的企业联系中获得最重要的区位利益,国家倾向于发展多元化产业的混合经济。相反,如果 α - γ 是正数,那么产业内的关联效应就强于产业间的关联效应，于是产业在地理上的集中对于足够小的 T 值而言是可以维持下去的，产业集群就产生了。

三　新国际分工下山东产业集群定位

山东外源性产业集群大多是承接国外产业转移形成的，和全国同类产业集群一样，以低廉的土地、劳动力资源承接了全球价值链转移当中的生产制造环节，处于低附加值环节以及较低的分工地位；跨国公司通过加强研发、市场开发和制定品牌来达到对整个价值链的控制，在一定程度上决定了"中国制造"与购买者之间的非对等关系。

在新经济体系中，不同国家和地区之间合作和分工专业化的趋势日益明显，发达国家将生产制造这一功能转移到发展中国家。从加工贸易和产业链的角度，学者们认为在垂直专业分工背景下，不同国家在同一产品不同生产工序上形成一个统一体系，这使得上下游企业在中间品进口、技术研发等方面有了更为紧密的联系。即使处于产业链底端的加工企业，仍然可以通过技术设备的引进、中间品进口、人力资本流动等途径充分利用技术扩散效应带来的益处，在"加工中学"，在加工中逐步实现产业链升级。如 Perter.J（2004）指出在加工贸易方式下，东道国与投资方利益捆绑在一起，由此，通过技术和市场的不断渗透和溢出，东道国可以逐渐建立起自己的营销网络，形成自主的知识产权，促进本国的产业升级（范黎波、吴勇志，2010）。国内学者张小蒂与孙景蔚（2006）利用垂直专业化比率指标研究发现，垂直专业化分工有利于提高某一产业的劳动生产率水平和产业技术水平，进而提升产业国际竞争力。

山东本土企业要充分利用垂直专业化分工过程中"技术外溢"对其技术创新能力的促进机制，增强自主创新能力，在国际垂直专业化分工体系中谋求一个更好的位置，推动我国从现阶段的"制造大国"向"研发大国"转型升级。

四　新国际分工下山东产业集群升级面临的问题分析

（一）山东产业集群在国际分工中处于全球价值链低附加值状态，即处于"微笑曲线"底部，导致产业集群缺乏国际核心竞争力

山东许多产业集群从事大进大出的加工贸易，这种集群的比较优势在于所拥有的廉价劳动力等资源，而关键原料、零部件进口与产品销售渠

道，则全由外商掌控，这使得山东的集群和我国其他省份的产业集群一样，一直锁定在价值链低端，陷入"分工锁定"状态。

（二）外资集群技术含量较低，劳动密集型和污染密集型行业为主

从投资的产业看，外资集群主要集中在劳动密集型制造业中，呈现多元化趋势。目前，韩资企业在纤维、制鞋、电子、玩具、集装箱、成衣等行业，外资企业在轻纺、冶金机电、化工建材等行业已形成产业规模，并呈现向金融保险、房产、航运、运输、仓储、餐饮、娱乐等领域投资的多元化趋势，但是劳动密集型产业的制造业仍占主要地位。例如，生产耐克鞋的两家企业（青岛三潮制鞋有限公司和青岛昌新鞋业有限公司）职工人数达5000人，而职工平均工资（400—1000元/月）相当于同类韩国企业工人平均工资（约800—1000美元/月）的1/10左右。

据调查，山东的外商直接投资集中在污染密集型行业（轻纺、冶金机电、化工建材等），这一点符合"污染避难所假说"，并且FDI与山东污染密集型产品的出口额有关系，从一个角度反映了山东工业污染上升的原因。必须认识到，FDI进入山东目的之一是想利用成本的差异，通过产业转移追求财富最大化，而一旦考虑到环境问题，把FDI和人民的健康以及对高质量环境的需求联系起来，FDI存在着诸多负面的影响。

（三）外资集群外溢效应不明显，对当地企业的技术、管理等外溢作用不大

从投资的方式看，以独资形式为主。外商投资建立的企业可分为独资、合资和合作经营三种形式。由于独资企业产权明晰、责任清楚、易于管理，所以，在山东的韩资企业、日资企业中，独资企业占多数，特别是韩资企业更青睐于独资。截至2007年底，韩国客商来青岛市投资的企业数量已达4081户，占全市外商投资企业总数的50.64%，位居外商直接投资榜首。这一方面说明韩国商人对在山东投资有信心，愿意独自承担风险；另一方面也说明，与韩国商人做生意难，他们"不合作"的情绪特浓。这种独资现象使韩日资企业与当地经济联系较弱，对山东经济带动不大，从本国内或欧美进口原材料，加工后再出口至欧美和本国，与山东省内企业联系较少，没有提高山东工业体系与国际产业技术联系的深度，与所期望的承接日韩产业的转移，加快山东省产业结构调整，打造制造业基地等目标还有较远的距离。这样造成了外溢效应的不明显，无法加快提高地方技术、管理的更新。

要想使外资企业与当地企业有较多联系，使国内企业给外资企业配套产品，成为产业链中的一环，必须有山东企业的大量参与，这已为广东、江苏、浙江等省的实践经验所证明。据山东省外经贸厅所做的抽样调查显示，省内大的外贸加工贸易企业在当地采购率仅有10%左右，而外资企业的当地采购率自然会更低，这主要缘于省内企业发展相对滞后，这条"短腿"如果不补长，其负面影响将会是多方面的。

第四节　强化技术创新、融入全球价值链、培育产业集群升级的分工优势

产业集群的升级要从技术分工、社会分工、区域分工、国际分工角度寻找答案。加强技术创新，提升技术分工和社会分工水平，形成分工优势，是集群升级的根本路径；发挥区域优势，形成特色鲜明的区域产业集群，避免同质化发展，是实现产业集群升级的重点；各区域产业集群分工合作构建产业链，融入全球价值链，利用外资企业的技术，摆脱低附加值状态，是产业集群升级的紧迫任务；注重循环经济、低碳发展、绿色发展，建设生态产业园区，是山东产业集群升级的趋势和方向。

一　重视技术创新，提高技术分工与社会分工水平

集群内部企业技术创新促进产业升级发展，进而推动产业价值链攀升，集群内企业要充分利用自身比较优势，由生产制造为主转向与技术研发并重，大力发展产业链条中的关键技术和核心技术，以技术创新来提升产业集群分工水平。

强化技术创新，就是通过发展柔性生产，依靠提高自主创新能力推动产业集群由低成本型向创新型转变，走多品种、小批量、高质量的道路是一条重要途径。同时需要鼓励集群内企业加大研发投入，广泛吸引各种人才，采取多种形式建立研发中心、设计中心和工程技术中心。鼓励发展专业化的中小科技型企业，吸引跨国公司在集群内设立研发中心，鼓励本地企业与外资建立合资研发中心。对从事技术开发活动的集群内企业可考虑给予加速折旧、税收减免优惠，通过税收减免、财政贴息、投资扶持等措施，推动集群内产学研紧密结合，形成科技创新体系，弥补中小企业创新能力不足的缺陷。要加强知识产权的保护，打击仿冒，加快对引进技术的

消化、吸收和创新。还需要完善金融担保、风险投资和创业基金，为中小企业提供必要的金融和配套服务，缓解中小企业在自主创新中面临的资金瓶颈矛盾（赵敏、张慧霞，2007）。

产业集群的优势是各种不同类型的企业相互配合实行专业化生产，充分发挥自身优势集中于某一特定细分市场或产品，加强企业之间分工协作，从而提升整体竞争力。集群内部企业的精细分工与协作是国内外成功产业集群之所以成功的重要经验。

二 依托各地资源优势，形成特色产业集群

各地需要根据行业的特征、区域的制度和文化特征来选择具有区域和地方特色的发展道路。有关集群的政策和规划需要谨慎，要对本地特色资源进行深度挖掘并加以创造性的整合。从国际上产业集群发展的经验看，不仅当地的特色物质资源应当成为集群发展的基础，其特有的历史社会文化资源也应当被整合到产业集群的资源体系之中，这是真正形成产业特色的关键，也是保持山东省产业集群可持续发展的关键所在。

三 构建产业链条，增强产业集群之间的地域分工合作[①]

地方产业集群是全球价值链分工区域化的结果。产业集群的可持续发展必须遵循这一规律，按照价值链分工进行区域布局，加强地域分工合作。为此，在整合园区的基础上，要从全局的战略高度，突破行政区划限制，以产业集群为载体，构筑一个开放的从研发、产品设计、中试、采购到生产制造、销售、技术服务、品牌运作的一体化产业链体系。一方面，在产业选择和项目安排上，要突出各产业集群的优势和特色，强化功能分工，实行链式发展；另一方面，要坚持"分工协作、强化配套、本地结网"的原则，重视培育和发展相关配套产业和关联企业，促进本地产业网络的逐步形成。

要避免各种产业集群在低水平上重复建设，就必须突出特色，强化园区功能分工，实行错位竞争和错位发展。错位竞争体现在三个方面：一是部门错位，即各地区发展不同的产业部门，实行部门专业化和产业间分

---

① 魏后凯等：《中国产业集聚与集群发展战略》，经济管理出版社2008年版，第363—366页。

工。二是产品错位，即各地发展同一产业部门的不同产品，实行产品专业化和产业内分工。三是功能错位，即各地发展同一产品价值链的不同阶段、环节甚至模块，实行功能专业化和产业链分工（包括模块分工）。通过这三种类型的错位发展和专业化分工，由此形成不同地区错位竞争、分工合作的格局。

四 积极融入国际分工新格局，嵌入全球价值链高端环节

产业集群的升级，就是要融入全球价值链，沿着价值链升级，提高产品的附加值，在价值链中由低端走向高端。罗勇、曹丽莉（2008）根据全球价值链曲线，结合我国制造业集群在链上的位置，提出我国产业集群升级的路径：首先，结合我国当前的比较优势，继续巩固其在全球价值链中的制造环节的优势，提高生产制造环节的核心竞争力，吸引全球供应链核心企业选择"中国制造"，进而推动整个价值曲线向上移动，实现在同一制造环节附加值的提升、价值的增加。我国制造业的竞争优势在于劳动力资源丰富，但是仅仅凭借劳动力的成本优势并不能真正站稳"中国制造"的位置。在提高"中国制造"的"量"的同时，通过质量、效率、成本、服务等多方面竞争要素的培育，提高"中国制造"的"质"，将劳动力低成本的单一竞争优势转变为基于多要素的全面竞争优势，使制造业集群的生产呈现集约化、清洁化、高效化、快速响应的特征，以此实现集群的升级。其次，改变在全球价值链中的位置，在价值链曲线中从中间的制造环节向左边高附加值环节移动，由劳动密集型的生产环节向技术密集型的关键零部件研发、产品研发设计等环节推移，这就需要进行技术创新，由"中国制造"转变为"中国创造"，实现集群的创新升级。再次，在价值链曲线中从中间的制造环节向右边移动，向高附加值的营销、品牌、服务环节升级，这就需要服务创新。

五 利用 FDI 集群外溢效应，带动产业集群升级

山东应实现从引资到"引知"的战略转移，引进外商直接投资的方式要作根本性的调整，要从偏重于引进资金流量转向以技术创新与制度移植、对当地"绿色贡献率"上来。政府对外商直接投资的政策优惠，应当集中到鼓励技术转移、制度示范、绿色生产等方面来。鼓励外资兼并和收购国内企业，使国际上先进的企业管理方式得到较快的扩散，同时这也

会有利于控制固定资产的投资规模，提高全社会的资本使用效率。

首先，提高本土企业参与率，增加外资的技术、管理等方面的外溢。其次，在加强本土企业融合的过程中，政府或其他公共机构可以起一定的推动作用，使外资公司产业链与本地企业融合，成为外资公司产业链的重要部分。最后，在垂直专业化生产已经成为外资公司全球化运作的新趋势下，外资的进入使山东有了向外资公司学习合作的机会，企业应该抓住这个机会来为外资公司进行产业配套生产，从零部件制造、组装配套等一系列简单的中间产品逐步向系统化、深加工、高技术含量的方向转变，使企业的技术水平得到提高，促使产业结构升级。

六 以生态工业园区为平台，积极推进产业集群绿色发展

以企业为创新主体，政府通过投资、财政、税收等手段大力推动企业进行绿色技术创新，构建绿色技术分工价值链条，把产业集群构建成生态工业园区；在园区内，通过企业和企业之间、产业和产业之间密切合作，合理有效的循环利用当地的资源，达到经济获利、环境改善和产业发展的多重目标。在企业中推行清洁生产，即企业在生产制造工艺各环节之间的物料循环，推行"减量化、再使用、再循环"原则，以达到少排放或零排放的环境保护目标。企业要开发和生产低能耗、低污染、可循环利用和安全处置的产品，充分注意到物质的循环利用，尽量避免对人体健康和环境的危害影响。以产品设计、原材料采购、生产、产品制造、使用以及产品用后的处理与循环利用在内的一个完整的产品生命周期设计来保证产品生态化。

第三章 产业集群升级的市场因素分析

产业集群的演化与升级立足于分工，着眼于市场。一方面，根据斯密定理和杨格定理，分工和市场相互促进，基于分工的产业集群发展必须依托于市场发展；另一方面，基于价值链分工的产业集群升级，必然向价值链的高附加值环节转移，除了研发、设计等高附加值环节外，就是市场营销、营造产品品牌的环节，即市场创新。本章首先分析浙江和江苏产业集群和专业化市场、分工深化之间的内在联系，接着分析山东产业集群与专业化市场的互动关系，然后分析国内市场一体化、国际市场一体化与产业集群升级的关系，指出影响产业集群升级的市场锁定问题，最后以山东为例，提出通过市场创新促使产业集群升级的对策。

第一节 产业集群与专业化市场互动机理分析

产业集群的形成离不开专业化市场，同样产业集群的升级也需要专业化市场的支撑。产业集群和专业化市场相互促进，共同发展。

一 专业市场的含义与特征

专业市场是以现货批发为主，大规模集中交易某一类商品或若干类具有较强互补性、互替性商品或某一行业相关商品的坐商式的有形市场，是一个以流通业为主体的产业集群。专业市场的优势在于交易方式专业化和交易网络设施共享化的基础上，形成了交易领域的信息规模经济、外部规模经济和范围经济，从而确立商品的低交易成本优势（白小虎，2004）。较低的交易成本吸引越来越多的买卖双方聚集，聚集本身又成为进一步集聚的原因（Arthur，1998），不断增加的交易者数量创造出专业市场对相关商品的强需求，这是实现地方产业集群的前提之一。

传统的专业市场具有四大特征：

一是生产厂家众多,接近完全竞争:专业市场上交易商品大多具有劳动密集特征,交易商品趋于雷同,进入壁垒不高。二是经销商众多,销售市场接近完全竞争:专业市场上各类商品销售没有较高门槛,经销商数量众多。三是生产厂家选择专业经销商:生产厂家平均规模较小,商品附加值较低,厂家无力建立专门销售渠道,而需要选择专业经销商,专业经销商通过集中销售,降低单位销售成本。四是价格竞争是最重要的方式:任何一方都无法影响供求,双方只能接受市场价格。在双方相互选择建立关系时,除了商品质量、稳定的客户关系外,价格是最重要因素。

专业化市场发展经历三个阶段,现在专业化市场正处在由成熟期向转型升级期过渡(见表3-1)。

表3-1 专业市场发展的三个阶段

阶段	年份	特征
初创期	1978—1984	·市场规模小,辐射能力不强 ·市场专业化程度较低 ·交易商品以国家计划放开的三类商品为主,批零兼营较多 ·市场设施比较简陋,处于自发形成的状态
成长期	1985—1997	·市场组织出现企业化、股份化的趋势 ·市场形态多样化、功能多元化 ·经营规模、商品档次、交易手段提高 ·行业内部开始分化和重组,全国性专业市场开始形成
成熟期	1997—2012	·专业市场由数量扩张向效益增长转变 ·专业市场的大型化和结构化现象突出 ·专业市场开始走品牌化和连锁化之路 ·创新业态和功能逐渐成为行业主题词
转型期	2012至今	·专业市场国际化趋势明显 ·专业市场与云计算、物联网、大数据等高科技相结合 ·专业市场和电子商务紧密结合

资料来源:转引自"申万研究",作者进行了补充和完善。

二 专业市场与产业集群耦合联动

专业市场与产业集群耦合联动,从外在形式看,是生产与流通产业集群的融合,是产业集群范围的拓展;从内在机理看,是生产与流通产业集群互动共进的过程,是生产与流通产业集群融合循环累积不断强化的过程。专业化市场与产业集群的互动关系包括两个方面,首先是专业化市场推动产业集群发展,然后是产业集群也推动专业化市场的发展。

（一）专业化市场推动产业集群发展表现为以下几个方面[①]：

1. 专业市场为产业集群发展创造了市场需求。专业市场的空间集聚效应促使更大区域内的市场需求集聚到专业市场，进而使产业集群内的企业面对一个辐射半径和需求更大的市场。市场需求的扩大进一步促进了产业集群规模的扩张和经济效率的提高。

2. 专业市场为产业集群发展培养了企业家。专业市场的形成，为经理人参与市场经济活动提供了大量"干中学"的机会，并由此培养了一支庞大的经营人才队伍，造就了一批具有市场经济观念、掌握从事市场经济活动制度与技能经验的人，这批人掌握生产技术后，直接进入生产领域，进行"前店后厂"式经营，为产业集群发展提供了企业家与经理人。

3. 专业市场为产业集群发展提供了共享式销售网络。产业集群的发展和特点，决定了其商品销售不可能局限于当地及邻近市场，而必须扩大流通半径。尽管区域内企业数量多，但由于企业规模小，决定了大多数区域内企业不可能依靠品牌、传播媒介、公关手段等现代营销手段或方式来构建销售网络，而专业市场通过销售组合与销售功能的外部化过程，形成一个可供共同享用的销售网络，并通过销售网络的知名度吸引客户、扩大销路、降低交易费用，则可以解决产业集群内企业产品销售问题。这是集群内企业得以生存发展的重要条件。

4. 专业市场促进了专业化分工，降低了集群内部的交易费用，提高了产业集群的经济效率。一方面，专业化分工恰恰是规模报酬递增规律的根本原因，规模经济的本质实际上是专业化经济（杨小凯，1998）。但是，正如亚当·斯密所说的那样，"分工受市场范围的限制"。专业市场的兴起，使产业集群内的产品市场辐射范围向周边地区和全国延伸成为可能，促进了分工和专业化发展，提高了产业集群的经济效率。另一方面，分工既能带来生产效率的提高，但同时也会造成交易费用的上升。专业市场通过对企业交易过程及其外延组织的外部化过程，实现市场对企业的倒替代。这种倒替代不仅抵消了分工带来的市场交易费用的增加，而且还使交易费用进一步降低，解决了分工效率与交易费用上升的矛盾。因而，专业市场极大地促进了产业集群分工和专业化的发展，进而有助于提高产业

[①] 余明龙、郭玉华：《专业市场与产业集群耦合联动机理研究——以浙江为例》，《重庆工商大学学报（西部论坛）》2006年第6期。

集群的经济效率。另外，专业市场集聚了本地和外地的各种生产要素和"迂回"的中间产品，这使得产业集群内的企业可以降低各种生产要素和"迂回"的中间产品的信息搜索、要素采购、运输及仓储等成本，进而可以提高产业集群内企业的经济效率，增强产业集群的竞争力，促进产业集群的发展。

5. 专业市场为产业集群技术创新提供了动力。由于专业市场的集聚效应，省内外的众多厂商也纷纷进入专业市场，本地的企业面临残酷的市场竞争。在激烈的市场竞争中，谁拥有先进的技术，谁就占有了市场优势，于是，技术进步成为产业集群内企业的必然选择。

（二）产业集群促进专业化市场表现为以下几个方面：

1. 产业集群为专业市场提供了具有价格优势的产品。由于产业集群内的企业专业化分工的高效率和产业集群外部效应以及市场对企业的倒替代带来的交易费用的降低，使产业集群内的企业为专业市场提供的产品较之其他市场提供的同类同质产品具有明显的价格优势，进而使专业市场对商家具有吸引力，这是专业市场得以生存和发展的基础。

2. 产业集群为专业市场提供了品种规格相对齐全的产品。产业集群的形成和发展是某一产业内部以及相关产业之间的专业化分工广度和深度不断拓展的过程。一方面，某一产业内部专业化广度和深度不断拓展，使产业集群能够为专业市场提供该产业各个环节的"迂回"中间产品和最终产品。同时，产业集群内企业众多，竞争激烈，企业要使自己的产品在市场上有竞争力，需要结合企业自身优势，采取差异化竞争战略，不断开发新产品、新款式，这使得产业集群能够为专业市场提供品种规格相对齐全的产品。另一方面，某一产业的迅速发展还会引起相关产业的发展。产业集群产业规模的纵向和横向扩张，使从事相关配套产品和配套服务的行业得以形成，因此，产业集群不仅能为商家提供品种规格相对齐全的产品，而且还能为商家提供相关的配套产品和服务。产品品种规格齐全和配套服务完善是专业市场吸引众多商家的重要因素，是促进专业市场不断发展的重要条件。

3. 产业集群为专业市场提供了弹性生产系统。产业集群的发展，促使大量专业化的中小企业在地理空间上集聚，促进区域内劳动分工的细化和专业化程度的不断提高。产业集群内企业在竞争基础上分工协作，密切交流，形成网络组织。产业集群依靠外部规模经济和范围经济获得利润，而作为产业集群组成部分的弹性专精的中小企业对外界的刺激反应灵敏，能够迅速将市场需求信息或者新技术转化成产品或服务并推向市场，适应不断变化的市场需求，及时满足消费者个性化需要，进而提高了专业市场的竞争能力。

4. 产业集群的发展促进了专业市场交易效率的提高。产业集群的发展提升了专业市场的竞争力，使专业市场的交易规模不断扩大。交易规模的扩大，进而促使专业分工不断深化。一方面，专业市场交易品种进一步细分和专业化分工。比如海宁皮革服装城的皮革（裘皮）服装交易区、箱包、手套、皮鞋、腰带等皮革制品交易区，皮革、皮毛等原辅料交易区，濮院的羊毛衫市场的羊毛衫交易区，毛纺原料市场，毛纱市场，辅料市场，服装城。另一方面，专业市场交易环节进一步细分和专业化分工。如仓储、货运、餐饮和金融等专业服务部门。专业市场的进一步细分和专业化分工又促进了专业市场交易效率的提高。

5. 产业集群的发展推动了市场的升级换代。专业市场建立之初，市场中的交易产品以中低档的产品为主，随着技术进步带来的产业进步，产业集群不仅为专业市场提供的交易产品品种增多，产品更新加快，与国内外及港台等地产品的流行时间差和质量差日益缩短，而且提供给专业市场交易的产品档次也不断提高。如海宁皮革服装和桐乡濮院的羊毛衫市场由原来的中低档产品交易为主逐渐向中高档产品转变。

6. 产业集群的发展创造了新的市场需求。一方面，随着产业集群的发展，产业集群的产业规模不断扩大，产业规模的扩大引致生产要素市场需求的不断增加；另一方面，随着产业集群的发展，区域分工和专业化进一步深化，区域分工和专业化的深化使产业集群内的企业对"迂回"中间产品市场需求日益增长。新的市场需求促进专业市场进一步发展。

专业市场促进产业集群的发展，产业集群的发展壮大又为专业市场提供产业支撑，通过提供价格低、品种全的产品和弹性生产系统提高专业市场的竞争力，进而推动专业市场进一步发展。

第二节　专业市场、分工深化与产业集群升级

中国巨大的国内市场正在不断扩张，以低端需求为导向而且高度分散。然而，基于国内市场发展的中国产业集群不仅是数量上的扩张，而且

伴随着显著的质量升级。专业化市场是能够清楚表明这一矛盾现象的一个缩影。通过分析浙江的义乌和余姚、江苏丹阳三个专业化市场的产业集群的典型案例，表明在现代化中国市场条件下，在当地的公共部门重要驱动下，产业集群升级和专业化市场、质量控制和分工深化之间可以形成的良性互动机制。[①]

一 产业集群与市场条件的关系

通过嵌入全球价值链（GVCs），许多发展中国家的产业集群在生产领域管理和质量控制方面都取得了令人瞩目的发展。而发达国家独特的市场条件直接支持了集群的升级模式。因为发达国家社会阶层中的中产阶级占优势，他们的市场需求更加完善、变化更快和导向更优质。另一方面，由于公司管理规范，在生产和销售产品方面组织更加有效。在全球化背景下，这些公司倾向于在世界范围内管理生产和配置资源。全球化的本质是大公司企图控制市场并获得发展机会。

在现代中国国内市场不断发展的前提下，大量的中小企业组成的产业集群已经迅速发展起来。然而，中国市场状况与发达国家截然不同，中国市场规模在很短时间内膨胀起来，但是中国社会的大多数仍然是低产阶级。此外，没有强大的公司或社会中介组织能够在这样一个巨大的市场内组织生产和销售。在这样的市场条件下，激烈的价格竞争将要更快地被冠以质量控制、品牌管理或研究与开发为特征的竞争所取代。

一些研究表明中国基于国内市场的产业集群的发展不仅是数量上的扩张，而且伴随着一种质量的升级（Sonobe and Otsuka 2004；Jin 2003）。为什么这些集群能够在这样的市场条件下发展？为了回答这个问题，需要研究中国的产业集群对国内市场的反应机制以及中国国内市场的特征。

通过以下三个案例的探讨，分析了不同行业的产业集群和国内市场的关系，揭示了市场推动产业集群分工深化，进而分工深化又促进市场升级的互动机理。

第一个案例是中国最大的日用品产业集群——义乌小商品市场。由于国内市场的巨大规模，这种产业的产品需求比对其他产品需求变化更大。

---

① 本节主要参考：DING Ke, "Domestic Market-based Industrial Cluster Development in Modern China", *INSTITUTE OF DEVELOPING ECONOMIES*, February, 2007.

这就需要更高的技能来应对复杂的交易。在没有一个强大的以有序的方式组织大量商品的交易情况下，谁扮演了替代角色？

第二个案例是中国最大的眼镜产业集群。作为一种影响人类健康的商品，对眼镜产业的质量要求比其他产业要求更高。研究的关键问题是，价格竞争非常普遍，而且没有任何的社会中介组织或公司能够经常把消费者的需求置于小生产者之上，在这种状况下是谁促进了质量的进步？

第三个案例是中国最大的模具产业集群。作为典型的配套产业，成本是模具产业升级的关键因素。但是，在没有一个强大的生产者提供原材料、机器和维护分包的生产体系的情况下，是谁支持小生产者使他们在价格竞争中生存下来的？

二　专业化市场和产业集群的关系——以浙江为例

专业化市场和产业集群相伴而生，相互促进。

首先，专业化市场的产品主要在国内市场进行分配。表3-2展示了浙江省53个典型产业集群内的68个专业化市场的范围，这里专业化市场和产业集群是最先出现和最发达的地方。如表3-2所示，1998年，在68个市场中，有45个市场向国内市场出售商品。

表3-2　　　浙江省主要产业集群的专业化市场范围（1998）

市场范围	城市内部	除本城市外的浙江省内城市	除去浙江省的国内市场	其他发展中国家	发达国家	其他
市场排名	5	1	45	21	15	15

资料来源：Ding（2006）。最初来源是ZPMCC委员会（2000）。

其次，专业化市场的机构高度分散。如表3-3所示，浙江省内的68个市场中，至少有56个市场拥有不少于100个摊位。其中，有14个市场拥有的摊位介于1000至4999个，而且有7个市场的摊位不少于5000个。大多数摊位拥有者从事于与当地产业相关的工作，包括商业和制造业领域。

表3-3　浙江省内主要产业集群的专业化市场拥有的摊位数（1998）

摊位数目	100—999	1000—4999	不少于5000	未知
市场数目	35	14	7	12

资料来源：Ding（2006，第一章）。最初来源是ZPMCC委员会（2000）。

另外，有大量的消费者在专业化市场内购买商品。根据有限的数据，在以上提到的浙江省的 68 个市场中，有两个市场每天有 10000 个买家光顾。另外，还有 5 个市场分别每天有 50000、15000、10000、8000 和 50 个商人光顾。可以推断在这样的市场结构下没有一家公司可以控制其他公司。

最后，专业化市场的发展伴随着产业集群。表 3-4 表明了浙江省市场的增长趋势。这张图表的数据由市场和产业集群相联系和市场没有这种联系状况的两种数据组成。我们从市场的数量和这些市场的成交量可以观察到一个粗略的趋势：二者在 1979 到 1998 年都增长迅速。1998 年后，虽然市场数量减少了但是市场交易量持续扩张。这意味着经过一段时间的竞争，一些市场消失了，但是其他市场的规模扩大了。

表 3-4　　　　　　　　浙江省交易市场的发展

年份	市场数量	交易量（亿元）	与浙江省社会消费品交易量的比值
1979	1322	11.3	0.192∶1
1984	2241	26.9	0.214∶1
1990	3797	162	0.458∶1
1995	4349	2165.7	1.634∶1
1998	4619	3209	1.681∶1
2001	4278	4605	1.820∶1

资料来源：Ding（2006）。最初来源是 Jin（2003）。

注释：浙江省社会消费品交易量的比值＝浙江省交易市场的成交量∶浙江社会消费品总的零售量。

表 3-5 更清楚地表明了这种趋势。它表明了在浙江省的 68 个专业化市场中，至少有 38 个市场进行了扩张或转移。其中，有 21 个市场多次进行了扩张或转移。作为一个市场只有当他的业务规模急剧扩大时才会进行扩张或转移，我们可以确定的是专业化市场的发展经常伴随着产业集群。

表 3-5　浙江省主要产业集群专业化市场扩张或迁移的次数（1998）

次数	0	1	不少于一次	2	不少于两次	3	不少于三次	不少于四次	有这种计划的	未知
市场数量	12	10	5	6	2	9	1	3	2	19

资料来源：Ding（2006，第一章）。最初来源是 ZPMCC 委员会（2000）。

基于以上分析,我们可以确定专业化市场只是中国国内市场的一个缩影。为了理解基于国内市场的中国产业集群的发展,专业化市场的特点和他们在中小企业产业集群中的角色必须加以明确。

表3-6 浙江省主要产业集群负责专业化市场的建设和管理的组织(1988)

组织	AIC	V	TG	CG1	GG2	G+G	G+P	G→P	P	未知
市场数量	6	5	1	2	1	14	5	4	5	25

资料来源：Ding（2006，第一章）。最初来源是 ZPMCC 委员会（2000）。

注释：AIC：工商行政管理局（工商）；

V：村庄；

TG：乡镇政府；

GG1：县政府；

GG2：市政府；

G+G：多个地方政府或政府部门共同建立一个市场；

G+P：地方政府和私人企业共同建立一个市场；

G→P：地方政府在建立和管理市场一段时间后把权力下放给私人企业；

P：私人公司。

与其他发展中国家的交易市场相比较,公共部门的高度介入被认为是专业化市场的突出特征。正如表3-6所示,在以上提到的浙江省的68家市场中,至少有38家市场的当地公共部门正在或已经负责市场的建设和管理。只有5家市场一开始就被私人企业所管理。通常,当地公共部门通过建立由当地的政府雇员所组成的管理委员会对专业化市场进行介入。因此,研究国内产业集群的发展实际上是研究管理委员会在专业化市场发展中的角色和对产业集群的影响。

三 义乌日用品产业集群升级研究案例

（一）义乌简介

义乌是世界上最大的日用品生产和配送中心。这个城市在20世纪70年代末是一个普通的郊区。在1982年,当地政府建立了一个批发市场——义乌中国小商品城之后,义乌开始其快速的经济增长。在1982至1990年,伴随着义乌市场摊位数目从700到8000,出现了180个"一村一产品"。19世纪90年代后,义乌市场的摊位数目进一步增长,而且,在19世纪90年代末,这个市场开始出口海外。最终,义乌市场形成了8

个大的产业集群,特别是袜子、衬衫、羊毛、配件、拉链、玩具、关键棍棒和印刷。这些集群的主要公司是现代化的生产工厂。目前,义乌拥有来自43个行业1901个种类的400000种商品。他的商品不仅分布于国内市场,而且分布于世界212个国家和地区(ZCCC集团)。

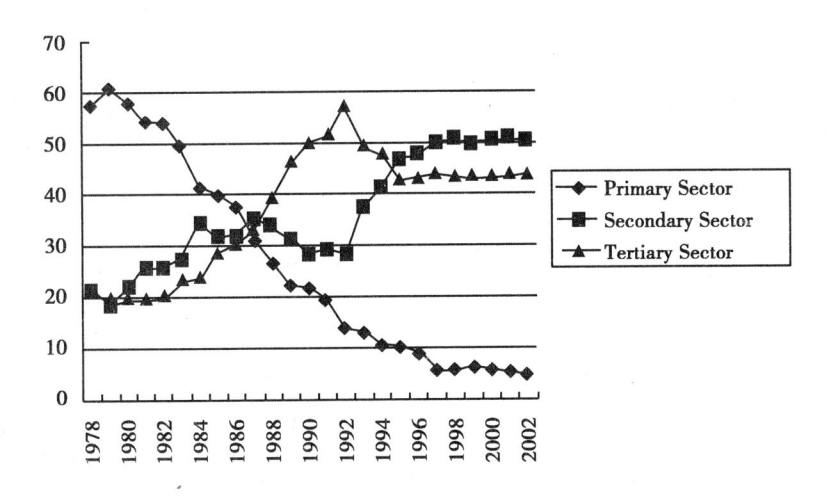

Source:Lu, Bai, Wang(2003).The original source is Yiwu Statistics.ed.(1978—2002).

图3-1 义乌市产业结构的变化(部分)

很明显,义乌市场的发展直接刺激了义乌产业集群的构成,这个市场在1992年起到了特别重要的作用。正如图3-1所示,尽管表面上的"一村一品",义乌的第三产业直到今年持续扩张。然而,在那之后,制造业部门突然开始其显著的增长。Ding(2006)指出这种转型是由在1992年到1997年发生在义乌市场的变化造成的。具体来说,1)在义乌市场上来自其他地区的商人进行操作;2)在义乌市场上相对来说受教育的和年轻的商人的数量在增加;3)义乌市场的摊位看守者逐渐与其他厂商建立了长期的商业关系。

(二)商品分类

在1991年,义乌市场商品的分类非常的粗糙。在1990年,市场上的8000个摊位只分成了4个行业:日用品、服装、针织服装、鞋子。尽管所有的商品通过行业被分配到特定的空间,一个人能轻易在其他商品空间找到同一类型的商品。对于一些摊位,一旦摊位主人被改变,摊位的商品也将改变。一些没有和制造商建立稳定联系的小商人经常变换他们的业务。作为结果,同一类型的商品在不同的市场地区拥有不同的价格。在这种混乱的情况下,伴随着生产工厂建立的产业集群的形成是非常困难的。

因此,在1991年义乌市场计划建立新一代的市场,设计一种方式通过行业和位置把义乌市场的大量的不同质量和类型的商品进行分类。在1992年,把义乌市场分成八个区域,这些地区的16种行业的商品可以进行买卖。这些行业有①服装、②针织品、③鞋子、④袜子、⑤丝织品、⑥羊毛制品、⑦小硬件、⑧装饰品、⑨日用品、⑩雨具、箱包、⑪文具、体育用品、⑫化妆品及其他制药产品、⑬扣、拉链及其他配件、⑭玩具、⑮打火机、手表和电子产品、⑯人造花。

在进入新市场之前,AIC让每个摊位主人登记他们的生意然后获得一个许可证,作为实行计划的第一步。

在第四代市场被打开之后,AIC继续在促进商品的分类方面采取灵活措施。在第一个月,他们允许所有商人,不管注册与否,都能进入新市场。从第二个月开始,他们开始允许转售或交换摊位许可证。从第三个月开始,AIC要求市场上所有的摊主展示他们的许可证。

然后,分类的效果逐渐被大部分的商人所感觉到。例如,在第三代市场,人造鲜花和鞋子的交易量非常小。然而,在第四代市场,由于相同的摊位被集中到同一地区,他们的存在变得日益明显。从1990年到1992年,鞋子摊位的数量从220个增加到1700个。人造花的摊主几乎每天增加一个新产品。

产品分类具有三个优点:

首先,通过把相同的商品集中到同一地区增加了竞争。作为结果,义乌市场上的商人被强烈地刺激进行开发更新更好的产品。从1992年到1997年义乌市场上受过良好教育和年轻商人的增加可以被看做是这种现象的结果。

其次,商品的分类刺激商人们专门从事某一特殊领域(这样他们的生意变得更加稳定)。很容易推断出义乌市场上的小商人能够和制造商建立长期的业务关系正是由于这一原因。

再次,分类使市场得以扩展。在1994年,义乌市场再次扩展,新的市场被分成13个区域。目前,如上所述,有超过来自43个行业1901个种类的400000种商品,摊位的数目增加到580000个。

关于商品分类的三个特点是义乌市场和产业集群发展的最有力的解

释。义乌市场内的商品分类似乎有着广泛的影响。在1998年，在提到的浙江省的68个专业化市场中，至少有18个市场的产品是根据行业和位置划分的。其中有五个市场的交易量达1亿—10亿元。由此可以清楚地看到交易规模和商品分类的密切联系。

四 丹阳眼镜产业集群升级研究案例

（一）丹阳产业群的概况

丹阳是一个县级城市，位于江苏省镇江市。丹阳是中国最大的眼镜产业集群之一，它的眼镜行业开始于20世纪30年代到40年代，这时居住在丹阳农村的农民移居到上海和苏州这样的城市。这些农民在眼镜厂里作为学徒工作。在20世纪60年代初，一些农民回到丹阳开始生产镜片、框架和螺丝。之后，一些眼镜工厂在丹阳出现了。在1985年，乡镇眼镜工厂的数量达到23个。现在，这些工厂的生产总量增加到4563100对镜片和2592500个镜框，占中国国内市场总量的三分之一。

丹阳眼镜产业集群在整个20世纪80年代到90年代持续增长。在2004年，丹阳眼镜的生产总量达到3万亿元，其中出口金额达一亿美元。在眼镜行业的工人数量达到50000人，超过1000个工厂和贸易公司出现在这个集群中。其中，有400多家镜架制造商，70多家CR-39塑胶镜片制造商，100多家玻璃镜片制造商，20多家螺丝制造商，20多家眼镜盒制造商和500家贸易公司和其他支持企业，丹阳塑胶镜片已达国内市场份额的70%，玻璃镜片和塑胶镜片分别占世界份额的80%和50%。

丹阳眼镜市场是中国最大的眼镜市场，在丹阳眼镜集群发展方面起到了关键作用。在20世纪70年代，一个小的眼镜交易市场在丹阳火车站附近自发形成。丹阳市政府，AIC部门和车站附近的村落在1982年共同建立了正式的丹阳眼镜市场。起初，市场的摊位数量只有35家，然而，经过几次扩张，在2003年，摊位总数达到700家。同年，市场交易总量达6.2亿元。几乎所有的眼镜相关物品，包括镜片、镜框、零件和测量仪器在这个市场上都有出售。

在1987年的第一个阶段，丹阳市场上的玻璃镜片主要由江苏省的其他地区生产。江苏省所有的眼镜相关产品只占市场份额的25%。然而，自从这个市场成立之后，到2002年至少有200个摊主逐渐开办了自己的工厂，许多当地的制造商也开始生产眼镜产品拿到这个市场上销售。结果，当地的镜片和镜架的市场份额在2002年分别达到80%和70%。

（二）质量升级控制

众所周知，眼镜的质量直接影响一个人眼睛的健康。虽然中国国内市场的主要消费者的消费水平还不高，但消费者对眼镜质量比其他产品更加敏感。因此，眼镜质量的不断提升是丹阳眼镜产业集群和市场不断发展的最重要原因。

丹阳眼镜市场和集群的转折点是在1995年。1995年，中国质量万里行ZZW的几个成员参观了丹阳市场并检验了它的眼镜。检验报告表明，市场上的眼镜检验合格率令人吃惊的为零。CCTV和中国其他的主要大众媒体报道了此事，因此，丹阳集群的形象大大受损。

在社会重压之下，丹阳政府和丹阳市场管理委员会对眼镜的质量问题采取了严厉措施。在1996年8月8号，他们在丹阳市场上成立了一个质量控制部门（QC）。所有这个部门成员都来自丹阳QC部门。在1996年9月，参与丹阳市场的QC部门及成员（包括公共安全、工商办公室、税务办公室和当地媒体）再次检查了市场的眼镜质量。他们指出丹阳眼镜的质量确实很差。镜片和镜框的检验合格率分别为45%和60%。

QC部门指出了质量差的两个原因。第一个原因是低级的质量控制技术。据估计有30%的次品是由这个原因引起的。例如，仅有几家摊位了解中国国家镜片质量标准。有许多摊位甚至没有自己的测量仪器，几乎无法保证眼镜的产品质量。

为了提高生产技术和产品质量，质量控制部门决定每年参观丹阳市场有关的所有工厂。QC人员经常彻底检查生产系统，并向厂商详细地解释这些问题。在镜片的案例中，QC部门要求所有的拥有隐形眼镜工厂的摊主引进电子眼镜测量仪器。在1996年，每台仪器的价格为3000元。如果摊主买不起仪器，丹阳市场的QC部门可以作为担保人，担保丹阳市场上的测量仪器代理人延迟付款。

第二个原因是缺乏质量意识，有两类情况。

第一类是由于管理意识的缺乏。比如，误把产品A装进产品B的箱子里；为了获得更高的利润，把产品A当做产品B销售；第二类是商标权力意识的极度缺乏。在1996年丹阳市场只有两种商标：康明和华光。

在这种情况下，QC部门为了提高摊主们的质量意识采取了如下措施：

首先，QC 部门和一些摊主开展了座谈会。在专业化市场，商人通常由于地理渊源联系起来。因此，QC 部门主要邀请了不同区域的领导者参加了这次谈话。QC 部门成员首先试图和这些商人建立关系。此后，他们向这些商人解释质量的重要性，这些谈话在丹阳市场持续了 2 年。其次，QC 部门向丹阳市场的所有摊主每季度开展质量公开课，这种课程的学费和书本费都是免费的。最后，QC 部门建议拥有工厂的所有摊主注册他们的商标。结果，到 2001 年，超过 400 个摊位拥有了自己的商标，一些摊位甚至拥有 5 到 6 个商标。

除了以上措施，QC 部门定期监督和检查这些摊位。在 2001 年，QC 部门每个月都检查镜片，每 6 个月检查一次镜框，每月检查一次眼镜的装配。在检查的案例中，被检查的摊位不会被事先告知检查的日期，而且所有的产品必须被彻底检查。如果被检查的产品有质量问题，摊主将被要求提高他们的质量。如果两次被检查到有质量问题，这个摊位的信息将被传送到丹阳 QC 部门。违反者将被处以 10000—100000 元的罚款。在一些情况下，摊主将被强制停止生产。

在丹阳，不仅是 QC 部门，其他一些部门也负责质量问题。例如，AIC 部门对仿造产品施加了压力。他的员工随机访问摊位或其他物流点，如果发现假冒伪劣产品，那个摊位的所有商品将被没收，而且违反者将被处以 10000—100000 元的罚款。

丹阳市场管理委员会成员有时候共同应对质量问题。每年，在 QC 部门、工商局、税务局和当地村庄的赞助下都将举办一次质量大赛。获胜者将要获得一个证书，可以把他们的展台设置在一个显眼的位置。这个证书可以吸引消费者，因为它是一个可靠的质量保证，为摊主提供了一个强有力的质量控制的激励。

由于管理委员会的努力，合格率日益提高。在 1998 年，镜片的合格率为 85%，镜框的合格率为 89%（JPZCCE 办公室，1999）。在 2000 年，丹阳市场赢得了江苏专业放心购物市场的称号。2001 年 4 月，丹阳市场的 406 家高级摊位镜片的检验合格率为 95%，镜架合格率为 98%，阅读眼镜合格率为 59.8%。质量的提高恢复了丹阳市场的声誉，越来越多的眼镜商人投资制造业。

五 余姚模具产业集群升级研究案例

(一) 余姚模具产业的概况

余姚是浙江宁波的一个县级市,是中国最大的塑料制品和模具集群之一。余姚塑料产业起源于20世纪60年代,一些小的酚醛塑料加工厂在城市出现。伴随着塑料产业的发展,模具需求迅速提高。结果,大批工厂在20世纪80年代开始专业生产模具。在20世纪80年代,根据中国模具协会的数据,余姚模具和塑料的生产能力占中国的四分之一。余姚被称作"塑料之家"和"模具王国"。

在20世纪90年代初,中国轻工业协会在余姚投资3000多万元建立了浙江模具生产中心(ZMPC)。ZMPC接收了一整套模具机器,拥有完整的生产能力。然而,由于这种能力没有充分利用和其他一些管理原因,该公司迅速破产了,但在余姚遗留了很多技术工人。

为了维持日常的生活,这些工人的大多数开始自己做生意。这时,价格竞争非常激烈,这些中小企业由于和其他公司及社会中介组织联系匮乏,因而无法及时获得生产流程中的原材料,也无法获取外部供应商的订货地点,所以成本难以降低,在一段时间内发展缓慢。为了给他们渡过难关提供支持,余姚政府与CLIA在1995年合作建立了中国轻纺工业模具城(余姚),该市场被定位于有150家中小企业非正式集群的地方。

之后,模具产业的中小集群发展迅速。如表3-7所示,在2001年到2005年,余姚模具公司的数量从1000多家增加到超过1300家,工人数量从20000多人增加到50000多人。与此同时,模具产量从8亿元增加到30亿元。其中16家大型公司以出口为主,他们的出口占生产产品的70%—80%,大多数中小企业的订单来自于国内市场。

通过余姚集群和余姚市场模具公司数目对比,我们很容易观察到余姚市场和余姚模具集群发展的联系。如表3-7所示,余姚市场新增业务比余姚集群更大。余姚市场公司数目增加更快。这意味着除了大多数新增公司位于余姚市场,许多外面的公司迁移到这个市场中。

表3-7 余姚模具集群概述

年份	余姚集群产量 (百万元)	余姚集群工人数量	余姚集群公司数量	余姚市场公司数量
2001	800	多于20000	多于1000	220

续表

年份	余姚集群产量（百万元）	余姚集群工人数量	余姚集群公司数量	余姚市场公司数量
2002	1530	多于30000	多于1200	521
2005	3000	多于50000	多于1300	685

数据来源：

2001：CPCIC；

2002：中国轻工业模具网；

2005：龚宁、万柯达，"余姚塑料王国占领模具业制高点"，人民网，人民日报2006年10月26日，第2版华东新闻。

(二) 生产系统的升级

余姚市场的管理来自于余姚政府的市场管理委员会。通过分析委员会的活动，我们可以详细了解余姚市场如何助推余姚集群升级。详细来说，该委员会采取了如下措施：

第一，管理委员会在20世纪90年代建立了两个原材料替代市场。他们邀请海内外原材料生产商在这些市场内建立销售网点。如表3-8所示，从2001年到2005年，原材料公司的数目几乎翻番。这段时间中国金属原材料的价格大幅度地增加了。然而，因为提供相同产品公司的集聚，余姚市场上原材料的价格增长幅度没有超过1.1倍。

表3-8　　　　　　　余姚市场上的原材料企业

年份	原材料公司数目	原材料成交量（百万元）	原材料的重量（1000吨）
2001	超过40	多于500	少于60
2005	超过80	多于900	100

数据来源：2001：CPCIC；2005：龚宁、万柯达，"余姚塑料王国占领模具业制高点"，人民网，人民日报2006年10月26日，第2版华东新闻。

第二，管理委员会花费了5000万元建立了一个5000平方米的精度加工区。他们鼓励余姚的大企业把他们未利用的机器投放在这一地区，那么当地的中小企业就可以利用过剩的产能。另外，当地高校的学生也可以利用精度加工区作为实习中心。到2006年，至少有40台设备被引进到这个地区。

第三，管理委员会和包头技术学院以及余姚教育部门合作为技术工人建立了训练中心。到2006年9月，这个中心训练了至少200名模具工人，也引进了在大学里学习模具技术的工人。

第四，管理委员会建立了一个模具技术和机械展览中心。超过来自12家大公司和一些中小企业的100种模具在这个中心参加了展览。自1999年来，本中心每年为模具举办交易会。

第五，在2003年，管理委员会和浙江省科学部门合作成立了信息中心。也成立了自己的网站，到2006年，该中心接受了133200名成员，而且宣布了超过300000条信息。

第六，委员会建立了一个检测与测量中心——余姚模具长度和容量测量质量中心，提供解决相关技术问题的权威报告。本中心和武器科学院宁波分院、金属材料成分分析机构两个部门保持紧密合作。

第七，管理委员会在2006年8月建立了模具创新研发中心。目前，该中心与以下三个机构合作：浙江大学汽车研究所（新技术申请机构）、北极机械研究所（新软件开发机构）、华东理工大学国家级模具实验室（模具基本理论研究机构）。

如前面所述，管理委员会在余姚集群模具生产方面承担组织者的角色。他们不仅提供原材料、机器和信息，而且建立了培训中心、质检标准和科研机构。因此，一个在余姚中小企业集群和中国众多的国内机构之间的强大外部联系形成了。

表3－9　　　　　　　　余姚市场劳动分工

年份	余姚市场公司数目	模具生产公司数目	模具加工公司数目
2001	220	50	100
2005	658	多于100	多于300

资料来源：

余姚市场公司总数：同表3－8；

2001年模具生产和加工公司数目：邵洁、丁志明，"余姚模具城的成本优势来自哪里？" 2006年3月29日，慧聪网。

2005年模具生产和加工公司数目：由2006年采访余姚模具协会副主席得来。

如表3－9所示，产学研推动余姚市场更深的分工。在2001年到2005年，模具生产公司的数目增加了一倍多，由此推断其他类型的公司数目也增加了。目前，余姚模具市场的生产分为设计、软件开发、切线、线路控制、工具、零件等，每个程序都由专业公司进行。劳动分工的深化降低了生产成本。在2002年，余姚模具的价格是日本的三分之一，广东省的一半。

六 结论

中国巨大的国内市场具有不断扩张、低端需求导向和高度分散的特征。在这种市场条件下，价格竞争比质量升级更容易发生。当地公共部门在市场和产业集群升级过程中起到了关键作用。在研究国内市场和当地公共部门相互作用方面，专业化市场是个合适的切入点。与发展中国家的一般交易市场相比，中国的专业化市场与产业集群同时发展，在专业化市场交易方面，诸多要素起重要作用，包括小生产者、小的购买者、控制管理委员会的公共部门等，专业化市场可以被看作是中国国内市场的一个缩影。

通过分析集群、专业化市场、分工与中小企业升级，我们可以得出以下结论：

首先，国内市场不仅巨大而且种类繁多，尤其是日用品产业。对于产业集群来说，这意味着中小企业必须尽可能的生产种类繁多的商品。然而，太多的商品被集中于有限的空间内通常会引起一个影响交易效率的混乱环境。在这种环境下，正如义乌案例表明，只有当地公共部门有能力解决这个问题。AIC 作为义乌市场的管理成员，已经实施了一个叫作"划行规市"的计划，就是按行业和地理位置把大量数目和类型的商品分类。因此，摊主之间的竞争更加激烈，而且每个摊主被迫实行专业化，这刺激了市场进一步发展。作为结果，在义乌至少形成了八个产业集群。

其次，国内市场由社会基层成员组成，对他们来说，价格比其他因素更加重要。然而，这个市场的消费者对一些影响他们健康的产品的质量同样敏感。同时，他们可以通过中国质量万里行使他们对质量的要求被认知。如丹阳的案例表明，当地公共部门对来自社会运动的巨大压力尤其敏感。因此，他们不得不尝试任何一种可以使摊主们提高质量的方法。这不仅提高了眼镜的质量，而且提高了当地产品在丹阳市场的份额，促使整个产业集群的升级。

再次，国内市场更注重价格导向而非技术或质量导向，尤其像模具这样的配套行业。通常，这种特点会成为产业集群升级的一个障碍。然而，余姚的案例表明，价格导向的市场可以刺激生产系统的改进。在余姚，当地政府是唯一有能力和动机去执行这种措施的机构。他们建立了余姚市场，而且让市场管理委员会在提供原材料、技术工人和促进科研方面担任组织者角色。结果，余姚市场劳动分工越来越深化，为余姚模具产业建立了成本优势。

第三节　山东省产业集群与专业化市场互动机理

和浙江、江苏的情况一样，山东产业集群的发展，首先得益于分布众多的专业化市场，同时，产业集群又促进了专业化市场的成长，二者形成良性互动，成为山东经济的优势竞争力之一。

一　山东产业集群与专业化市场发展概况

山东产业集群的发展离不开专业市场的发展。产业集群发展良好的地区，离不开专业化市场的支撑。山东专业市场分布众多，涉及制造业每个部门。具体情况如表3－10：

表3－10　山东省亿元以上商品交易专业市场情况（2013年）

类　别	市场数量（个）	摊位数（个）	年末出租摊位数（个）	年末营业面积（平方米）	成交额（亿元）
总　计	558	414120	390642	38902961	9039.0
按市场类别分组					
综合市场	90	89650	83597	5471597	989.0
专业市场	468	324470	307045	33431364	8050.0
生产资料市场	86	33232	30700	10907693	3043.3
农业生产用具市场	5	627	599	169000	20.8
农用生产资料市场	5	745	718	68550	28.0
木材市场	16	4822	4410	2140940	308.7
建材市场	20	10810	10633	1483619	236.9
化工材料及制品市场	4	2649	2523	289626	124.2
金属材料市场	29	8979	7258	5561130	2177.4
机械设备市场	4	3207	3166	341571	117.5
其他生产资料市场	3	1393	1393	853257	29.7
农产品市场	150	145369	138093	11795699	2600.4
粮油市场	17	11379	11258	730388	311.9
肉禽蛋市场	8	3725	3560	120340	20.8

续表

类　别	市场数量（个）	摊位数（个）	年末出租摊位数（个）	年末营业面积（平方米）	成交额（亿元）
水产品市场	22	39457	35685	1404532	605.4
蔬菜市场	60	59672	58071	5359828	875.3
干鲜果品市场	25	19383	19049	1123631	429.3
棉麻土畜、烟叶市场	7	1809	1728	2548280	202.3
其他农产品市场	11	9944	8742	508700	155.4
食品、饮料及烟酒市场	27	21355	19192	1058030	229.2
食品饮料市场	8	8766	8647	301570	97.9
茶叶市场	3	1160	1160	220000	34.1
烟酒市场	8	3912	3423	178050	49.1
其他食品饮料及烟酒市场	8	7517	5962	358410	48.1
纺织、服装、鞋帽市场	66	59251	57634	2459007	742.4
布料及纺织品市场	11	5765	5532	405001	168.1
服装市场	39	41591	40566	1375836	413.0
鞋帽市场	6	2952	2924	123237	57.1
其他纺织服装鞋帽市场	10	8943	8612	554933	104.2
日用品及文化用品市场	15	13374	12799	604936	207.6
电器、通信器材、电子设备市场	10	2987	2933	330300	98.7
家具、五金及装饰材料市场	68	33701	31426	4066211	676.3
汽车、摩托车及零配件市场	30	5524	5340	1314399	332.4

数据来源：根据《山东统计年鉴2014》整理。

由表可知，2013年山东分布着468个亿元以上商品交易专业市场，其成交额占全部市场的89%，成为商品销售的主要渠道。

山东专业市场的分布不太均匀。从行业来看，专业化市场数量最多的是农产品市场，这体现山东是农产品产量大省、出口大省的优势地位。其次是生产资料市场，这与山东资源密集型的产业体系相关。再次是家具市场和纺织服装鞋帽市场，这和山东省的人口大省和纺织大省地位相吻合。

从地区分布来看，德州市的专业市场数量最多，有113个，成交额最大，超过了青岛市（表3-11）。主要是因为德州拥有庆云现代小商品城批发市场、中国庆云酒水副食城、中国德州北方电动车市场、山东省庆云机车市场、鲁西北汽配大市场等一批专业市场，以及一批著名的产业集群。2008年,德州年营业收入20亿元以上的产业集群18个,从业人员34.8万人,集群年营业收入达到了1970亿元,实现年利税177亿元。集群规模不断扩大,其中中央空调、纺织服装、汽车零部件、农副产品加工和机电产业集群等5个产业集群的年营业收入超过了100亿元。

表3-11 山东省各市亿元以上商品交易市场情况(2013年)

地 区	市场数量（个）	年末出租摊位数（个）	年末营业面积（平方米）	成交额（万元）
全省总计	558	390642	38902961	90390067
济南市	35	20134	1848165	4976404
青岛市	64	63088	5766179	12556200
淄博市	25	15559	1213830	4050337
枣庄市	28	20335	959348	2868103
东营市	15	7729	657086	554774
烟台市	25	22751	1873897	3598656
潍坊市	34	29859	3339493	6643365
济宁市	26	20586	2178957	2445883
泰安市	11	19321	2945068	6410087
威海市	13	7696	297212	587633
日照市	13	16911	1889000	3758981
莱芜市				
临沂市	58	36630	4003071	12934917
德州市	113	59110	7414892	13757177
聊城市	15	14725	1957258	4773994
滨州市	18	8080	931983	8401019
菏泽市	65	28128	1627522	2072537

数据来源:根据《山东统计年鉴2014》整理。

二 山东产业集群与专业化市场共生特征与问题分析

山东专业市场在发展历程中,除了数量和成交额迅速增长外,市场形态也在发生重大变化,从原本以收取租金、交易为主的初级专业市场形态逐步向租金和配套服务并举,集交易、信息、展示、服务等为一体的高级阶段演变。在商业模式的转型过程中涌现了以下几种路径:探索有形市场和无形市场结合的模式;提升和创新市场功能,如淄博小商品城;开始注重品牌建设；向产业链上下游延伸，如寿光蔬菜批发市场；加大兼并收购力度，走规模化、连锁化之路，如香江市场。伴随着专业市场的兴起和兴旺蓬勃，商品交易量逐年攀升，市场影响力也从区域向外扩散至全国，区域经济得到了飞速发展。

但是专业化市场也面临许多问题，主要是缺乏合理规划布局，重复建设、"有场无市"现象严重；由于产业集群与批发市场的联动效应，一些地方政府不惜花费巨资建设现代化的批发市场，或者放手投资者兴建，大量同专业低档批发市场出现，导致市场总量过剩。据不完全统计，全国有场无市的"空壳"市场有2150家，其中建成后至今没有开业的约1300家，开业无成效的约900家。另外，专业化市场还面临缺乏规范化管理，导致无序竞争；市场环境差，功能单一，交易方式落后；人才素质低下，无力进行转型等问题。

山东专业市场的发展不如浙江、广东那样具有全国品牌效应，比如浙江的义乌小商品专业市场等。但是却和浙江、广东的专业市场具有密不可分的联系。山东的专业市场许多是全国品牌专业市场的分支。比如淄博的义乌小商品市场等；山东的服装市场、灯具市场、玩具市场基本和南方的专业市场有很深的渊源关系。

第四节 产业集群与国内市场一体化研究

市场一体化与地方市场分割是一对相对应的概念，从一定意义上说，建设全国统一开放市场的过程就是逐步打破、消除地方市场分割的过程。地方市场分割主要是指一国范围内各地方政府为了本地的利益，通过行政管制手段，限制外地资源进入本地市场或限制本地资源流向外地的行为（银温泉、才婉茹，2001）。

一 产业集群发展与市场一体化进程相互促进

（一）市场一体化的含义与现状

市场一体化是指一个完整区域内不同地方的市场主体之行为受到同一的供求关系的调节，实现产品和要素流动的自由化，同质的产品、服务和资本要素之价格趋于相同。市场一体化可以指国家之间市场融合的过程，也可以指同一国家主权下地区之间市场融合的过程。前者是国际市场一体化，后者是国内市场一体化。

建立国内空间市场一体化是我国区域经济发展的最高目标，也是我国区域经济发展至今的现实要求。国内空间市场的一体化是市场经济体制的必然要求，它有利于资源在全国范围内的合理配置，提高生产要素的产出效率；有利于各地区产业结构的调整；有利于企业规模的扩张和竞争能力的提高（李善同、刘勇，2000）；

改革开放以来，我国省际贸易量呈不断增长的态势，贸易结构也在不断改善。这表明，我国国民经济的区域分工格局，在各地产业结构都有所升级的基础上，出现了一些新的发展和变化。目前，由于政企分离的改革尚未完成，地方政府作为经济利益主体的色彩过浓的问题还没有根本改变，各种形式的地区封锁措施依然存在，地方保护主义影响了商品和要素在区域间的自由流动，阻碍着全国统一市场的形成。

（二）产业集群与国内市场一体化的关系

产业集群发展与市场一体化进程相互促进。

首先，产业集群有利于减弱地方保护主义，改善市场分割，加快了市场一体化进程。李善同等（2004）通过对企业调查认为，地方保护主义的程度在减轻。有34.4%和28.7%的企业认为当前地方保护程度与20年前相比减轻很多和略有减轻；以上企业的观点同样可以代表产业集群内企业的观点，而且，产业集群依靠强大的竞争优势，可以突破省际贸易壁垒，把商品销售到全国各地，有利于全国市场一体化的形成。

不同特色的专业集群缓解了地区产业结构趋同，提高了专业化程度，增强了区际联系水平。进入90年代以来，许多地方政府发挥比较优势，发展特色产业集群，特别是市场化改革的深入，在市场起资源配置的基础作用的条件下，我国地区产业结构出现了符合发挥地区优势、实现区域分工原则的差异互补现象。其表现之一就是地方专业化集群的出现，地区产业结构趋同的缓解。据《中国跨世纪区域协调发展战略》一书的计算，1994年，除了6个省市的产业结构相似性系数增大外，全国其他省市的该系数均呈减少趋势。另外，各地区输出和输入结构也有很大的变化，进一步提高了区域间产业结构的差异性。最后，交通通信等基础设施建设的加强，极大地缓解和改善了区际联系的"硬件"条件，促进区际联系的发展。

其次，市场一体化有利于产业集群的可持续发展。国内市场的一体化可以为产品提供更加广阔的市场，同时也强化了竞争，促使集群内企业进行技术创新，有利于产业集群产品形成全国品牌，从而提高产业集群的核心竞争力。

二 山东产业集群的省际贸易状况分析

（一）省际贸易含义

省际贸易与国际贸易相类似，是在将各省作为"独立"的经济核算体之后，考察各自之间的商品、服务形式的贸易活动，如果把其范围拓宽一些，可理解为区际贸易。省际贸易中也存在着贸易壁垒，同国际贸易相类似的，可分为"关税"与"非关税"措施。省际贸易中的"关税"是指各个省对外省产品征收的各种费用，使省内外的产品在省内市场上具有不同的竞争地位，起到限制省外产品（多以限制性政策为主）作用，使得省内外产品在省内市场或省外市场上地位不平等。对于一个国家内部的某一区域来说，对外经济开放同时面临两个层面的选择：对国内其他地区的开放和对国外的开放。前者是区际或省际开放，后者是国际开放（计国忠，2004）。

（二）省际贸易低于国际贸易，国内市场一体化程度低

银温泉、才婉茹（2001）援引的数据材料显示：据统计，在20世纪80年代我国省区间贸易比重呈下降趋势。1989年同1978年相比，各省区间互相调入的消费品由38%降到36%，相互调出的消费品由47%降到38%，呈现出与市场化反向变动的趋势（林森木，1999）。另据世界银行有关研究报告，1985—1992年，我国外贸进出口总额年均增长分别为10%和17%，而国内省际之间贸易额的年均增长率仅为4.8%，远低于外贸增长速度，同时也远低于全国零售商品总额9%的年均增长水平。Poncet（2002）利用中国1987年、1992年和1997年的数据分析后也发现，尽管不存在文化、语言等方面的障碍，中国省际贸易成本比一些国家（如美国和加拿大）内部各地区之间的贸易成本要高得多，接近于欧盟国家之间或美国与加拿大之间的贸易成本。换而言之，中国国内市场的一体化程度很低（朱希伟、金祥荣、罗德明，2005）。

（三）山东省际贸易状况与比较

山东省际贸易衡量指标可以用省际铁路货物运输流向数据分析（蒋满元，2007）。考虑铁路乃是区际货物运输最重要的承担主体之一，尤其

是区际长途大宗货物运输大多是通过铁路来完成的,因此,从总体上看,省际铁路运输还是能大致地反映省际产品贸易格局的。蒋满元根据 2005 年版的《中国交通年鉴》计算出来的全国各省份通过铁路发送货物抵达全国各地的比重,应该说,它还是基本上反映了全国通过铁路运输而实现的区域间贸易的总格局。据此,又可进一步地将各省份运达全国各地的货物分为三大类:一类是运达全国其他地区的货物,一类是运达所在大区内(如华北、东北、华东、中南等)的货物(其中不包含自身所在省份),一类是运达省内的货物,这样又可将全国各省通过铁路实现的商品市场划分为全国市场、大区市场与省内市场三大部分。山东省三大市场货物比重分别为:全国市场 39.4%、大区市场 29.5%、省内市场 31.1%,属于中度开放地区,但是低于粤、苏、浙三省的高开放度,高于东北三省和部分中部省份(见表 3-12)。

表 3-12　部分省份通过铁路运输实现的商品市场结构 (%)

省份	省内市场	大区市场	全国市场	省份	省内市场	大区市场	全国市场
山东	31.1	29.5	39.4	辽宁	58.7	16.2	25.1
广东	15.9	49.3	34.8	河南	44.9	42.0	13.1
江苏	16.3	42.7	51.0	四川	60.2	9.3	30.5
浙江	17.9	33.5	48.6	安徽	45.4	42.5	10.1

资料来源:节选自蒋满元:《区域性市场分割:测度、成因及影响分析》,《广西财经学院学报》2007 年第 2 期。

进入 21 世纪后,我国各省份的商品贸易格局从总体上看仍基本上是省内市场、大区市场与全国其他市场三分天下,同时也还普遍存在着省内经济联系的强度高于省际经济联系强度的现象。而恰恰是这一点,又无形中导致了区际的经济联系松散和阻碍了全国性的统一大市场的形成(蒋满元,2007)。

三　国内市场分割导致省际贸易低于国际贸易的原因分析

区域性市场分割现象的形成应该说是一系列因素综合作用的结果,其中既有相关利益的驱动,也有相关制度缺陷的影响,还与地方政府的种种短期行为有密切关系。

(一)地方政府的"经济人"身份是市场分割的深层原因

地方政府作为利益主体、经济主体和管理主体的"三位一体"身份应是产生地区间市场分割的根本原因。改革开放以后，随着中央政府对地方的放权让利，地方政府作为利益主体、经济主体、管理主体"三位一体"的身份日益明显；与此同时，它们也对区域利益的形成与壮大表现出了空前的热情，进而不惜采用诸如地方保护手段之类的不利于全国性统一大市场形成的对策与措施[①]。

（二）"分灶吃饭"的财政体制是主要的制度原因

在财政体制方面，20世纪80年代以来"分灶吃饭"的财政体制，虽然加强了各地方政府的理财责任，促进了地方经济的发展，但也无形中直接诱发了各地方政府为了最大化本地财源而不择手段地利用行政权力来干预、管理甚至直接控制本地的经济活动。可以说，在助长地区经济封锁、重复建设、市场分割、产业结构趋同等方面，财政包干体制成了其中最为重要的催化剂。然而分税制只是提出了中央和地方财政收支划分关系的一个基本框架，没有从根本上改变体制激励机制不足、对"寻租"的倾向鼓励有余的老问题。再加之，考虑到地方政府事权与财权的不对称，以及为了充分调动地方政府工作的积极性和主动性，中央政府还赋予了各地方政府在预算外收费、建立政府专项基金等方面的权限，因此分税制的推行不仅未能从根本上遏制地方政府对地方经济活动的干预，而且在财权与事权不对称的压力下，各地方政府反而更热心于求助于相关非税收渠道，采取市场保护或市场封锁等手段来加强自身的财力与治理能力（蒋满元，2007）。

四 市场分割对产业集群、分工的影响

（一）市场分割导致分工趋同、引发产业集群对外贸易偏好

区域性的市场分割严重影响了生产要素的自由流通。鉴于大国发展中一般会呈现出相当程度的资源禀赋、经济结构以及发展水平等方面的差异并进而在发展方面存在着很强的互补性，这样在客观上就会要求形成一个能使经济要素自由、合理流动的统一而健全的市场体系，以便借此降低市场交易费用和建立起一个有效的区域经济合理分工与合作的市场机制。然而，恰恰是我国区域性市场发展中所呈现出的区域分割不仅意味着理论上

---

① 蒋满元：《区域性市场分割：测度、成因及影响分析》，《广西财经学院学报》2007年第2期。

要素价格均等化的国内资源配置效率无法实现，从而使得国际资源配置过程缺乏国内资源配置的合理化支持并最终影响到我国企业在国际市场的地位。而且更严重的是其还会严重制约到产品市场的扩大、产业结构的升级和企业规模经济的形成，进而使各区域产业集群迅速地将注意力转向对外交易，最终不同程度地形成"对外贸易偏好"。事实上，我国产业集群的对外交易发展在很大程度上就本非国内市场自然扩张的延伸，相反却是国内市场被分割为许多狭小的区域性市场而导致的国内国际市场严重滞后的产物。近年来，我国在对外交易过程中所出现的"竞相收购、低价竞销、多头对外以及肥水外流"等现象其实便在相当程度上印证了区域性市场分割对提升一国国际竞争力的不利影响。

（二）市场分割不利于区域专业化分工合作格局的出现

因区域性市场分割的影响，各地区盲目追求"小而全"，以至于集群内企业生产及相关的产业发展均打上了很深的区域烙印，地区专业化分工以及跨地区的横向联合均很难实现；实践中，一些地区的产业集群加工企业被明令只能接受本地的资源产品，结果不仅外地资源开发企业的市场缩小，而且本地加工企业也只能在高成本的环境下艰难度日。从国外的发展经验看，企业的横向联合已经从生产合作渗透到了研发方面的合作，而我们集群中的企业还深陷于浅层次的市场争夺中，无力进行研发，很难提升国际竞争力。

第五节　山东省产业集群与国际市场一体化研究

国际市场对产业集群升级的影响，是通过国际贸易来进行的，对外贸易的规模又和外商直接投资规模紧密相关。本节通过比较山东、广东、江苏、浙江四个沿海发达省份的对外贸易和外商直接投资状况，以及对山东省内17市进出口总额与外商直接投资状况的实证分析，梳理出山东产业集群升级与国际市场的关系，最后指出存在的问题。

一　山东产业集群国际贸易的省际比较

山东、广东、江苏、浙江四省各自经济总量位居全国前四名，产业集群现象最为明显，经验表明产业集群和省域经济是正相关关系，因此这里可以用每个省份的GDP、进出口总额以及FDI规模，代表每个省份产业集群的发展状况。

（一）山东、广东、江苏、浙江四省进出口贸易比较

2010年山东省实现进出口总额1889.5亿美元，占全国6.36%，比上年增长35.9%，但是和其他经济强省相比，有一定差距。见表3-13。

表3-13　2010年山东、广东、江苏、浙江四省进出口贸易比较　单位：亿美元

省份	进出口 总额	进出口 比重（%）	出口 总额	出口 比重（%）	进口 总额	进口 比重（%）
山东	1889.5	6.36	1042.5	6.60	847	6.07
广东	7846.63	26.05	4531.99	15.24	3314.64	23.76
江苏	4658.1	15.66	2705.6	17.14	1952.5	14.00
浙江	2534.7	8.53	1804.8	11.44	727.9	5.22
全国	29728	100	15779	100	13948	100

资料来源：根据2010国家和各省国民经济和社会发展统计公报计算。

通过比较山东、广东、江苏、浙江四省的进出口贸易总额，发现四省中山东的国际贸易总额最低，不到广东的1/4、江苏的1/2。这和山东FDI数量份额比较相接近，表明二者之间存在高度关联[①]。而2010年山东、广东、江苏、浙江的GDP差别不大，分别是33621.32亿元、37775.49亿元、33478.76亿元、22716.98亿元；由此表明山东经济的对外依存度远低于其他三省，省际外贸依存度和区域GDP不存在明显相关性。

表3-14　　江苏、广东、山东2005年吸收外商
直接投资来源国家和地区分布　　单位：万美元

		中国香港	中国台湾	日本	新加坡	韩国	德国	美国
江苏	数量（个）	1988	1105	528	252	447	129	701
	实际利用	295406	60802	170088	70505	80475	36479	70904
广东	数量（个）	5208	531	191	137	108	35	332
	实际利用	582361	33370	94365	29207	10904	8041	25694

---

① 据资料分析，在华外商投资投资率每增加1个百分点，中国GDP增长率就平均增加0.3至0.4个百分点。

续表

		中国香港	中国台湾	日本	新加坡	韩国	德国	美国
山东	数量（个）	929	359	470	102	3320	53	449
	实际利用	162391	38557	68063	29232	338538	11974	60230

资料来源："苏粤鲁利用外商直接投资比较"，中国统计信息网 2008 年 1 月 16 日 11：34：40。

决定外贸依存度的主要因素是产业集群的进出口状况。其中 FDI 集群占进出口贸易的比重对外贸依存度的决定作用最大。因此，可以分析 FDI 集群的对外贸易情况，了解山东的产业集群参与国际市场的程度。通过表 3-14 可以看到，山东的 FDI 远远小于广东和江苏。山东的外资以韩资为主，其次是港资和日资；韩资的去向以山东为主，这和山东与韩国的地理位置临近有关，因此，应当重视韩资对山东经济发展的作用。

（二）韩日企业集群与山东对外贸易分析

自 2002 年起，韩国已成为山东省的第一大贸易伙伴和第一大外资来源国。韩日企业在山东半岛城市群内呈明显的集聚态势[①]。

韩国在山东投资始于 1988 年底，当年山东批准的韩资企业仅有 3 家，合同韩资额 416.3 万美元，1995 年批准韩资企业 509 家，合同韩资额 6.6 亿美元，超过一直对山东投资较为活跃的美国、中国台湾，跃居当年第 2 位。进入 21 世纪，由于中国加入 WTO，市场孕育着巨大商机，中国经济（包括山东经济）仍维持较高增长，使得韩国对华特别是对山东投资热情再度高涨。2002 年韩国在山东的直接投资为 15.57 亿美元，超过了香港、美国、日本，跃居当年的第一位。2003 年，韩国投资增势强劲。2003 年山东省新批韩国投资项目 2431 个，增长 35.7%，占全省的 45.8%；合同额 45.6 亿美元，增长 87.3%，占全省的 34%；实际外资额 28.4 亿美元，增长 93.1%，占全省的比重高达 40%，韩国来山东省投资列各国家和地区第 1 位。韩国实际投资额几乎是 2003 年中国香港（13.5 亿美元）、中国台湾（5.8 亿美元）、美国（5.6 亿美元）、日本（4.6 亿美元）来山东投资的总和。2007 年全省累计实际利用外资 762.66 亿美元，其中累计实际利用韩国投资 235.5 亿美元，占全省的 30.88%。韩国连续六年成为对

---

① 王乃静：《山东半岛城市群内日韩企业集聚的现状与发展对策探析》，《山东经济》2005 年第 1 期。

山东投资的第一大伙伴国。

日本对山东的投资始于20世纪70年代中期，初期来山东投资的主要是一些中小企业，大多数投资于见效快、投资额小的劳动密集型制造加工业。1992年，邓小平南巡讲话之后，清除了日本企业对我国改革开放政策的疑虑，1993年日本对山东投资出现了多年来第一次高潮，松下、三菱等跨国公司也开始在山东投资办厂。日本多年来一直是山东的外商投资的四大来源国（地区）之一，截至2007年底，山东省的日资企业达到2956家，合同利用外资87.87亿美元，实际利用外资57.70亿美元，占全省的7.57%。日本伊藤忠、三菱重工、铃木、丰田、佳世客等大型企业在山东均有投资。但近几年，日本在山东的投资项目和投资额增长缓慢，远远低于韩国、中国香港、美国等国和地区（王乃静，2005）。

山东半岛城市群内韩日资企业集聚中呈现的特点，从投资的产业看，主要集中在劳动密集型制造业呈现多元化趋势。目前，韩资企业在纤维、制鞋、电子、玩具、集装箱、成衣等行业，日资企业在轻纺、冶金机电、化工建材等行业已形成产业规模，并呈现向金融保险、房产、航运、运输、仓储、餐饮、娱乐等领域投资的多元化趋势，但劳动密集型产业的制造业仍占主要地位。低成本是韩日资企业投资劳动密集型制造业的主要原因。例如，生产耐克鞋的两家企业（青岛三潮制鞋有限公司和青岛昌新鞋业有限公司）职工人数达5000人，而职工平均工资（400—1000元/月）相当于同类韩国企业工人平均工资（约800—1000美元/月）的1/10左右。

从投资的方式看，以独资形式为主。外商投资建立的企业可分为独资、合资和合作经营三种形式。由于独资企业产权明晰、责任清楚、易于管理，所以，在山东的韩资企业、日资企业中，独资企业占多数，特别是韩资企业更青睐于独资。截至2001年，在青岛的韩商独资企业有1790家，占韩国在青岛投资企业总数的79%。这一方面说明韩国商人对山东投资有信心，愿意独自承担风险；另一方面也说明，与韩国商人做生意难，他们"不合作"的情绪特浓。

从投资规模看，中小项目居多，技术含量低。韩资企业主要从事工艺品、纺织服装加工、玩具、塑料制品、箱包等技术水平较低的行业，规模小。

在青岛投资的韩国企业发展过程中出现了明显的投资连带效应，企业聚集密度高，这主要表现在：（1）韩国投资者之间的信息连带效应。这种连带效应是最为普遍的，尤其是在小型来料加工企业方面表现最明显。通过先行投资者的宣传与切身示范，带动了其他韩国工商企业相继到青岛兴业办厂。即墨市城郊西北关村以商引商，1993年到1996年4年内出现9家韩资企业。（2）维持原材料与中间产品就近供给关系的产业转移连带效应。目前这种连带模式主要是在劳动密集型产业转移过程中比较明显，并集中在轻纺行业。韩国汉城仁成物产株式会社是韩国毛皮行业位居前列的企业，1996年在青岛投资建成青岛仁成人造皮毛有限公司，主要生产玩具公司和服装厂等企业所需的重要原材料人造皮毛。投资者在中国内地几个可能区位中选择青岛，主要考虑到位于青岛的韩资玩具公司多（玩具与服装企业有70多家），而这些公司要从韩国和日本购买原料。（3）大企业跨国投资的连带效应。由于大企业将某类产品的生产基地迁到中国，而带动一些在韩国为该类产品生产配套的小企业到中国建厂，突出表现在机械电子行业。例如，青岛现代集装箱制造有限公司附近有3个为其配套的韩资小企业。威海三星电子公司带动原在韩国为其配套的供应传真机壳的英新电子公司来威海建厂。

外商直接投资的增加带动了双边贸易额的增长。由于韩国、日本在山东直接投资的动机大多数是为了利用低加工装配成本，制成成品之后再出口，因此，有助于扩大山东的出口。2002年投资于青岛的韩资企业销售收入为236.8亿元，其中出口销售收入为206.65亿元，占总销售收入的87.27%。同年，投资于青岛的日资企业销售收入为86.70亿元，其中出口销售收入为62.84亿元，占总销售收入的72.48%。同时，据韩国方面调查，韩国在华投资企业所需原材料的58%需要进口，内部采购比例高达40%，其中从母公司的采购比例为35%，因此，韩资和日资对山东的直接投资属于贸易创造型FDI，有力地带动了双边贸易的扩大。

韩日资企业与当地经济联系较弱，对山东经济带动不大，由于韩日资企业多采用独资形式直接投资，又从本国内或欧美进口原材料，加工后再出口至欧美和本国，与山东省内企业联系较少，没有提高山东工业体系与国际产业技术联系的深度，与所期望的承接日韩产业的转移，加快山东省产业结构调整，打造制造业基地等目标还有较远的距离。

要想使外资企业与当地企业有较多联系，使国内企业给外资企业配套产品，成为产业链中的一环，必须有民营企业的大量参与，这已为广东、江苏、浙江等省的实践经验所证明。据山东省外经贸厅所做的抽样调查显示，省内大的外贸加工贸易企业在当地采购率仅有10%左右，而外资企业的当地采购率自然会更低，这主要缘于省内的民营企业发展相对滞后，这条"短腿"如果不补长，其负面影响将会是多方面的①。

二 山东省各市产业集群国际贸易比较分析

FDI与进出口贸易的关联性不仅通过山东省与其他沿海经济发达省份相比较得到验证，而且，省内17市的FDI与进出口贸易状况也验证了二者的相关性。

（一）山东17市FDI情况分析

外商直接投资在山东17市分布不均匀，导致17市的外资企业进出口存在巨大差异（见表3-15）。2013年青岛实际利用外资占全省的39.28%，烟台占11.43%，威海占6.55%，三市之和占全省57.26%，三市外资企业出口占全省外资企业出口的72.08%，进口占60.47%，而西部德州、聊城、滨州、菏泽四市利用外资之和占全省6.4%，外资企业出口占全省外资企业出口的2.99%，进口占5.11%。

表3-15　　　2013年山东17市FDI情况及FDI进出口情况

	实际使用外资		外资企业出口		外资企业进口	
	总额（万美元）	比重（%）	总额（万美元）	比重（%）	总额（万美元）	比重（%）
全省	1405315	100	5823864	100	4279009	100
济南市	132054	9.40	160182	2.75	137608	3.22
青岛市	552084	39.28	1660659	28.51	935831	21.87
淄博市	52666	3.75	248033	4.26	72702	1.70
枣庄市	15850	1.13	29827	0.51	6137	0.14
东营市	19335	1.38	46084	0.79	199707	4.67
烟台市	160597	11.43	1967676	33.79	1318853	30.82
潍坊市	81021	5.77	392609	6.74	153361	3.58
济宁市	83015	5.91	125724	2.16	138489	3.24
泰安市	30689	2.18	22901	0.39	4583	0.11
威海市	92018	6.55	570564	9.78	332885	7.78

① 王乃静：《山东半岛城市群内日韩企业集聚的现状与发展对策探析》，《山东经济》2005年第1期。

续表

	实际使用外资		外资企业出口		外资企业进口	
	总额（万美元）	比重（%）	总额（万美元）	比重（%）	总额（万美元）	比重（%）
日照市	52991	3.77	243267	4.18	560543	13.10
莱芜市	12134	0.86	9245	0.16	4158	0.09
临沂市	30870	2.20	172855	2.97	195419	4.57
德州市	21472	1.53	54410	0.93	14373	0.34
聊城市	16302	1.16	18049	0.32	54378	1.27
滨州市	30399	2.16	51793	0.89	129309	3.02
菏泽市	21818	1.55	49986	0.86	20673	0.48

资料来源：根据《山东统计年鉴2014》数据计算。

表3-16　　2013年山东省17市海关进出口总值

	出口（万美元）	出口比重（%）	进口（万美元）	进口比重（%）
全省总计	13450998	100	13264856	100
济南市	548093	4.07	408513	3.80
青岛市	4195962	31.20	3595284	27.10
淄博市	524998	3.91	375846	2.83
枣庄市	94656	0.70	30477	0.23
东营市	580290	4.32	734502	5.54
烟台市	2947468	21.91	1983808	14.96
潍坊市	1160420	8.63	455585	3.43
济宁市	333417	2.48	189611	1.43
泰安市	136696	1.03	111785	0.84
威海市	1070238	7.96	644731	4.86
日照市	387918	2.89	2916013	21.99
莱芜市	75095	0.56	175308	1.32
临沂市	463548	3.46	477219	3.60
德州市	202646	1.51	151165	1.14
聊城市	200303	1.49	418745	3.16
滨州市	354250	2.57	474668	3.58
菏泽市	175000	1.30	121695	0.92

资料来源：根据《山东统计年鉴2014》数据计算。

（二）山东 17 市对外贸易情况分析

全省 17 市的工业经济都参与了国际贸易，2007 年全省出口总额为 752.4 亿美元，进口 473.7 亿美元，全省贸易顺差为 278.7 亿美元。2013 年全省出口总额为 1345 亿美元，进口总额为 1326 亿美元（见表 3-16）

外商直接投资的差异直接导致山东各市进出口贸易的差异。2007 年青岛出口占全省的 37.62%，加上烟台、威海，三市出口占全省的 65.39%，三市进口占全省进口的 65.85%。而山东西部的德州、聊城、滨州、菏泽四市的出口之和仅占全省出口的 5.96%，进口之和占全省进口的 5.25%。

2013 年，青岛出口占全省的 31.2%，加上烟台、威海，三市出口占全省的 61.07%，三市进口占全省进口的 46.92%，和 2007 年相比进口额有较大幅度的下降，下降近 20 百分点，主要是由于日照进口比重大幅度提高所致。西部的德州、聊城、滨州、菏泽四市的出口之和占全省出口的 6.87%，进口之和占全省进口的 8.80%，和 2007 年相比略有提高，但提高幅度不大。

总之，山东各市的进出口贸易极不平衡，各市参与国际市场的情况存在巨大差别，山东半岛青岛、烟台、威海三市已经深度融入全球市场，而山东的中西部地区国际化市场程度较低，发展缓慢，有待开发。

三 山东各市利用外资与对外贸易的计量分析[①]

（一）模型选择

在 1998—2009 年间，根据不同地市的外商投资企业的进出口表现与外商直接投资之间的关系，以不同地市的进出口水平为被解释变量，以外商直接投资和其他因素为解释变量，建立的回归模型如下：

$$LnFEX_{it} = f(LnFEX_{i(t-1)}, LnFDI_{i(t-1)}, DumT, DU_i, DUFDI_{it})$$
$$LnFIM_{it} = f(LnFIM_{i(t-1)}, LnFDI_{it}, LnFDI_{i(t-1)}, DumT, DU_i, DUFDI_{it})$$

其中，$LnFEX_{it}$、$LnFIM_{it}$ 分别代表 i 市的取自然对数后的外商投资企业的出口量和进口量，i = 1，2…17，t = 1998，1999—2009；$LnFDI_{i(t-1)}$ 代表 i 市取自然对数后的外商直接投资量。$DumT$ 为时间虚拟变量，DU_i 为

[①] 本部分内容发表于《聊城大学学报（哲学社会科学版）》2012 年 6 月，第 3 期，第 84—93 页。

地区虚拟变量。考虑到不同年份、地市的外商直接投资与外商投资企业的进出口的不同表现特征，特设虚拟变量如下：

$$DumT = \begin{cases} 1(t=1998) \\ \cdots \\ 12(t=2009) \end{cases} \quad DU_i = \begin{cases} 0(i) \\ 1i \\ 2(i) \end{cases}$$

虚拟变量 $DumT$、DU_i 考察回归函数中对应的截距项是否有变化；虚拟变量 $DUFDI_{it}$ 为地市虚拟变量 DU_i 与对数的外商直接投资 $LnFDIi$ 的乘积，它考察不同地区的外商投资企业的进出口与外商直接投资之间的结构是否有明显变化，即回归函数的斜率是否有变化。解释变量 $LnFEX_{it}$、$LnFIM_{it}$、$LnFDIi_t$、$LnFDIi_{(t-1)}$ 的系数值分别代表对数的外商直接投资企业的出口及进口对它们各自的弹性。

山东区域的划分以行政区域为基本空间单元，再以东部、中部和西部三大地带作为更宏观的空间单元，来区分山东省区域经济发展的差异性。东部地区包括青岛、烟台、威海、潍坊、日照；中部地区包括济南、淄博、临沂、莱芜、东营、枣庄、泰安、济宁；西部地区包括菏泽、聊城、滨州、德州。①

其中，滞后一期的外商直接投资 $LnFDIi_{(t-1)}$ 的系数值是我们研究的重点，它表示前一年的外商直接投资对下一年外商投资企业出口的影响。因为生产设施的现代化改进，新的生产技术的应用，以及其他改变需要一定的时间，从而外商直接投资对出口的作用总是需要一段时间才能表现出来。在外商投资企业的进口中，$LnFDIi_t$、$LnFDIi_{(t-1)}$ 的系数值都非常重要，因为在本年和前一年的外商直接投资引致对本年度国外产品、服务及技术的需求量都非常大。

此外，汇率浮动可能会对出口产生影响。但从长期来看，单单汇率的变动既不能解释出口也不能解释外商直接投资的变化。并且，我国汇率受政府的政策影响较大，不能很好的反映贸易的变化，因而，把汇率和一些其他的影响因素一样，合并到误差项中去。

（二）数据及估计结果分析

本文采用的是板面数据，一共包括1998—2009年的17个地市，最终204个（12年，17个地市）数据，所有数据来源于山东统计信息网。在

---

① 宋忠伟、徐江：《山东省区域经济差距的空间分界》，《资源开发与市场》2008年第24期。

给出实证结果并进行讨论之前,先对与模型以及回归估计相关的计量问题简要说明一下。由于外商直接投资与外商投资企业的进出口本身就存在着内在联系。一方面,外商直接投资促进出口;另一方面,出口带动外商直接投资。为了把这种潜在的因果影响的作用降低到最小,在回归分析中,把当前对数的外商直接投资企业的出口作为独立的变量,而把对数的滞后一期的外商直接投资作为解释变量;即把投资放在生产的前面,生产放在出口的前面。这种安排与现实中的顺序是一致的,并且,它也很符合这些经济变量之间的因果关系。对于外商投资企业的进口,本年度投资下去之后,即可对外国的产品、服务和技术产生需求,当然,如果投资项目跨年度时,前一年的投资对本年度的进口仍然产生影响。

首先,用 $LnFEX_{it}$、$LnFDI_{i(t-1)}$、$DumT$、$DUFDI_{it}$、$LnFEX_{i(t-1)}$ 组建出口模型,利用板面数据得出以下结果:

$$LnFEX_{it} = 0.49 LnFEX_{i(t-1)} + 0.46 LnFDI_{i(t-1)} +$$
$$\underset{(5.91)}{} \underset{(5.10)}{}$$
$$0.13 DumT - 0.03 DUFDI_{it}$$
$$\underset{(7.41)}{} \underset{(-3.24)}{}$$
$$R^2 = 0.79, \ DW = 1.51, \ s.e. = 0.83 \qquad (1)$$

从回归方程(1)可以得出,我省各市外商投资企业出口对外商直接投资的平均弹性为0.46,即前一年的外商直接投资每增加1%,平均导致外商投资企业出口下一年度约增加0.46,这个数值还是比较高的,说明直接投资对出口带动作用明显。虚拟变量 $DumT$ 显著性表明,不同期的外商直接投资和外商投资企业出口之间的关系存在着较大的差异。而 $DUFDI_{it}$ 的显著性表明我省不同地市的外商直接投资与外商投资企业出口之间的关系存在着明显的差异。而 $LnFEXi_{(t-1)}$ 的系数正值表明前期的出口与后期的出口关联性很强。这一结果证实了经济现象的前后之间有很强的关联性。当年的出口主要取决于前一年的出口规模,它是在前一年出口的基础上实现的,一般不会有剧烈的变动。

其次,用 $LnFIM_{it}$、$LnFDI_{it}$、$LnFDI_{i(t-1)}$、$DumT$、$DUFDI_{it}$、$LnFIM_{i(t-1)}$ 组建进口模型,利用板面数据得出以下结果:

$$LnFIM_{it} = 0.66 LnFIM_{i(t-1)} + 0.85 LnFDI_{it} -$$
$$\underset{(13.33)}{} \underset{(12.81)}{}$$
$$0.52 LnFDI_{i(t-1)} + 0.04 DumT - 0.03 DUFDI_{it}$$
$$\underset{(-6.31)}{} \underset{(2.64)}{} \underset{(-3.46)}{}$$
$$R^2 = 0.88, \ DW = 1.93, \ s.e. = 0.68 \qquad (2)$$

从回归方程(2)可以得出,我省各市外商投资企业出口对本年外商直接投资的平均弹性为 0.85，本年的外商直接投资每增加 1%，平均导致外商投资企业本年度约增加 0.85，各市外商投资企业出口对前一年外商直接投资的平均弹性为 -0.52，即前一年的外商直接投资每增加 1%，平均导致外商投资企业本年度约减少 0.52，说明我省对外商投资企业本年对国外的产品、服务和技术依赖性很强，随着时间的增长，依赖变小。这个结果刚好与外商直接投资对外商投资企业出口的影响相反。虚拟变量 $DumT$、$DUFDI_{it}$ 的显著性表明，外商投资企业的进口在不同时期和不同地市存在差异。而 $LnFIM_{i(t-1)}$ 的系数正值表明前期的进口与后期的进口关联性很强，进口也不会有很大的变动。

总之，从（1）、（2）式来看，$DumT$、$DUFDI_{it}$ 的 t 统计量显著，说明虚拟变量的系数不为零，从而说明我省不同时期的外商直接投资与外商投资企业的进出口存在着差异，而且不同地市的外商直接投资与进出口的关系存在着明显的结构差异。这与我们在前面分析的，我省的东、中、西部地区在吸收外资和进出口方面的严重不均衡是相一致的。我省各市进出口的对外直接投资的平均弹性分别为 0.85 和 0.46，所以外商直接投资对我省各市外商投资企业的进出口的促进作用是非常明显的。

第六节 进行市场创新、培植产业集群升级的市场优势

以发展现代服务业为前提，进行品牌市场创新，提升专业化市场水平；进行区域协调机制创新，克服市场分割，加速国内市场一体化进程；强化品牌集群创新，提高国际市场竞争力；通过市场创新，获取市场优势，强力推动山东产业集群中的产业结构升级。

一 强化品牌市场创新，提升专业化市场水平

经济环境的变化迫使传统专业市场进行转型，开始走现代化、国际化和信息化的道路。除了数量和成交额增长外，专业市场形态也发生了重大变化，从原本以收取租金、交易为主的初级专业市场形态逐步向租金和配套服务并举，集交易、信息、展示、服务等为一体的高级阶段演变。

专业市场在中小企业集群演进中起到重要作用，集群升级应引入"中小企业 + 品牌市场"的分工网络治理框架，即通过将专业市场升级为品牌市场，使市场具有承接国内与国际高层次分工的作用，同时通过创新

企业机制来完善企业结构。构建"中小企业 + 品牌市场"的分工网络体系突破传统市场的边界限制，实现市场交易效率的改进，促进分工演进的深入，在专业化经济程度、迂回生产链与企业制度的同时演进中，形成产业群继续发展的动力。这种模式实质仍是中小型企业为主的经济集聚体，其对应的依旧是全球价值链条中的一个点，所以要通过中间服务性机构（政府、商会等）特别是行业协会的联系，以品牌市场来实现分工专业化收益从而推动分工演进。集群突破区域市场边界，使市场具有更广的扩散效应，分散无序竞争带来的不经济，使企业有一个更加宽广的营销空间。激励企业增强自主的市场开拓能力，进一步与国际市场接轨，完善企业机制与规模，增强集群的内部支撑力。同时还应实现服务性网络的完善与创新机制的维持（陈伟鸿、李凯明，2007）。

专业市场品牌创新主要从三个方面入手：培育和提升专业交易市场内企业和产品的品牌知名度；引进国内外知名企业和产品；有条件的专业市场可以进行自有品牌培育和创新。

比较成功的案例如，广东佛山乐从国际家具博览中心：重视进入市场的产品品牌层次，市场内云集了1000多家世界著名家具品牌，在为国际知名家具品牌提供一流推广平台的同时，积极进行自有品牌培育和创新，打造"顺德罗浮宫"品牌。

海宁中国皮革城：进行市场改造，提升硬件设施；设立品牌区、精品区，对经营企业的产品质量、制作工艺、品牌知名度等设立一定的标准，引导企业走品牌化之路；帮助靠自身实力难以独创品牌的企业买断品牌商标经营权；吸引和培育品牌皮革消费群体。

向产业链上下游延伸：对于部分有较强品牌知名度的专业市场，可以充分利用专业市场的品牌效应，仿照沃尔玛、家乐福等大型超市自有品牌产品形式，通过OEM、ODM等形式向上游生产领域延伸；还可以利用批发市场产品优势，通过自建或收购方式，介入下游连锁零售企业，走批零结合的道路。

二 进行区域协调机制创新，完善国内一体化市场

国内不同地区的市场一体化则侧重于从基础设施建设、加强区域合作、完善中央地方关系框架等方面着手来推进。在区域层面建立促进集群协调发展的机制。从区域发展的层面，而非按照固有的行政区划进行产业

集群规划，打破"行政分割"和"各自为战"的局面，完善国内统一市场，促进资源的自由流动和有效配置，充分发挥产业集群效应。例如，我国产业集群通常表现为"一镇一业"或"一县一业"的格局，同时镇与镇、县与县之间还存在集群同质化的问题。如果能够打破原有的行政区划，按照区域"组群"式发展的思路，就能够整合区域内的优势资源，整合集群的价值链，实现优势资源的共享与合理的分工，并能够在一定程度上遏制同质化、低层次竞争的问题。最终打破行政区划锁定状态，引导产业集群走向高端道路。这就要求在相关政府间建立一种引导区域产业集群发展的协调机制。

三 强化品牌集群创新，提高国际市场竞争力

经济全球化和经济一体化趋势的深化进一步凸显品牌的作用力，并形成了品牌集群，国际竞争就是品牌集群的竞争。山东作为中国的经济大省，经济总量持续保持在全国前三位，要提高产品国际竞争力，品牌集群效应的营造和放大就显得更为重要（张华，2007）。

品牌集群是一个集群区别于其他集群的标志，它代表了集群内企业的一种潜在的竞争力与获利能力，因此品牌集群是市场推动集群升级的主要动力。山东集群的特点之一是形成了部分品牌集群，占领了一些价值链分工中的高端环节。比如济南软件产业集群、青岛家电产业集群、淄博医药产业集群、烟台汽车产业集群、威海轮胎产业集群等，这些品牌集群的"名牌效应"正成为山东经济发展的新动力。但是和粤、苏、浙等省份相比，仍然存在一些问题，主要表现为出口品牌不多，品牌集群数量少，缺少整体影响力，比如家电品牌集群不如广东顺德，纺织服装品牌集群不如浙江和江苏。

为了更好地发展品牌集群，必须进行创新，首先要深化品牌集群认识，增强品牌集群建设的认同的积极性；其次，要合理规划品牌集群发展，重点培育、扶持一批国家级名牌和世界名牌，提高名牌产品的国内外市场占有率，使品牌集群成为具有国际竞争力的"山东制造"的根据地；最后，完善品牌自主培育机制，尤其是形成一个利于出口的品牌培育机制，重点突出自主知识产权，突出绿色化和人性化理念，以此不断提升品牌的市场美誉度和忠诚度。在此基础上，促进单个品牌的汇聚和集中，重点依托龙头企业，借鉴江苏、浙江等地经验，打造品牌家电集群、纺织集群、机械集群，不断扩张品牌集群的整体影响力。

四 发展现代服务业，加快市场创新步伐

发展现代服务业是进行品牌市场创新、区域协调机制创新和品牌集群创新的重要支撑。现代服务业是市场演进和分工深化的结果，主要有信息、物流、金融、会计、咨询、法律服务等行业，大体属于第三产业。现代服务业的发展本质上来自于社会分工的专业化等需求，具有智力要素密集度高、产出附加值高、资源消耗少、环境污染少等特点。现代服务业既包括新兴服务业，也包括对传统服务业的技术改造和升级，其本质是实现服务业的现代化。

山东产业结构中第三产业比重偏低，现代服务业发展滞后。比如生产性服务业发展严重滞后于制造业，大量制造业企业不得不自建物流体系、研发中心等，沉淀成本巨大，社会效率低下，影响产业集群升级。为此，要大力发展物流、金融、信息、商务和科技服务等生产服务业，着力抓好现代物流园、科技创业园、软件园、创意产业园、产品交易市场以及中央商务区等服务业集聚区建设，加快建设一批关联度高、支撑能力强的现代服务业重大项目，增强辐射带动能力。

针对山东省生产性服务业发展不足的问题，要着力优先发展现代物流、金融服务、信息服务、商务服务和中介服务等生产性服务业，运用现代经营方式和信息技术改造提升传统服务业，提高服务业的比重和水平。一是细化专业分工。鼓励生产制造企业改造现有业务流程，推进业务外包，加强核心竞争力，同时加快从生产加工环节向自主研发、品牌营销等服务环节延伸，提升对全省工业服务的配套能力。二是大力发展交通物流业。向专业化、集约化的方向发展，大力引进总部型运输企业，建设大型物流业集中发展区。三是大力发展金融服务业。鼓励发展信托、典当、租赁等融资方式，大力招引国内外金融保险和投资担保机构来山东各地落户。建立县级担保机构和小额贷款公司的风险补偿机制，积极推进小额贷款公司试点工作。四是大力发展信息服务业。当前，信息服务业与传统产业（农业、工业、传统服务业）结合不够，影响产业集群升级，为此，应借鉴印度发展软件业的经验，加快发展信息服务业，提高信息化水平，以信息化带动工业化的发展，推动我国产业结构的跨越式发展。

总之，通过大力发展信息、金融、物流、批发、电子商务、中介和咨询等现代服务业，促进市场创新，为集群升级提供坚强支撑。

第四章　产业集群升级的制度因素分析

产业集群的形成与演化是在一定的制度环境下进行的，制度成为影响产业集群升级的不可或缺的因素之一。制度的提供是社会分工不断深化的结果。本章首先介绍了制度对分工和产业集群影响的相关研究成果，然后分析影响产业集群的四个关键制度因素：集群治理、企业家精神、社会资本、政府职能，并构建了产业集群升级的制度框架。依据这个制度框架，分析了山东产业集群升级面临的制度问题。最后指出，进行制度创新，是培植山东产业集群升级制度优势的主要路径。

第一节　制度对分工和产业集群影响的理论分析

(一) 制度影响分工进而影响产业集群

克里 (Ke Li 等, 2010) 在内源性集群与劳动分工内在联系之间推演出一个一般均衡模型，并以此来探寻在全球化以及区域经济一体化的宏观经济背景下产业集群、劳动分工网络、专业化、集聚化之间的相互联系与作用规律。该模型结论表明：不同国家与不同产业之间的制度效率及竞争将会起到重要的循环效应，推动并且形成了产业集群的组织与分布，同时奠定了自身在产业价值链条中的地位，并决定了其在经济增长中的地位。尤其是，经济与科技系统中的制度效率的提高将会扩大交易需求量，提高网络分工规模，而这又反过来决定了集群与网络规模的发展，以及在产业价值链条中的地位。

(二) 区域制度环境影响创新和范围经济

马歇尔 (Marshall 1890, 1919) 在一百年前就分析了区域制度环境与创新和范围经济的关系。他使用"产业氛围"的概念来描述知识交易、契约安排以及企业之间的相互信任的关系，这些因素在促进产业区域内企业的创新方面起着至关重要的作用。马歇尔同时还指出，小型与中型企业之间的产业集聚行为能够带给双方"网络效应"产生的效益，在某一大型产业集群中网络效应带来的总体收益远远大于每一产业独立作用下所得收益的总和。在马歇尔看来，某些产业在获取生产效率方面有两种选择：通过大型企业垂直兼并其他企业形成一个大型产业，或是通过形成产业区域的手段。

与马歇尔的分析视角相类似，皮埃尔与萨贝尔（Piore & Sabel, 1984）分析中小型企业在集群过程中的产业集聚行为以及契约协议等具体内容。他们认为企业可以灵活运用现有设备、技术人员、操作环境，因而具有弹性专业化的行为趋向，并且有益于企业创新。

（三）制度因素影响企业规模经济

许多学者指出了治理结构等制度因素对于企业规模经济的影响。钱德勒（Chandler, 1990）认为，从历史上来看，规模经济效应主要是由大型的私营企业以及规模较大的国有企业取得的，而且，每种形式的企业都有自身的独特性，包括特殊的治理结构、管理系统、企业文化以及法律监管制度；换句话说，特定环境下的"制度安排"能够形成并且同时制约着公司及其他企业的行为与市场反应。与该观点相类似，拉森奈克（Lazonick, 1991）以及弗洛瑞达和肯尼（Florida & Kenny, 1990）也分别指出，大型高端企业处于增长与创新程序中的核心地位，这是因为与小型企业不同，这些企业能够整合技术、资金资源，并拥有权责明确的组织结构，采用弹性专业化的人力资源政策，具备即时的生产与外购能力，另外还拥有身兼多职的多元化技能人力资源。

（四）制度安排促进经济绩效

在产业集群的决定性因素研究领域，尼尔森和温特（Nelson & Winter, 1982），以及尼尔森和山姆帕特（Nelson & Sampat, 2001）研究了制度安排如何作用于经济绩效；这些制度安排被视为"社会技术"，而经济增长正是源于物质技术与社会技术的协同演化。斯考珀（Storper, 1995）指出，企业之所以选择布局在产业集群区域是为了确保竞争性优势，集群区域内的企业可以利用正外部性的溢出效应，他们被迫与其他集群内部企业进行激烈的竞争，这在某种程度上刺激集群企业进行创新活动（Porter, 1990）。因此，产业集群现象被视为网络化企业之间的渐增性多元化制度安排，从更为宽泛的角度上讲，产业集群是经济增长的基础，尤其是在创业型网络结构及产业集群容易发生的区域经济领域（Brusco, 1982; Kinsella, 1989)。

（五）"网络效应"影响产业集群升级

与波特（Porter，1998）的"地理集中"理论不同，派瑞利和萨克凯特（Parrilli & Sacchetti，2008）的理论在解释经济发展方面更为合理，并且还探讨了跨地区企业、下属部门、产品链乃至全球价值链之间的重要联系。这些观点都强调"网络效应"与产业关联能够使企业在更大程度上从自身实力与优势方面获利的重要性，而这是单个地区、单个企业难以企及的。另外，由于所采用的理论方法不同，"网络效应"的定义与内涵也各不相同，例如，交易成本理论、资源依赖理论、战略管理理论、社会网络理论。在综合考虑企业战略、网络管理、社会因素作用的基础上，基本上形成了三组观念。比如，交易成本经济学与供应链理论将网络效应视为一种途径，在此过程中企业在不同的生产过程阶段充分考虑诸如信誉、沉没成本因素之后，建立一系列垂直关联。

艾森泽瑞（Eisingerich 等，2010）等人的观点认为，社会关系网络有助于发展区域集群。网络关系实力以及开放程度从根本上作用于一个高性能集群，但是，产业集群整体表现水平受到外部环境不确定性的影响。网络开放程度对集群绩效的积极作用随着环境不确定性的增加而增强，然而，网络关系实力对集群绩效的积极效果却随着环境不确定性的增强而减弱。社会网络关系能够帮助企业超越所在地区的区域局限性及自身组织的局限，与互补性战略伙伴充分合作，从而自主性地提高企业自身的竞争能力。在这种情形下，"学习"的过程为分析网络关系与产业集群化提供了一个动态的视角（Eisingerich 等，2010），这是因为学习这一认知现象在某种程度上产生于互动与社会化，反复的接触、通力的协作能够激活个体企业组织的认知资源，从而催化出新的经验与常规性技能。所以说，从企业竞争力的角度出发，网络化促进了企业间的交流并为公司带来了新的驱动力，增加了企业学习的机会，所有的这一切有可能导致产业技术升级与企业竞争力的显著提升。

在分析产业集群和社会网络关系二者的相互关系以及其与经济整体变量因素的关联时，现有文献往往缺乏明晰的阐述，因为这些概念比较复杂，属于不同层次，其中经济整体的变量因素包括制度性安排、交易效率、专业化和集聚化程度、二者的动态演化。现有文献资料解决了产业集聚与网络化的许多重要问题，然而，我们仍然缺乏一个有说服力的框架结构来综合探索处于同一竞争性市场中的上述问题。经济体系是高度复杂和相互关联的,产业集群与网络化的交叠关系需要做进一步的研究。大体而言,我们可以把产业集群与网络化视为互补性生产组织之间关系的两种形式。现有的学术研究引入"理论驱动型框架"(theoretically-driven framework)并提供了研究结构化与过程相关的措施方法,以此来解释在一个经济体中产业集群与网络化如何实际运作、如何相互作用。研究的关键在于分析关联性个体要素和整体制度之间的关系,从而探索出能够在根本上决定不同类型产业集群升级的各种条件。研究表明,制度性安排、企业家创新、市场交易的政府环境以及集群治理结构过程等因素无论是在公司层面还是在产业集群层面乃至于整体经济层面上都是相互依赖的。

第二节 产业集群升级的制度框架分析

通过文献的梳理可以认为,集群治理、企业家精神、社会资本、政府职能是影响产业集群的主要制度因素。制度制约着分工和产业集群的发展状况,好的制度环境可以促进分工,延伸产业分工链条,使分工更加细化,生产成本更加降低,生产效率更加提高,同时降低交易费用,提高交易效率,使产业集群得以形成并保持持续的竞争优势;反之,不好的制度环境限制分工的进行,增加交易费用,降低交易效率,导致产业集群不能形成。即使已经存在的产业集群,如果制度供给不足,也会降低产业集群的竞争力,甚至使产业集群最终走向衰落和解体。

山东省是儒家文化的发源地,独特的传统文化对经济发展的影响比较明显,因此,产业集群升级面临的制度因素问题较为突出。

一 集群治理与集群升级

(一)集群治理的含义与层次

"治理"一词虽在集群研究中经常出现,但直到 2000 年才由 Gilsing 明确提出"集群治理"这一概念[1]。他认为集群治理是促进产业集群升级的所有集群主体有目的的集体行动,其本质是促进集群增长,即让集群具

---

[1] Gilsing, V. A. Cluster Governance, How Clusters can Adapt and Renew over time [J], Working Paper, Erasmus University Rotterdam, 2000.

有共同的使命感和目标规划，最终目的是要建立和保持集群的持续竞争优势。这一定义从理论上概括了集群治理的最终目的和主要由集群内部发起的全体成员参与的主创性。

孙朋杰（2009）认为产业集群治理是以产业关联和社会关系为联结，以集群成员之间的信任为基础，以保证集群整体利益最大化的前提下寻求集群成员合作利益的最大化为目标，集群内所有利益相关者都参与的共同治理。

"随着分工的演进，效率提高的潜力越来越取决于对企业结构和企业所有权结构的适当选择"（杨小凯，1999）。联系产业整体的分工机制，产业集群组织结构的选择对分工演进的影响日益显现。"在集群经济潜力耗尽时，各产业群都会选择不同的治理模式"（王缉慈，2005）。

产业集群治理从本质上讲，属于集群的内部治理。集群治理的需求既来自集群内部的危机，也来自外部竞争的压力，它是有目的性的、所有集群成员都参与的集体活动，其本质是促进集群增长，即让集群本身有能力更新并提升技术，改变结构并适应环境的变化，具有共同的使命感和发展目标规划，最终获取和保持集群的持续竞争优势。

集群治理结构是指集群的组织框架、基于权力及权力分配属性的企业之间的关系，以及建立和维持集群整体竞争优势的目的性明确的集体行为，是包括集群的组织管理，规章制度，激励和约束、决策权和利益分配，与外界交流、合作和谈判等的全部法律、机构、制度和文化的安排（朱华友、陈军，2009）。

安曼等人（2007）通过分析产业集群的网络特征，提出了集群治理的三层次分析框架：集群外部治理、集群内部治理、群内企业内部治理。在这三个治理层次中，集群内部治理是集群治理的关键，这个层次治理中的治理是以网络治理为主的[①]。集群的外部治理主要是价值链的治理，分为生产者控制和需求者控制两种类型；群内企业内部治理主要指公司治理，这里我们主要研究网络治理与集群升级的关系。

（二）集群治理的类型

基于集群内社会分工的状况，可以分为横向分工的网络治理和纵向分

---

① 安曼，杨敏，霍春辉：《基于治理结构演进的集群治理模式探析》，《社会科学辑刊》2007年第3期第152—156页。

工的网络治理。陈伟鸿等人（2007）认为，产业集群可以解释为某一产业或产业组合在特定区域按一定的分工次序形成的横向分工网络体系。这个网络包含两层含义：一是产业分工专业化形成的生产网络；二是由分工内生的社会网络体系。浙江的集群演进模式具备较完整的"小企业+专业市场"特性，"小企业+专业市场"模式的浙江产业群内存在大量生产同类产品及类似产品的不同价值链环节的生产者，提供各种配套服务，这样可以充分发挥分工的网络效应；而集群中专业市场部门提供的集中交易则可以极大地改进交易效率，促成分工网络的演进进程，同时社会网络对提高集群交易效率起到了非常突出的作用。

山东产业集群的演化模式不同于浙江，呈现出"大企业聚集+品牌"的特征，属于纵向分工的网络治理。比如青岛的家电产业集群，聚集了海尔、海信、澳柯玛等大型企业和知名品牌。大企业为核心，中小企业为大企业提供配套服务，构成了新型分工网络组织。这种网络组织中，大企业在集群治理中处于领导和控制地位，中小企业处于服从和被领导地位。

（三）集群网络治理的影响因素：信任、产权结构

孙朋杰（2009）认为，在产业集群中，集群成员以各种经济行为、社会关系相联结，其治理方式表现为网络治理。集群内部的交易既不是通过无关联的交换也不是通过行政的权威来完成，而是集群成员基于产业关联、以互惠的、潜在的与共同的支持行动而形成的结果。单个企业的权威力量会在企业边界外的交易中削弱。虽然企业间可通过契约来加以约束，但由于契约的不完全性，信任成为协调企业间关系的主导力量。集群成员间的信任为防止机会主义提供了一个有效的交易治理的基础。在产业集群中，集群成员之间所形成的交易集合中既有竞争，又有合作，这样不仅市场的价格机制起协调作用，而且随着权威的减弱，成员间的信任发挥主导协调作用。

在产业集群中，集群成员将其核心资源与功能提供出来，与其他合作者协作互动，形成了一个可以共享的资源与活动的集合，其目的是获得单个行为者所不可能获得的合作利益。所以，从集群网络整体来看，合作结点都有内外资源相互融合的特征，客观上构成治理的共同主体，产业集群治理的一般治理模式就成为集群成员共同参与的共同治理模式。

企业产权结构也是影响集群治理的重要因素。王珺、杨本建（2007）分析了企业治理类型、分工差异与集群形成的内在联系。代理人控制和出

资人控制分别为国有企业和私营企业的典型治理模式。代理人控制的企业更倾向于企业组织与决策的内部化或者纵向一体化，而出资人控制的企业更倾向于企业组织与决策的外部化，前者导致生产分工环节的市场交易频率降低，社会分工少于技术分工；后者导致生产分工环节的市场交易频率大大提高，社会分工促进市场化程度大大提高，专业化市场的发育程度大大提高，而专业化市场的发育程度和产业集群的形成概率是一致的。因此，不同产权形成的治理类型，导致产品市场的分工程度不同，集群形成、演化、升级的情况也有所不同。

二 企业家创新精神与产业集群

（一）产业集群有利于企业家才能的培育和成长

卫龙宝、阮建青（2009）认为产业集群通过分工将一种需要极高企业家才能的一体化生产组织形式，分解成了需要企业家才能较低的分工协作的生产组织形式，初始才能禀赋各异的潜在企业家可以通过这种分工协作制进入工业化生产，并且在一个动态的过程中，企业家才能得到了培育。

企业家才能能够增加就业、提高劳动生产率、促进创新，并且在一定的区域内能够产生积极的知识外溢效应。具体而言，产业集群的分工协作制使得每一位企业家只从事少数几道工序的管理，因而对单个企业家才能的要求降低了；而且，不同的工序其管理的复杂性存在差异，对企业家才能的要求也不一样，因而才能禀赋各异的潜在企业家可以根据自身的状况选择相应的工序进入；此外，企业家才能具有溢出效应，基于产业集群的分工协作制使得企业家才能较强的人能够将部分能力共享给企业家才能较弱的人，使得所有企业家均从中获益。通过这样的机制，发展中国家稀缺的企业家才能被充分动员起来，并且在一个动态的过程中，企业家才能得到培育。

（二）企业家的创新精神有利于产业集群的发展与升级

企业家创新有助于产业集群发展。从企业层面看，企业家创新职能对企业发展意义重大，而从整个集群乃至区域角度来看，企业家创新也构成集群发展和区域经济活跃的重要推动力量。少数企业家带有偶然性的创新活动，例如发现新的产品或原有产品的新途径、新市场，或新的制作工艺等，这些偶然的创新活动在获得商业成功之后，为新的市场诞生创造可能性。这是因为企业家的经济活动具有很强的外部性，少数企业家的成功很容易被当地其他经济主体发现。随后该地区内会不断涌现出一批创业型的企业家，他们中有的成为创新活动的模仿者和追随者，另一些则从事相关配套产品的生产和经营活动。这样企业群体规模不断扩大，企业在地理空间上的集聚趋势日益明显。例如浙江金乡标牌制作是在全国高考恢复之时，少数金乡人意识到校徽制作的潜在市场广阔，并从校徽制作拓展到各种包装、标牌制作，从而引发更多的创业者的加入，产业规模越做越大，企业集聚效应越来越明显，而金乡也逐渐发展成为中国标牌之乡（赵江明、刘金红，2004）。

企业家创新精神有利于企业进行创新，提升产业集群竞争优势，促进产业集群升级。周虹（2008）研究发现：由于产业集群具有较强的地缘、亲缘、业缘等特征，企业间的协作网络关系建立在网络成员之间彼此的承诺与信任的关系之上。而这种承诺与信任关系则是需要依靠企业主之间的社会关系来建立，因此企业主之间的社会关系是维持网络安定的主要力量，企业之间的相互联系、合作如转包、价格、品质、交货期限及付款条件等就是建立在企业家之间信任的基础上的。

企业家与政府等部门的关系好坏，沟通是否通畅，直接影响集群的发展。企业家加强与政府等部门的良好沟通，取得集群所在地政府的支持，获得政府所提供的优惠政策和相关信息，对于提升集群的竞争优势有着重大的作用。

企业家的创新活动通常沿着地方网络扩散。企业家的知识通过他们的主要分包商，传递给外包网络最下层的企业，以及其他地方社会经济主体。通常，在新产品的制造过程中，企业家外派专业技术人员对分包商进行技术指导和质量监测，以保证产品质量的稳定性和可靠性。当企业家越来越以分包商的技术水平和加工能力作为选择标准时，分包商之间的相互竞争变得更为激烈，他们创新的主动性和积极性逐渐增强，由此产业集群的整体创新能力不断提高。

三　社会资本与产业集群互动研究

（一）社会资本的含义

社会资本又称关系资本，体现的是群体的属性，雅各布将其定义为"地区性的网络"，罗伯特·D. 普特南认为：社会资本指的是社会组织的特征，例如信任、规范和网络，它们能够通过推动协调的行动来提高社会的效率。按照克里曼的解释，社会资本是将交易的社会环境赋予经济含义，主要指的是社会关系或者社会结构存在于行为人的关系结构中，而不是存在于人或者物质产品中（柏遵华、聂鸣，2004）。

Bell（1999）第一次对产业集群内的社会资本进行定义，认为所谓社会资本是指存在于集群内部，通过促使行为主体进行互动而产生的资源。Kurt Annen（2001）认为社会资本是社会网络中基于合作的参与者的声誉，是建立在个人层次上的产业集群中企业与企业之间的互相信任、友好、尊敬和相互谅解的关系（卢林、姜滨滨，2009）。

柏遵华、聂鸣（2004）认为：社会资本是指一个特定区域内、企业内部、企业之间、企业与相关产业之间，以及企业与企业外相关实体、群体之间的社会联系等社会关系的总和，也包括企业获取并利用这些关系来摄取外部信息和其他资源的能力总和。无论社会资本的形式如何，我们可以概括出定义社会资本的四个关键词，即信任、合作、规则和社会网络。

（二）社会资本影响产业集群形成、演化与升级

1. 降低交易成本，促进集群的形成

社会资本是产业集群形成的重要促进因素，产业集群的形成过程实际可以看作社会资本发挥作用的过程。集群特有的社会资本有利于降低交易成本，减少机会主义行为，提高交易效率而降低交易失败的风险，从而推动分工演进，促进产业集群形成。张毅（2005）等人借用杨小凯等人的框架假设把生产函数简化为线性，建立框架并作实证研究，证明了社会资本的这一作用原理（卢林、姜滨滨，2009）。

2. 增强产业集群的稳定性和根植性

根植可以促进集群内部组织间的信任，有利于秘密信息的传递，有助于集体行动的产生。集群的本地根植是指集群的经济行为深深嵌入于当地的社会关系和制度、地理环境当中。产业集群的根植性是与社会资本的地区专用性密切相关的。具有本地根植性的产业集群必然是与该地区的社会关系和制度文化环境融为一体、不可分离，使得集群发展对本地的社会资本存在依赖关系，而每一地方的社会资本一定具有地域属性和专用属性，所以一个地区的社会资本价值丰度和特征在一定程度上决定了该地区产业集群的根植性和发展模式。社会资本越具有本地特色，则产业集群越具有根植性。一个地区社会资本价值越丰富，则产业集群越繁荣，以充分利用

社会资本这种稀缺资源，这种资源是该地区拥有而其他地方没有的专用性资源，是一种比较优势（杨黛，2006）。

社会资本能够通过人们之间产生的相互信任发挥作用，增强产业集群的稳定性和根植性。集群内上下游企业之间存在长期交易关系即重复博弈，信任约束机制是集群内部成员能够在高度竞争的条件下充分合作、默契运作、共享信息的原因所在，它能够减少集群内合作的机会主义，使得集群内合作行为在第三方强制实施条件缺失的情况下，也能采取集体行动，从而跳出囚徒困境，使得非纳什均衡点成为稳定解，增强了集群的稳定性（卢林、姜滨滨，2009）。

3. 促使产业集群保持独特的核心竞争优势

社会资本通过影响直接和非直接经济要素增强产业集群的竞争优势，是产业集群提高产业竞争力的根源和本质，可以说社会资本是一个产业集群是否发挥集聚效应和竞争优势的关键，也是一个产业集群成熟与否的衡量标准（卢林、姜滨滨，2009）。

第一、社会资本能够使产业集群具有交易成本优势。社会资本可以减小产业集群内企业的交易费用，如企业的监督成本、协调成本以及签约成本等，特别是在产品需求个性化、产品生产周期缩短、不确定性增加及生产技术复杂化的新情况下，企业集群逐步从资源共享型向知识型转变，社会资本的存在有利于企业间学习成本的降低，加强企业的竞争优势。

第二、社会资本能够使产业集群具有竞争合作优势。社会关系网络、信任信誉等能够促进分工、加强合作、巩固网络关系，提高集群竞争合作优势。

第三、社会资本能够使产业集群具有无法复制和模仿的竞争优势。产业集群在形成、发展与演进过程中形成了不同的类型，这种不同主要来自于社会关系网络的差异。社会资本为产业集群中企业带来其他企业无法复制与模仿的竞争优势，换句话说，不同历史、不同社会形成的无形的社会资本存量差异使得产业集群难以复制和模仿，也是可持续竞争优势的重要来源。

但是，也应该看到，社会资本对产业集群发展也会产生负面影响，比如，社会资本具有锁定效应，锁定效应会限制某些产业集群的技术创新能力和产业网络的形成，并且阻碍产业集群升级。

（三）产业集群利于社会资本价值的提升

陈剑锋（2003）认为：多种因素共同作用决定社会资本价值。社背景决定产业集群初始社会资本价值；最优组织数量决定社会资本价值最大化；组织间关联强度与社会资本价值正相关；信息不对称程度与社会资本价值负相关；在一定时间周期中，产业集群中社会资本的价值随着时间维度增加而增加，达到一定时间维度社会资本价值将不再增加；空间距离与社会资本价值负相关。所以说，社会背景、组织数量、关联强度、信息不对称程度、时间维度和空间维度对社会资本价值的影响是非常复杂的，不是简单的线性关系。

具体到山东而言，山东是儒家文化的发源地，是孔孟的故乡，齐鲁文化[①]是儒家文化的主要代表，有两千多年的发展历史，因而山东产业集群内社会资本存量非常丰富，诚信、豪爽、重礼仪、讲义气，成为山东产业集群内社会资本的典型特征。齐鲁文化的精髓是：崇尚气节的爱国精神、经世致用的救世精神、人定胜天的能动精神、厚德仁民的人道精神、勤谨睿智的创造精神、大公无私的群体精神，这些文化成为山东产业集群社会资本的源泉。

综上所述，产业集群与社会资本之间存在一种双向式的互动，即产业集群优化了社会资本，社会资本加快了产业集群升级的步伐，使产业集群这种组织形式更加健全完善。

四 政府职能与产业集群

关于政府在产业集群形成和发展中的作用研究，波特在《论国家竞争优势》一文中对政府的政策作用与聚集经济的关系进行了分析；我国学者符正平从地方公共产品的供给角度论述了政府在产业集群形成中的重要作用；还有学者从某些产业集群形成的实践角度提出了政府作用的有限性。

国外产业集群形成过程中，市场是主导，政府仅仅为其提供相应的基础设施和服务等。产业集群形成发展是政府和市场共同作用的结果。国内产业集群形成和演化过程中，政府的作用较为明显。具体说来，主要体现在两方面：其一，对具有自我生长能力的产业集群，要充分发挥市场对资

---

① 齐鲁文化，是齐文化和鲁文化的融合。春秋时期的鲁国，产生了以孔子为代表的儒家思想学说，而东临滨海的齐国却吸收了当地土著文化（东夷文化）并加以发展。两种古老文化存在差异，相对来说，齐文化尚功利，鲁文化重伦理；齐文化讲求革新，鲁文化尊重传统。两种文化在发展中逐渐有机地融合在一起，形成了具有丰富历史内涵的齐鲁文化。

源配置的决定性作用,通过市场的充分竞争自动完成了产业集群的形成和发展。其二,对尚不具备内生能力的产业集群,政府应理性干预。在新的产业形成初期,当产业集群不能自发生成时,政府应通过实施政策倾斜,吸引更多企业进入目标产业集群,逐步实现集群效益。

第三节 山东省产业集群升级与制度变迁

基于分工的制度变迁推动了产业集群升级。制度环境优化是深化分工与完善市场的前提条件,制度创新是技术创新的保障,围绕深化分工与完善市场构建制度框架,从集群治理、企业家成长环境、社会资本状况、政府职能完善等层面进行制度创新,获取制度优势,完成产业集群的制度升级。

一 山东产业集群形成历程分析

山东省从20世纪80年代形成区域间产业集群萌芽,随着乡镇企业崛起,以及国有企业改革不断深入,各地依据分工区域优势,不断涌现企业聚集现象,并形成区域生产品牌,最终形成产业集群。根据不同时期集群形成演化特点,发展历程大致可分为以下几个阶段。

第一阶段(1984—1989),民营出现两次大发展,产业集聚出现雏形。

1984年出现民营经济第一次高峰,1988年出现第二次高峰。1988年,乡镇企业产值、工业增加值分别比上年增长51.8%和57.5%,全省个体经济发展上了一个新台阶,全省工商户已发展到130万户,全年经营额157亿元,较上年增长56.2%。民营经济大多出现在棉纺织、制鞋、陶瓷等当地资源丰富的传统产业,形成了初步的企业集聚。

第二阶段(1990—2002),民营经济发展出现第三次高潮,产业集群初步形成。

由于各方措施得力,1993年是山东乡镇企业发展史上速度最快、形势最好的一年。到1995年,乡镇企业产值超过10亿元的县比1990年增加了95个,过亿元的村增加了693个。整个"八五"期间,成为山东省乡镇企业发展最快、最好的时期。并涌现了包括"得利斯"牌肉制品、"丛林河"牌水泥、"喜盈门"牌毛巾等25种中国乡镇企业名牌产品。

1993年4月份，山东召开了新中国成立以来第一次全省个体私营经济工作会议，表彰了100名"模范个体工商户"和20家"文明私营企业"。随后，全省各地都相继召开了类似会议，并出台了加快发展个体私营经济的政策和措施。在这样的条件下，全省城乡个体工商户户数、私营企业户数及从业人员数在全国的位次都有明显提高，其中个体工商户户数和从业人员数，均居全国第一位；登记核准的私营企业户数和从业人员数均居全国第三位。进入九十年代中后期，由于东南亚金融危机，山东民营经济也受到一定的影响，1997年，山东省政府发出了《关于加快发展个体私营经济的通知》，在发展政策和扶持措施上有了较大突破，进一步促进了个体、私营经济的发展。

第三阶段（2002—2008），民营经济大发展，产业集群快速发展。

2002年，山东提出"三个亮点"战略，即突出抓高新技术产业、外经外贸、民营经济，从而把民营经济发展放在了更高的战略位置。民营经济的重要性被各级政府认识到，其发展的经济、政治和社会环境不断优化，开始步入新的征程。

据统计，2002年平均每天登记133户。2003年，民营经济和乡镇企业上缴税金占全省地方财政收入的52.8%。2005年全国工商联公布的中国2004年中国民营企业500强排名中，山东省民企以占总数8.8%数量位居第三名。

民营经济的大发展带动产业集群快速发展，全省形成一大批产业集群。到2008年底，全省营业收入过5亿元的产业集群246个，从业人员476万人，实现营业收入12708亿元，利税1212亿元。

第四阶段（2009至今）产业集群升级阶段。

随着国际金融危机的影响，以及国内经济形势变化，人民币升值、劳动力成本上升、国内外资源价格不断波动、环保压力不断增大等因素，以低成本优势取胜的劳动密集型和资源密集型产业集群面临转型与升级的挑战，山东产业集群进入腾笼换鸟、结构优化的阶段，产业集群的发展模式由速度规模型向质量效益型转变。

二 基于分工的制度变迁与产业集群升级

分工深化是促使产业集群形成与发展的根本经济动因；制度变迁与技术创新是推动集群演进的内在驱动力；在产业集群演化与升级过程中，基于分工的制度变迁是指由分工引起的、并对分工和集群产生反作用的制度变迁。制度变迁的作用机理是降低分工演进的交易费用，使分工演进的收益大于分工演进的成本，从而使分工演进得以实现。如果一种分工结构的存在增加了交易费用，降低了交易效率，那么就存在变革这种分工结构的内在需求，一种新的分工结构就会产生，来替代旧的分工结构。分工结构决定了与之相适应的分工制度，分工制度也会发生变迁。分工制度变迁又会推动产业集群升级。制度变迁清除了分工演进过程中的人为障碍，降低了分工演进的交易成本，使分工演进产生的专业化经济能直接转化为规模经济；而分工演进反过来也进一步促进了制度变迁。分工演进、分工制度变迁与产业集群升级之间的关系是一种互动关系。

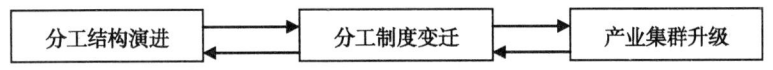

```
分工结构演进 ⇌ 分工制度变迁 ⇌ 产业集群升级
```

林毅夫把制度变迁划分为两种：诱致性制度变迁和强制性制度变迁。基于分工的制度变迁类型也是如此（图4-1）。

集群制度框架与演化

图 4-1 基于分工的产业集群制度框架与演化

资料来源：作者整理。

在我国产业集群形成初期，在国家提供的对外开放、对内搞活的宏观制度环境中,东南沿海一些地区的加工贸易开始兴起,但分工结构比较简单,企业内纵向技术分工外化为企业间横向分工,分工链条短,国内区域分工和国际分工并不充分,企业的建立与衍生主要靠民营企业家的创业精神来推动,产业集群的演化动力主要来自于自下而上的诱致性制度变迁,私营企业是制度变迁的第一主体,民营企业家是要求制度变迁的初级行动集团。中央政府是改革开放的政策提供者,但地方政府对改革开放初期出现的新事物还存在认识误区,比如在改革开放初期浙江温州等地出现的众多市场和产品加工区,当地政府曾采取过取缔、消灭的措施。

随着集群的发展,集群规模的不断扩大,政府对集群的态度由抑制到默许,再到扶持和鼓励。这时,集群内分工链条不断延伸,社会分工不断细化,企业间的横向分工和纵向分工都比较充分,特色产业集群不断形成,区域分工较为明显,并不断融入国际分工链条。以政府为主体的强制性制度变迁逐渐加强,政府出台一系列政策措施,来推动产业集群的发展。比如,一方面,建立各种工业园区,提供各种税收优惠政策,提供土地、用工、基础设施等优惠条件来吸引资金,以期望能够壮大产业集群,提升产业集群的竞争力,使产业集群能够实现可持续发展;另一方面,政府扶持产业分工链条的延伸,提供资金建立产品研发中心,建立各种专业化市场,支持企业创立品牌,加大营销力度等。产业集群进入快速发展阶段。

随着区域内分工链条的延伸,区域内的分工合作转向区域间的分工合作,并为全面地融入国际分工链条,构建国际分工网络,分工结构进一步多样化,政府在经济一体化、技术创新、进出口贸易政策等方面积极提供集群升级所需要的制度环境,企业和企业家团体对产权明晰、基于信任的社会资本优化也有进一步需求,诱致性制度变迁和强制性制度变迁相结合,共同推动产业集群升级,产业集群发展进入成熟阶段。

例如,珠三角制造业的分工演进是参与国际分工的结果,呈现出明显的"被动适应性",其最重要的诱因是外生的"制度辐射"和"技术溢出",而非内生的变量所致。OEM的分工方式,决定了政府和企业的制度创新方向和范围,进而影响着产业集群升级模式。区域分工的格局要求各级政府建立区域协调机制,以便更有效地配置不同地区之间的资源,避免不同区域产业集群之间的恶性竞争,在不同区域间实行有效的分工合作。

总之,分工水平制约制度变迁进而影响产业集群演化与升级,技术分工深化改变着企业组织的演进，社会分工深化影响着企业之间的合作机制形成，区域分工状况影响着地方政府之间协作机制的建立，国际分工格局决定着国际贸易制度的变化。分工结构演进制约着分工制度变迁，但制度创新又会改进分工水平。中国正处于计划经济向市场经济转轨的制度变迁过程中，尽管经济市场化的进程仍受到制度性障碍的限制，但在制度创新方面却具有后发优势，即通过对发达国家先进分工组织的组织模仿和管理模仿，我们可以获得关于分工组织的制度性知识，从而改进交易效率，跳过一些分工的中间水平，直接实现较高的分工和专业化水平。集群要进一步加快发展，需要将组织模仿和管理模仿过程中的外部制度性知识内化为企业的非正规的内部知识，才能够真正发挥其作用。一般而言，外部的制度性知识通过企业的协调机制和企业文化转化为企业内部知识，再通过企业的组织结构和内部分工表现为企业的竞争能力。因此，我国发展产业集群要高度重视企业的组织结构、内部分工和协调机制的设计和安排，加强学习培训和企业文化建设，以加快集群从组织模仿和管理模仿到在我国真正健康发展的进程。

三 山东产业集群升级面临制度问题分析

当前山东产业集群升级面临制度"锁定"问题，主要表现为四个方面：集群治理以大企业主导、中小企业发展不足的低效治理锁定，企业家创新精神缺失的锁定，社会资本价值的底端锁定，政府职能的定位失范锁定。

（一）集群治理低效锁定

由于山东产业集群以大企业为主，大企业集团在产业集群治理中处于优势地位，如果大企业集团是国有企业，那么，政府通过对国有企业的治理，进而对产业集群治理起到关键作用。这种治理模式使得中小企业处于服从和被动的地位，中小企业发展受到制约，最终集群治理处于低效状态。

中小企业组成的产业集群中，容易形成以信任为基础的治理机制，企业的地位是平等的，但是由于信任的基础是"地缘、血缘、人缘"，形成关系型治理模式，和基于法律、制度的治理模式相比，是低效、初级的治理模式。

在青岛、烟台、威海三市聚集着山东近70%的外资企业，这些FDI

产业集群以劳动密集型产业为主,生产以OEM为主,其治理模式是相对独立的,缺乏信任基础,根植性弱,企业的管理、决策、运营基本来自出资国的总部,因此,FDI产业集群随着国际经济形势的变化而变化,对于带动当地经济可持续发展发挥的作用不是非常明显。

(二)企业家管理与创新精神缺失锁定

土地、劳动者、资本等要素,只有在具有企业家精神的人手中,才能在复杂多变的竞争环境中实现整合和价值最大化,进而真正壮大成为财富的源泉。从某种意义上来讲,企业家是企业的灵魂,企业的成绩就是企业家的成绩,企业家精神就是企业核心竞争力的最重要来源。

当前,企业家正处于由创业型企业家向管理型企业家转型时期,面临着"以关系(如血缘关系和地缘关系)为导向的企业家个人网络"向"以能力为导向的企业家社会网络"转变(赵文红、李垣等,2004)。然而,大多数集群企业家的经营管理活动具有"家长制"和"经验型"的特点,普遍欠缺现代企业的经营与管理能力。这使得企业家在快速变化的市场环境中,在战略决策和资本运作等方面举手无措,导致企业很难长大,地方产业链分工网络也往往因为缺少龙头企业的带动而陷于松散和断裂的状态。

(三)社会资本价值低端锁定

社会资本处于低价值锁定状态。一般认为,社会资本是一种自下而上的现象,起源于信任、互惠和行动规则之上的社会联系,具体包括以下方面:网络中的参与、互惠、信任、社会规则、公共品和能动性(Paul Bullen & Jenny Onyx,1997)。从理论上讲,网络包容性就决定了市场的范围。以血缘、亲缘和地缘为联系的社会网络,通常是通过减少网络的包容性而产生排外的社会资本,在复杂的交换集合中,这种排外的社会资本价值较低。而相容的社会资本,在复杂性约束增加的条件下,可以通过增加网络包容性提高社会资本价值。实际上,伴随着我国产业集群进一步发展,以血缘、亲缘和地缘联系为纽带的排他性社会资本,在自我强化的同时,一方面会大大限制了外部信息和技术资源的进入,以及集群内部更广泛的合作,导致集群内部高技术人才的缺乏、信息的滞后和管理水平的低下,以及"协调效应"无法充分得到发挥,出现集群内部的"小而全",难以形成产业网络;另一方面,由于集群内部新信息和新技术的缺乏,"学习效应"的发挥也仅限于内部成员之低层次的简单模仿,甚至是处于停滞状态。无疑，这种社会资本的锁定会限制中国产业集群的技术创新能力和产业分工网络的形成（陈佳贵、王钦，2005）。

官本位思想严重。官本位思想在中国有普遍性，所谓重仕轻商，就是重视当官，轻视经商，以官职大小作为衡量一个人价值高低的唯一标准。山东是儒家思想的发源地，"学而优则仕"的观念特别深重。追溯其源头，则是儒家传统文化中的君臣思想的产物，儒家主张君子务治，小人务利的思想使山东地区的人具有重仕轻商的倾向，也就是官本位思想。从古至今，山东青年以求学为人生头等大事，"学而优则仕"、"重仕轻商"，这些刚好和江浙及东南沿海的"重商轻仕"的观点截然不同，也就造就了山东教育大省地位与经济强省建设之间的不匹配。受儒家思想的影响深刻，齐鲁文化中的重义轻利，重仕轻商的思想严重阻碍了区域经济的发展（孙海燕，2009）。

儒家学说在历史上长期处于正统地位，对其他文化有一种俯瞰、蔑视姿态，这又使得它对新观念、新事物缺乏敏锐性，如泰山的雄奇，"五岳独尊"，造就了齐鲁人大气、粗犷、阳刚的性格特点，但同时也造成了泰山文化唯我独尊的心理。

（四）政府职能定位失范锁定

1. 越位。地方政府对许多企业"行政捏合"，半强制性地外部"植入"，市场机制难以发挥作用，使得集群内企业之间业务关联性和技术关联度不大，配合明确的产业分工和产业特色，产业结构趋同严重，难以形成各种能够推动企业有效互动和相互促进的公共机制。

2. 缺位。地方政府在促进产业集群发展过程中，"目光短浅"，缺乏对技术创新投入的机制，或者本身就缺乏科技资源和创新能力，而仅仅依靠短期的土地价格、政策优惠等措施发展产业集群，导致集群技术创新不足，产品更新换代差，发展后劲不足。

3. 错位。地方政府偏重对大企业的扶持和培育，而忽视了对中小企业的扶持，没有针对解决中小企业困难的政策；政府重视硬环境建立而忽视软环境的营造，热衷于在经济总量上盲目攀比，却不重视生态环境建设，不重视公共服务机构的建立，以至于集群内企业经费负担过高、管理环境差、支撑体系弱、环境污染严重等。这些都严重影响了集群的升级与可持续发展。

第四节 进行制度创新、培植产业集群升级的制度优势

山东产业集群的升级最终取决于制度创新，发挥集群治理、企业家创新、社会资本、政府服务的积极作用，培植集群升级的制度优势。为此，必须完成四个转变，在集群治理发面，由家族制治理向现代公司制治理转变；在企业家创新方面，由传统企业家向现代企业家转变；在社会资本方面，由传统社会资本向现代社会资本转变；在政府职能方面，由领导型政府向服务型政府转变。

一 完善集群治理结构：由权威治理向网络治理转变

产业集群的治理模式往往是政府或者大企业依靠权威建立起来的，带有行政色彩和家族色彩，会压抑集群内部的创新动力，不利于产业集群的转型升级。应该建立集群内龙头企业、中小企业、中介组织、政府、高校等共同参与的网络治理机制，调动集群中各种要素的积极作用，保持集群的竞争优势。

完善大企业领导型的分工网络治理模式，这种分工网络治理的实质就是构筑以大企业为主导的领导型分工网络体系。通过领导型分工网络治理框架可以突破集群演进中区域市场与企业结构的限制，以几个大型企业为主导组织区域分工，由企业集团良好的品牌效应与高效的营销网络来替代传统专业市场的营销作用，这样可以避免企业间无序竞争导致的高交易费用，使集群的整体交易效率得以继续改善。小企业纳入领导企业的分工网络，可以接受来自"领导"企业的技术、加工工艺等诸多方面的指导和监督，通过学习机制将大型企业所拥有的完善的管理体系扩散到企业中去，使小企业的组织结构得以快速演进，提升集群内部核心竞争力。同时各企业主体专注于各自的分工区域，使各个分工层次的企业加深专业化程度，如大企业的设计与营销环节，每个小企业承担一种不同组件的生产。随着分工演进同时实现专业化程度、企业制度以及中间产品种数（增加产业迂回生产的程度）不断演进（陈伟鸿、李凯明，2006）。

完善中小企业组成的集群治理模式，引入"中小企业+品牌市场"的分工网络治理框架，即通过将专业市场升级为品牌市场，使市场具有承接国内与国际高层次分工的作用，同时通过创新企业机制来完善企业结

构。构建"中小企业+品牌市场"的分工网络体系突破传统市场的边界限制,实现市场交易效率的改进,促进分工演进的深入,在专业化经济程度、迂回生产链与企业制度的同时演进中,形成产业群继续发展的动力。这种模式实质仍是中小型企业为主的经济集聚体,其对应的依旧是全球价值链条中的一个点,所以要通过中间服务性机构(政府、商会等)特别是行业协会的联系,以品牌市场来实现分工专业化收益从而推动分工演进。集群突破区域市场边界,使市场具有更广的扩散效应,分散无序竞争带来的不经济,使企业有一个更加宽广的营销空间,激励企业增强自主的市场开拓能力,进一步与国际市场接轨,完善企业机制与规模增强集群的内部支撑力。同时还应实现服务性网络的完善与创新机制的维持(陈伟鸿、李凯明,2006)。

家族制管理推动了民营企业的发展,是民营企业管理创新的亮点,在民营企业的发展过程中不能轻易地否定家族制,而要积极探索家族制的现代化,要根据民营企业不同发展阶段实际发展需要选择企业治理结构和管理机制,实现企业内部管理方式的创新、组织结构的创新、研发体系的创新、人力资源培育的创新等,规范发展,建立现代企业制度。

二 培养企业家创新精神:由传统企业家向现代企业家转变

现代经济的发展逻辑让人们越来越认识到,企业家是社会的精英队伍和国家的宝贵财富,是我国经济发展的源泉,是推动现代文明和社会进步的重要力量。发达国家的经验告诉我们:要想提高综合国力,实现经济腾飞,必须有一大批足智多谋、胆略过人的企业家,经营一大批实力雄厚的企业集团。而中国近代史的发展过程也同样告诉我们,企业要发展,社会主义市场经济要成功,也必须培养具有新时代企业家精神的企业家。中国必须为企业家提供能够充分发挥他们能力的舞台,通过他们把人、财、物与市场资源进行有效组合,进而提高企业的综合竞争力,为社会创造更大的价值。

现代企业家精神是企业家个人内在的经营意识、理念、胆魄和魅力,包括创新精神、冒险精神、创业精神和宽容精神。企业家在企业中的独特地位,决定了企业的核心价值观必然受其重要影响,决定了企业的组织创新、管理创新、价值创新等冒险活动只能由企业家自身承担。它同时也决定了企业的经营发展的兴衰成败,从而也就决定了企业核心竞争力能否形成。

要完成企业家的成功转型，社会必须为企业家的制度创新提供激励和保护，保证企业家能够获得创新利润。制度变迁的动力是企业家为了改变相对结构进而获取最大化利润。制度的意义就在于让企业家获得创新的可能、对企业家创新利润予以保护，其实质是对制度创新的激励。应该建设创新型社会，应确立容纳、鼓励制度创新和技术创新的"制度"保障。

三 提升社会资本价值水平：由传统社会资本向现代社会资本转变

（一）由关系型社会资本向制度型社会资本转变。

在市场经济不成熟、法制和体制不完善的前提下，传统的社会资本有效地替代了以法制和规则为内核的现代型社会资本，完成了产业集群网络的初期扩张和发展。但当产业集群格局初步形成，需要在市场机制逐步完善、法制体系逐步健全的条件下重新整合的时候，传统型社会资本又成了阻碍力量。由于传统型社会资本过于封闭、保守、排外，只在血缘、亲缘、地缘网络内形成紧密的关系和信任，对外界资源普遍缺乏信任，因此也就阻碍了外部信息、技术、知识、人才等资源的流入，限制了产业集群的升级。在经济发展以开放为目标取向的条件下，传统型社会资本应该而且必须以开放、理性的理念向现代型社会资本转化，由非正式社会资本或关系型社会资本（信任、关系、网络）向正式社会资本或制度型社会资本转变（杨艳琳、李魁，2006）。

（二）从单纯的竞争走向竞合（竞争与合作）和信合（信任与合作）

产业集群使生产同类产品的企业聚集在一起势必加大了企业生存的竞争压力，集群内部的企业为了生存和发展壮大有可能相互之间进行盲目竞争、过度竞争甚至无序竞争。这种状态导致了产业集群组织自身的内耗，不利于产业集群组织提升竞争力。产业集群组织的社会资本必须明确定位并改变其运行方式，从现在的过度注重竞争尽快转向注重合作基础上的竞争尤其是长期互信基础上的合作，也就是要建立新型的竞合（竞争与合作）和信合（信任与合作）关系。通过信任、合作的方式可以建立产业集群组织深厚的社会关系资本和广泛的社会网络联系，而这种双赢又会反过来强化集群组织内企业与企业之间的信任与合作，促进产业集群的良性健康发展（杨艳琳、李魁，2006）。

（三）由传统文化向现代文化转变

在区域经济发展中，文化等非经济因素对经济行为的制约和影响有时比经济本身的因素更重要。发展区域经济，离不开区域的历史文化传统与经济发展的现实，必须高度重视挖掘地域文化资源，积极发展文化产业，营造现代文化氛围，实现区域经济与地方产业集群的可持续发展。

集群治理文化是产业集群演化的结晶，只有当集群治理文化渗透到集群治理主体的内部，真正做到自觉、自律，区域治理模式才能更有效率，产业集群才能久盛不衰、优势常在。要立足于民族的、区域的优秀文化构建产业集群区域治理文化，着眼于产业集群的品牌和集群竞争优势，建立起区域的集群价值观、集群竞争规则、集群品牌文化、集群精神等。区域治理文化还包括企业文化，家族企业的企业家要克服"家长制"，建立开放式的企业文化，实现从"任人唯亲"向"任人唯贤"的转化，通过股权的多元化、部分控制权的转移、聘请非家族的职业经理人等一系列措施，建立有效的企业治理模式和现代企业管理制度，使治理模式与企业的成长阶段相匹配，最终打破阻碍家族企业发展的瓶颈，保障和促进家族企业的持续健康发展。

四 转变政府职能：由领导型政府向服务型政府转变

集群政策的制定和实施过程，其核心是政府行为、市场行为和中间组织行为如何合理配置资源、相互协作配合的问题。政府的无作为和乱作为，都将体现在不科学的集群政策上，其结果是损害产业集群的发展。集群政策从内容到实施都应当体现政府的职能是服务而不是干预，政府扮演服务角色，政策则是服务工具（孙朋杰，2009）。

在中央和省一级层次，应仅仅提出对产业集群发展的指导性意见，这些意见应该是原则式的、框架式的，仅起方向性的引领作用。而具体的产业集群政策应由县（区、市）甚至乡（镇）一级政府根据本区域的实际情况自主制定并组织实施，既不对上级集群政策"微缩"，也不对其他地区集群政策"复制"，做到因地制宜。当然，涉及一些跨行政区域的产业集群发展问题，上级政府部门有权组织并协调各方采取有利于产业集群发展的应对措施（孙朋杰，2009）。

（一）科学规划，产业引导

政府要根据世界和国内经济发展趋势以及当地的特点和具体情况，制定出具有特色的产业集群发展规划，并尽可能创造一些本地不可移动生产要素，在刺激自发性产业集群不断出现的同时，采取自上而下的方式大力发展产业集群。同时，各地在提出拟发展产业时应对产业集群发展战略进行更为深入的考虑，要在深入调研及必要的专家论证的基础上，确定重点产业，并通过提供各种优惠政策，引导投资方向，大力支持重点产业向集群式发展（陈志平，2009）。

（二）完善环境，塑造优势

在产业集群发展过程中，完善的软硬环境是产业集群保持强大生命力和区域竞争力的重要条件。因此，政府要对产业集群发展所需的公共物品和准公共物品进行投资，加强交通、通讯、电力、互联网、城建设施等基础设施建设。要提高政府机构的办事效率，降低集群内企业运营的制度成本。要改善金融机构对中小企业的金融服务，拓宽集群内企业的外部融资渠道。要充分发挥市场对资源配置的基础性作用，大力培育要素市场，建设统一、规范、竞争、有序的专业市场环境。要注重营造尊重企业、厚爱企业、支持企业、保护企业的和谐社会氛围，创造公平的法制环境。

（三）创新网络，促进升级

产业集群的持续竞争优势源自集群的持续创新。地方政府应成为各种形式产学研联合的推动者，引导产业集群加强与大学、科研机构的联系，建立利益共享、风险共担的结盟机制。要重点扶持技术创新能力强、辐射范围广的企业建立行业共性技术和关键技术研发中心、服务中心和产品检测检验中心，促进新技术的广泛应用和成果共享。要构建与地方生产系统相适应的职业技术教育和培训体系，培养大量具有现代管理理念的专业管理人员和掌握现代生产技术的产业工人。

（四）加强协调，促进融合

产业集群要突破行政界限，以产业区理念配置区域资源，以产业区统领行政区调整，以产业聚集带动区域内其他要素的聚集，逐步实现由产业竞争力向区域核心竞争力的提升。因此，地方政府之间应在平等互信的基础上建立经常性的协调机制，形成经常性的互动，避免恶性竞争，使产业集群之间的竞争与合作在更高层次展开；同时还应采取措施推动国内产业集群与国外产业集群的交流与合作，特别是要加强与意大利等发达国家同类产业集群的国际合作，以学习它们先进的技术和管理经验（陈志平，2009）。

（五）加强政府沟通以开拓国内市场，营造区域品牌

对集群企业来说，积极开拓国内市场是解决国际市场萎缩困境的有效

途径。但是国内不同地方的文化、习俗、消费习惯、收入水平以及区域政策等方面都存在较大差异，存在大量信息不对称的情况，而且其他地区要形成对集群产品的认同，需要一定的时间过程，因此国内市场的开拓本身也是一项成本较高、风险较大的活动。在市场需求整体疲软的环境下，靠集群企业自身开拓市场难度较大。相对于企业来说，政府则具有极大营销优势，政府信用是所有信用级别中等级最高的，政府行为最容易被公众接受。政府可以通过组织各地的博览会、经贸会等推广活动，减少其他地区消费者对集群产品质量的怀疑、顾虑和排斥，增加产品的可信度；并且不同地区政府之间加强交流与合作，有利于集群产品迅速进入新的市场。

我国产业集群要摆脱升级控制，就必须建立自己的品牌和营销渠道。但当前我国集群中的众多企业处于微利求生存的阶段，无法满足品牌和营销渠道建设所需要的大量资金。在这种情况下，政府的作用就尤为突出。政府应积极有效的整合集群内企业的资金和营销渠道等资源，打造集群共享的国际品牌和营销渠道。为了防止"公地悲剧"问题，政府必须推动具有准政府职能的行业协会的建立，引导产业集群内企业加强行业自律，通过行业协会共同制定严格的产品技术、质量、环境、劳工等标准和强有力的监督处罚制度以维护区域品牌在国内外市场上的良好形象（魏丽华，2009）。

第五章　DMI 框架的实证分析（Ⅰ）

——以山东家电产业集群升级为例

在全球经济一体化、跨国企业生产的全球化的背景下，青岛家电产业集群通过开发国际市场主动参与国际分工，承接发达国家家电企业的产业转移和产业分工，利用产业集群的组织形式，使资源得到优化配置，并产生了外部规模经济效应，提升了企业的生产效率和企业的竞争能力，并使区域的相关产业实现了升级。本章首先对产业集群升级模型进行提炼和描述。然后，利用 DMI 分析框架，分别从分工、市场、制度方面分析青岛家电产业集群的现状及特征。接着，构建计量模型，并对 DMI 框架下各变量对青岛产业集群的影响进行分析。通过定性和定量分析，发现青岛家电产业集群升级面临许多问题，比如自主创新薄弱、市场竞争无序、企业内部制度和外部环境制度不完善所引起的集群效率低下、产业集群品牌缺乏国际性、知识产权意识缺乏、集群内企业缺乏合作、中介服务机构较少、软环境建设滞后等问题，最后，本章从分工、市场、制度三方面提出对策建议。

第一节　DMI 理论框架构建

总结前面的分析，产业集群升级有三个影响因素：分工、市场和制度，三者存在内在逻辑关系，根据斯密定理和杨格定理，分工和市场相互影响，相互促进；制度又是影响分工和市场的关键因素，进而影响产业集群升级的实际效果。因此，可以构建包含分工、市场和制度在内的产业集群升级理论框架。

一　框架内容

亚当·斯密（1776）在《国富论》中最早系统地论述了分工对于提

高生产效率的意义,指出分工有利于生产工艺的提高,有利于新设备的发明和使用,斯密同时论述了分工和市场的关系,提出了"分工受市场范围的限制"这一观点,被称为"斯密定理"。斯密以后对分工的研究逐渐被淡化,尤其是在马歇尔的微观经济学体系中,分工成为给定的外生变量。杨格(Allyn Young)在《递增报酬与经济进步》(1928)的论著中对分工进行了深入分析,提出杨格定理,指出市场的大小决定分工程度,而市场大小由分工的演进所制约。杨格使斯密定理动态化,从而超越了斯密关于分工受市场范围限制的思想。20世纪80年代以来,以贝克尔(Becker)、杨小凯和黄有光等为代表的经济学家,用超边际分析的方法,将古典经济学中关于分工的思想数学化,从而建立了新兴古典经济学。在新兴古典经济学的分析框架之中,分工的演进始终是经济增长的一条主线,并可以用来解释贸易、企业、城市化、产权理论和一系列的宏观问题。新兴古典经济学和新制度经济的结合,产生了新兴古典产权理论,该理论继承了科斯、威廉姆森等人的思想,致力于解释产权、交易费用与分工三者之间的复杂关系,尤其强调制度因素对于分工演进的作用。

通过以上对分工理论演进的描述,可以看到分工、市场、制度之间存在相互促进的内在联系,这种内在联系可以用来分析产业集群的形成和演化机制。产业集群形成的原因在于分工优势的利用,同时,专业化市场和国内外的一体化市场,是产业集群形成的外在条件,而制度是产业集群形成的实现条件。一个产业集群的形成与演化,是分工、市场和制度综合作用的集合。产业集群的成败,取决于分工优势、市场优势和制度优势的获得与丢失。分工、市场、制度三种优势的组合构成产业集群新的竞争优势,产业组织、产业结构、制度框架三种升级的组合,实现产业集群升级。这就是"分工—市场—制度"三位一体的产业集群升级分析框架(即 DMI 框架)。如图 5-1 所示。

二 框架构成

如果 C 代表产业集群的升级状况,D 代表分工,M 代表市场,I 代表制度,那么可以得到:

$$C = f(D, M, I)$$

如果:α_i 代表分工系数,α_1 代表技术分工水平,α_2 代表社会分工水平,α_3 代表区域分工水平;β_i 代表市场系数,β_1 代表专业化市场水平,β_2 代表

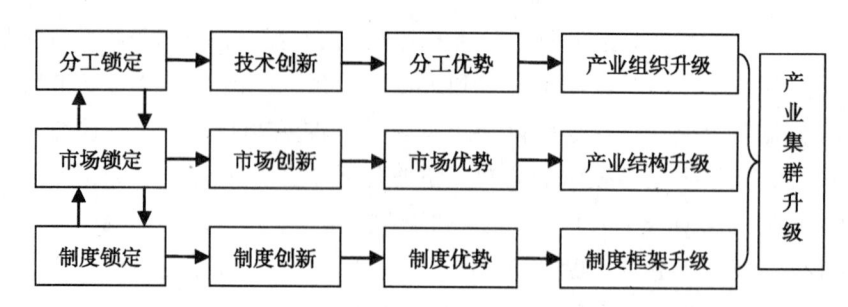

```
┌────────┐   ┌────────┐   ┌────────┐   ┌──────────┐  ┐
│ 分工锁定 │──▶│ 技术创新 │──▶│ 分工优势 │──▶│ 产业组织升级 │  │产
└────────┘   └────────┘   └────────┘   └──────────┘  │业
   ▲ ▼                                                │集
┌────────┐   ┌────────┐   ┌────────┐   ┌──────────┐  │群
│ 市场锁定 │──▶│ 市场创新 │──▶│ 市场优势 │──▶│ 产业结构升级 │  │升
└────────┘   └────────┘   └────────┘   └──────────┘  │级
   ▲ ▼                                                │
┌────────┐   ┌────────┐   ┌────────┐   ┌──────────┐  │
│ 制度锁定 │──▶│ 制度创新 │──▶│ 制度优势 │──▶│ 制度框架升级 │  │
└────────┘   └────────┘   └────────┘   └──────────┘  ┘
```

图 5-1　产业集群升级的"分工—市场—制度"架构

资料来源：作者整理。

国内一体化市场水平，β_3 代表国际一体化市场水平；γ_i 代表制度系数，γ_1 代表集群治理状况，γ_2 代表代表企业家状况，γ_3 代表社会资本状况，γ_4 代表政府干预状况。

那么：

$$C = f[(\alpha_1 D_1 + \alpha_2 D_2 + \alpha_3 D_3), (\beta_1 M_1 + \beta_2 M_2 + \beta_3 M_3), (\gamma_1 I_1 + \gamma_2 I_2 + \gamma_3 I_3 + \gamma_4 I_4)]$$

以上就是产业集群升级的一个分析框架："分工—市场—制度"框架，简称 DMI 框架。

根据产业集群演化升级中的不同要素的作用，可以提炼出以下指标，对该框架进行量化分析。

产业集群的升级可以用产业集群 GDP 增长率表示，如果一个集群的增长率连续处于停滞状态，可以断定该集群的竞争力在下降，需要通过提升集群竞争力实现升级；因为技术创新能力决定技术分工和社会分工水平，所以，技术分工与社会分工水平可以用行业的研发投入占销售收入的比重来表示；区域分工水平的衡量指标用区位熵表示；专业化市场水平可以用区域商品率表示；国内一体化市场水平用区际商品率表示；国际一体化市场水平由外贸依存度表示；集群的治理模式状况可以用规模以上企业数量与全部企业数量的比重表示；企业家创新状况可以用规模以上民营企业数量表示；社会资本价值状况可以用集群内民间融资频率或规模表示，政府职能状况用财政专项资金支出表示。（见表 5-1）

表 5-1　　　　　　　　DMI 框架指标构成

框架	定性指标	变量	衡量指标
产业集群升级		C	产业集群工业增加值增长率

续表

框架	定性指标	变量	衡量指标
分工	社会分工	D_1	研发投入占销售收入的比重
	区域分工	D_2	区位熵
市场	专业化市场	M_1	区域商品率
	国内一体化市场	M_2	区际商品率
	国际一体化市场	M_3	外贸依存度
制度	集群治理模式	I_1	规模以上企业比重
	企业家创新	I_2	规模以上民营企业数量
	社会资本价值	I_3	集群内民间融资频率或规模
	政府干预	I_4	政府的直接投资（财政专项资金）

资料来源：作者整理。

那么，原框架可以改写为：

$$C = f[(\alpha_1 D_1 + \alpha_2 D_2), (\beta_1 M_1 + \beta_2 M_2 + \beta_3 M_3), (\gamma_1 I_1 + \gamma_2 I_2 + \gamma_3 I_3 + \gamma_4 I_4)]$$

三 指标的设定

区位熵计算公式：

区位熵又称专门化率。区位熵指数（LQ）是指一个给定区域中产业占有的份额与整个经济中该产业占有的份额相比的值。

$$LQ = (E_{ij}/E_i)/(E_{lg}/E_k)$$

式中 E_{ij} 指 i 地区产业 j 的产值或就业人数，E_i 指 i 地区总产值或总就业，E_{kj} 国家 k 产业 j 的总产值或总就业，E_k 指国家 k 的总产值或总就业。

LQ 大于1，说明区域经济在全国经济中发达，反之欠发达；LQ 越大，说明区域的经济发展水平越高，否则发展水平越低。

区域商品率计算公式：

区域商品率 = 某地区 A 产业产品输出量/该地区 A 产业产品生产总量

区际商品率计算公式：

区际商品率 = 某地区 A 产业产品输出量/全国各地区 A 产业产品输出总量

区域商品率越高，说明输出商品越多，也说明该地区该产业的专业化水平越高。区际商品率越高，说明该地区该产业的输出在全国的地位越重要，该产业的地区专业化程度也越高。

外贸依存度计算公式：

外贸依存度：即进出口总额、出口额或进口额与国民生产总值或国内生产总值之比，是开放度的评估与衡量指标。

当只观察国际市场需求对本地区经济发展的影响时，可不考虑进口对本地区市场的影响，使用"外贸出口依存度"，其计算方法是：用外贸出口额与国内生产总值之比，乘以百分之百求得。其数值越大表明该地区经济发展对国外市场的依赖程度越高，也反映国际市场对该地区产品的认可程度提高，对该地区经济的拉动作用增强。

第二节　青岛家电产业集群发展现状与分工特征分析

中国家电产业从起步发展至今，已经形成了三大家电产业集群，被称为中国家电制造的"三极"，一是珠江三角洲（以广州顺德为代表），以空调、微波炉和小家电为主要产品；二是长江三角洲（以浙江慈溪为代表），主要产品为洗衣机、空调和厨房电器；三是环渤海经济圈（以山东青岛为代表），主要产品是空调、冷柜和冰箱。它们构建了我国家电产业的主要制造基地，形成了明显的区域竞争优势。据统计，三大家电产业集群的主要家电产量占全国的60%以上，销售额占到中国整个家电产业的80%以上。

我国三个家电产业集群因产业基础、产品特色、消费市场不同，发展状况也不同。青岛家电产业集群有海尔、海信、澳柯玛、三洋等著名品牌；广东顺德家电产业集群有美的、科龙、格兰仕等；浙江慈溪家电产业集群有方太、帅康等。慈溪盛产小家电，现在已经成为国内最大的饮水机、取暖器、电熨斗、双缸洗衣机、净水器和电源插座的生产基地。顺德则既生产大家电，比如电冰箱、空调器，又生产小家电，比如微波炉、电饭锅。

一　青岛家电产业集群发展现状

青岛家电产业集群拥有海尔、海信、澳柯玛、三美电/三洋电器、松下电子等为代表的国内外家电电子企业100多家，产品涉及白色、黑色、米色家电等多个领域，涉及的业务包括家电、厨卫家电、视听产品等。山东处在环渤海经济圈，是制造业大省，青岛家电制造在山东占有重要地位，海信、海尔、九阳、皇明等这些享誉世界市场的家电品牌，在制造业带动经济增长的过程中扮演着举足轻重的角色。2007年，山东省家电行业被山东省委、省政府确定为重点发展的七大产业链之一。山东省家电行业主要产品有彩电、空调等在内40多个品种。其中电冰柜、太阳能热水器产量居全国第一位。

从家电产品上来说，青岛主要产品为冷柜、洗衣机、冰箱、空调、彩电等白色大家电。早在2005年，青岛已形成了中国北方最大的家电用压缩机配套基地，年产压缩机1200万台。青岛同时还是全国最大家用塑料加工配套基地和钣金加工配套基地，其能力分别达到15万吨和30万吨。

青岛是全国改革开放较早的港口城市，其发展速度在国内处于领先地位。随着经济的发展，青岛在山东省的经济地位不断上升，其经济发展越来越受关注。家电在这些年以来，已经成为人们的生活必需品，家电产业的发展对促进当地经济的快速发展具有重要作用。青岛一直重视家电产业的发展，把家电产业作为先导产业优先发展。青岛家电产业在全国都具有优势地位。

根据山东省家电行业协会统计，伴随着经济效益大幅增长，截至2010年底，全省家电行业规模以上企业共644户，从业人员约20万人，主要产品有8大类30多个品种，其中电冰柜和抽油烟机、热水器产量居全国前列。全行业2010年实现主营业务收入2268.2亿元、利税213亿元、利润134.7亿元，分别是"十五"末的2.1倍、3.4倍、3.8倍。2010年实现出口249亿元，比"十五"末增长42.9%。山东省5大类家电产品中节能产品占比已接近七成，高于全国平均水平，产品结构及行业产业结构已得到明显改善。据家电行业协会统计，截至2012年年底，全省家电行业实现主营收入近2800亿元，销售收入在20亿元以上的企业就有五家。

二 青岛家电产业集群涵盖全球价值链分工的较多环节

青岛家电产业集群涉及全球价值链的较多环节（图5-2），在组成全球价值链的众多"价值环节"中，并不是每个环节都创造等量价值，一般来说，产品研发、品牌、营销等知识、资本密集型环节属于高附加值环节，而产品加工、组装等劳动力密集型环节则属于低附加值环节。

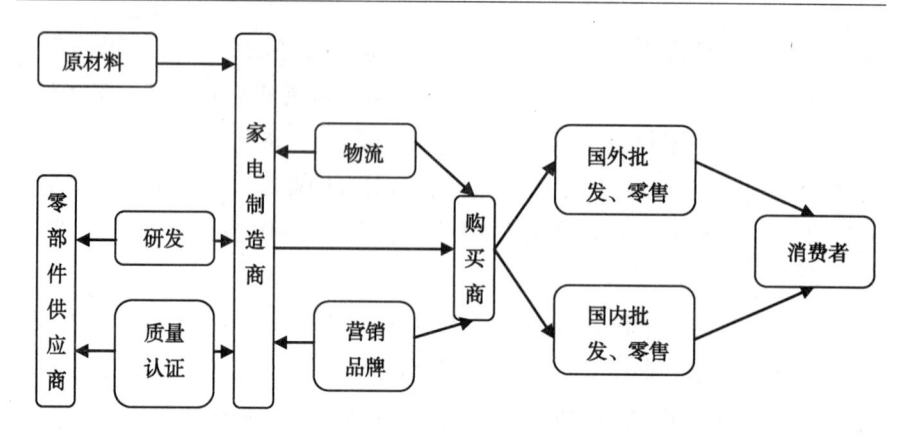

图 5-2　青岛家电产业集群价值链分工环节构成

资料来源：作者整理。

青岛家电已经成为全球家电产业中不可或缺的一个节点，海尔、海信、澳柯玛等几家大型家电企业在研发、品牌、物流等高附加值做得较好。但总体来讲，青岛家电产业集群仍处于家电产业全球价值链的中低端，许多高附加值的核心部件仍需要大量进口，依然面临着从价值链的低附加值环节向高附加值环节攀升的问题。

三　青岛家电产业集群中的纵向分工和横向分工形成分工网络

在青岛家电产业集群中，生产性企业、配套企业以及支撑体系之间的联系可以分为一是内部分工关系，是青岛家电企业以及相关企业之间的合作与联系，其中本地联系中的纵向分工是因为专业化分工而形成的生产性企业与供货商、销售商以及其他服务机构之间的联系，而横向分工是家电生产企业面临着激烈的国内外竞争，本地企业所形成的竞争与合作关系。二是外部关系，产业群是个开放的系统，与当地配套性企业保持着密切联系，组成了青岛家电产业的外部关系。

青岛家电产业集群的内部纵向分工关系（图 5-3）主要表现为：海尔、海信、澳柯玛等生产型企业—供货商（如海润电子等）—销售商（国美、雅泰、苏宁、三联家电等）—服务商（赛维家电服务）—政府机构—科研机构（大学、海尔国际研发中心）—中介机构等行为主体之间的关系。家电生产企业不仅需要自身发展壮大，更需要协调好与供货商、销售商、服务商以及支撑性企业（行业）之间的纵向关系。

集群和价值链的横向分工关系表现为同类企业间、企业与中介服务机

```
┌─────────────────────────────────────────────┐
│            科研机构、中介组织                  │
└─────────────────────────────────────────────┘
     ↓           ↓           ↓           ↓
  ( 供货商 ) → (家电生    ) → ( 销售商 ) → ( 服务商 )
              ( 产企业  )
     ↑           ↑           ↑           ↑
┌─────────────────────────────────────────────┐
│            政府、配套性企业                    │
└─────────────────────────────────────────────┘
```

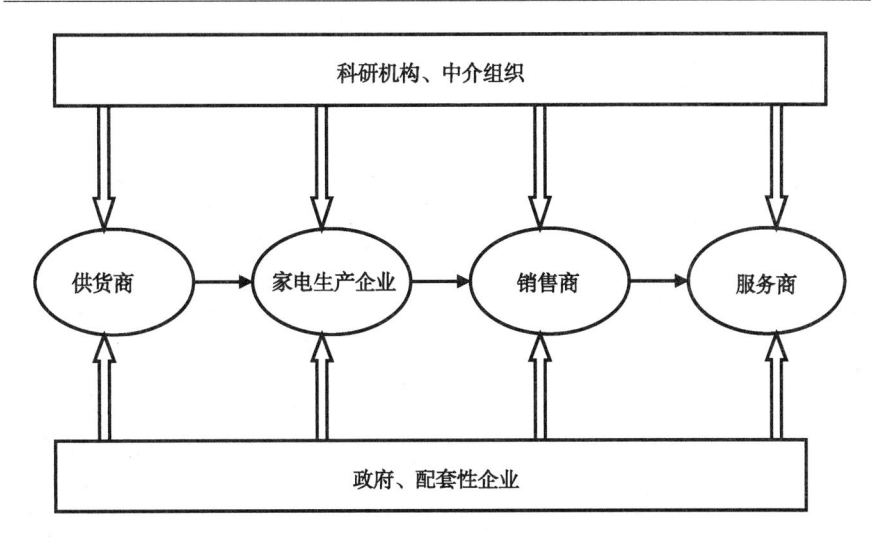

图 5-3　青岛家电产业集群的分工网络与全球价值链

资料来源：作者整理。

构、大学、科研机构、政府、金融机构间的各种横向联系。青岛家电企业三巨头海尔、海信、澳柯玛比邻而居，紧随着日本松下、韩国南涯电子、豪雅电子等跨国集团也先后在开发区落户。随着海尔、海信、澳柯玛等大型家电企业的迅速发展，使青岛成为全国乃至世界家电产业最具有吸引力的配套市场，国内外的相关企业争相来到青岛家电基地。因此，要建立海尔、海信等优势品牌企业间的"学习—竞争"机制，共同带动本地区其他企业的发展，形成地方化的产业辐射与延伸效应，真正实现集群内部企业之间的横向分工。

四　大企业主导是青岛家电产业集群的主要特征

海尔作为青岛较早开始进行产业集群化尝试的企业，经过 20 世纪 90 年代的高速增长，到 1998 年的时候，它已经构建起了一个强大的产业集聚平台，仅原材料分供企业就达 2200 多家，俨然一个巨型产业王国。同时，依托这个强大的产业集聚平台，海尔在产业集群中处在了主导地位，拥有了强大的话语权。正因为如此，海尔才能本着产业集群必须是优秀企业集群、优势产业集群，海尔这条产业链必须是最优质的理念，完成了对这一集群的重塑。三年的时间，海尔家电产业集群中企业的数量大幅下降，原来的 2200 多家锐减至 721 家，但质量却大幅提升，721 家中，世界 500 强企业有 59 家。就在位于胶州的海尔工业园里，人们就可以看到三洋压缩机、爱默生电机等20多家国际化分供方。

海信，则始终秉持技术孵化产业的理念，通过自身技术研究实力的增强，利用技术平台构建自己的产业集聚平台。海信的集群模式是：每涉足一个新的领域，首先考虑的就是要在这个行业占据技术优势，然后在技术中心成立研究所，进行该领域的技术研发和人才储备，在技术、人才充分成熟以后，研究所裂变成公司。像为了涉足通讯领域，早在1995年海信便建立起通讯研究所，研制数字无线电话，1999年转变为移动通讯研究所，主攻CDMA手机技术，2000年与美国高通签订技术转让协议，同时与日本日立签订了工艺制造合作协议，在黄岛投资4亿元建设年产300万部手机的生产线，至此完成了对CDMA手机产业的聚集。海信的其他产业如变频空调等都是从这一平台诞生的。

澳柯玛则独辟蹊径，它通过向相关产业的延伸，构建自己的产业帝国。利用自身的技术和制造优势，进军电动车领域，澳柯玛迅速集聚起一个产业平台，吸引了上百家配套企业，使电动车产量飞速翻番，2004年底产能达到16万辆电动自行车。而且，澳柯玛更是借此进入了锂离子电池的研发、生产领域，进一步丰满、完善了这一产业链条。

这三家大型家电企业在壮大自身实力的过程中，无一例外地都从各自发展的侧重点出发，全力打造各自产业集聚的平台，从而以这个平台为依托，不断地延伸产业链条，不断吸引配套企业。青岛家电企业的产业集聚模式虽然各具特色，但它们都对各自企业，乃至青岛制造业的发展起到了积极的推动作用。家电产业的集群化可以有效地保证青岛家电产业技术的领先性，增加产品的技术含量，保持自己的发展优势，拉长了青岛乃至整个山东半岛的制造业产业链条。

一般的产业集群多为中小型企业集群，或者由少数几个大型企业主导。而青岛家电产业集群则表现为大企业居多，除海尔、海信、澳柯玛三家大企业集团外，还有其余80余家规模以上家电企业。青岛三大家电企业集团占据了绝对的领导地位，其家电产品产值、销售收入、利税总额均占青岛市同行业90%以上，是一种国内典型的国有经济主导性或属于内源型品牌企业带动模式，这种产业集群的产业链较长，是由大型支柱企业带动发展的，产业的配套设施比较健全，核心竞争力较强。

五 青岛家电产业集群在国际分工链条中处于功能升级阶段

全球家电产业价值链，包括美系家电企业、欧系家电企业、日系家电企业和韩系家电企业，目前美欧日系家电企业掌握着家电产业的核心技术和相关技术储备，通过技术标准和专利等技术壁垒，牢牢掌控着家电产业价值链的高端。比如惠而浦、通用等企业，它们立足于国内市场，并通过购并重组、直接出口进军中南美市场，同时也在通过 FDI 或合资建厂开拓中国市场，在拥有雄厚技术和品牌实力的情况下，美国成为原创科学及新兴前沿科学的代表。欧洲代表着高品质，它们控制了白色家电领域的中游关键零部件和下游产品。日本代表了技术，控制了家电的中游，如电视的面板、空调和冰箱压缩机，成为亚洲的"技术提供者"。韩系家电企业掌握着核心零部件和高端产品的生产。韩国抓住了数字时代的来临，造就了超过索尼的三星，韩国厂商正以低级策略向亚洲和欧洲市场开拓。随着家电技术向信息化方向发展，欧美日等家电企业将家电与信息技术结合向 3C 领域发展，实现了价值链的跨越。中国的家电仅占据利润率低的制造领域，因缺乏技术竞争力，只有靠价格战来维持竞争力，而且没有资金投入技术创新，陷入产业集群中的"路径锁定"效应中。

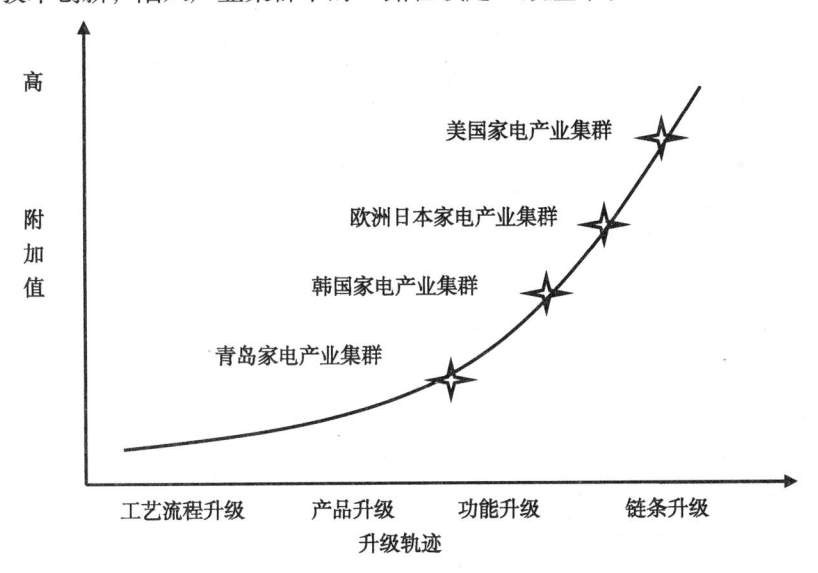

图 5-4 全球价值链下各国家电产业集群的升级轨迹

资料来源：沈静、魏成：《全球价值链下顺德家电产业集群升级》，《热带地理》2009 年第 3 期。

在全球价值链的产业升级路径中，青岛家电产业在其价值链中处在第Ⅲ阶段（图 5-4），即功能升级阶段，也就是说，青岛家电集群内主导企业已经进入功能升级阶段，虽然一些中小企业仍然处在产品升级阶段，有些还处在工艺流程升级阶段，但不影响整个集群主体所处的阶段。

第三节 青岛家电产业集群市场特征

青岛家电产业集群因广泛参与全球价值链分工，决定了其产品销售市场必然是广泛的。一方面不断扩展销售渠道，在国内市场销售收入高速增长，另一方面在国际市场上不断延伸。但是也面临国内市场份额下降、国际贸易壁垒不断加强等一系列问题，市场升级压力不断加大。

一 市场渠道建设多元化

1. 传统渠道

当前我国家电企业与流通渠道的关系正处在深层次的变革之中。其产品能否进入大商场，成为产品能否打开当地市场的关键。一些品牌即市场领先品牌，由于企业资本实力和品牌竞争力的提高，开始逐渐减少对商业大户的依赖。例如，长虹、TCL、海尔、美的等品牌已开始实施"规范一级经销商，发展二级经销商，决胜终端消费者"的渠道战略，重点营造自己的销售网络，同时向二级经销商和零售商转移，以提高自己在零售市场的竞争力，提高铺货效率，防止大户操纵价格。生产企业强化自己的营销网络还可以提高销售量的透明度，使销量更真实，从而稳固自己的重点市场。

海尔的营销渠道网络的建设，经历了一个由区域性网络到全国性网络，由全国性网络再到全球性网络的发展过程。发展初期，海尔集团依靠商场销售到店中店、再到建设自己的品牌专卖店，树立起海尔品牌的知名度和信誉度。海尔集团的多元化产品策略以及在市场营销上投入雄厚资金，使它在全国范围内的家电专卖店得以高效运营。目前，海尔已在全国主要县城建立了自己的品牌专卖店。在城市家电市场，海尔也建立了完善的自控销售网络。海尔根据自身的产品类型多、年销售量大、品牌知名度高等特点，适时进行了通路整合。在全国每一个一级城市都设有海尔工贸公司；在一级城市设有海尔营销中心，负责当地所有海尔产品的销售工作，包括对一级市场零售商和二级市场零售商的管理；在三、四级市场按"一县一点"设专卖店。这样，取消了中间环节，降低了销售通路的成本，有利于对零售终端销售的控制和管理。

海信电器充分利用销售渠道：综合家电卖场、传统百货商场、产品专营店进行多渠道销售，将海信电视营销渠道与本品牌其他电子产品的销售渠道分开来。积极寻求经销商和代理商进行营销渠道支持。海信加强对代理商的管理，并规范市场秩序，防止异地串货和价格混乱，以保证他们的利益；同时也会非常理性的给代理商指定相应的目标额度，至少不会超过他们的承受能力，以免竭泽而渔。海信电器在假日时经常进行打折促销活动，刺激消费者的购买欲望；海信每季度都会为各个城市的经销商下达销售任务，并对员工实行固定工资加提成式待遇，充分提高员工的销售积极性。

从2009年开始，澳柯玛商务公司加强了同全国连锁性的连锁企业进行合作。国美、苏宁，其中苏宁电器完成两级产品的上柜销售。与2008年相比，大型连锁卖场进店数量翻一番，增加到2009年的460多家，同时常规产品成功进入国美市场销售，显著增长了澳柯玛在一级市场的终端规模。从总体来看2009年澳柯玛生活电器的网络质量和数量均实现较大幅度增长，销售同2008年相比增长25%，新增销售网络500余家。另外，澳柯玛品尚生活馆全新渠道模式成功运作，2009年5月1日澳柯玛全国首家生活馆开业，很快发展到二十多家，月销售额均在15万元以上，获得初步成效。作为澳柯玛生活电器品牌展示，产品集中展示的窗口，品尚生活馆在取得良好销售业绩的同时，充分展示了澳柯玛生活电器的品牌形象，对带动其他终端的销售增长起到了拉动作用。

2. 网络营销渠道

随着电子商务的发展，网络营销渠道的优势渐显，家电类商品的网购规模也在持续增长，家电厂商开始投入到网络零售渠道的建设当中。网络销售渠道的铺设主要有三种形式，家电厂商自建电子商务平台、家电连锁卖场建立电子商务平台和第三方电子商务平台，由此形成了传统渠道与新兴网络渠道并存的局面。

海尔集团以优质的服务闻名，所以在网站建设上也突出了这一点：时刻把客户的需要与利益放在第一位。在其网上商店中，除了常规的推荐产品，还有产品订制。企业的生命在于创新，海尔集团将以更新、更高、更好的产品满足广大顾客的要求。海尔网站设有友情链接，这在其他企业网站中不多见，从这些链接的功能上看，包括知名的门户网、网上商城、著名的搜索引擎，还有人民日报网络版和招商银行。海尔透彻地理解了互联网运作与成功的真谛：一切有为之举，均在融合之中。所以，海尔会拿出专门的页面设置友情链接，这样的营销策略既显得主家超凡大度，也为这些网站做了标志广告，并可以方便访问者。青岛海尔电冰箱股份有限公司与青岛海尔集体资产内部持股会合资成立海尔电子商务有限公司。这意味着青岛海尔在拥有强大的品牌效应、规模生产能力、营销及配送网络等多种优势的基础上又将面临新的市场机遇。进军电子商务、实施"网上直销"战略是家电企业面临激烈的市场竞争拓展利润空间的必由之路。

二 国内市场销售额保持增长，但市场份额在降低

（一）产业持续高速增长，支柱地位不断提高

青岛家电类产品一直保持着快速增长，如图 5-5 所示，从 2003 年至 2008 年，青岛家电类产品销售保持着较高速的增长，到了 2008 年，由于受到金融危机的影响，青岛家电销售受到了一定影响，销量开始下滑，到了 2009 年开始回暖。部分原因是青岛市在 2009 年 9 月 8 日启动了家电以旧换新试点工作，至 2010 年 4 月 30 日，已通过以旧换新销售五类家电 30.4 万台，实现销售额 11.6 亿元，占五类家电销售额的 85%，五类家电销售同比增长 51%，全国家电销售同比增长 30%；回收废旧家电 32.7 万台，拆解废旧家电 27.6 万台。有力的拉动了青岛市的经济发展。

2010 年以来，青岛家电以旧换新成为拉动岛城消费市场火爆的重要因素。从青岛市商务局获悉，1 至 7 月份，全市已销售家电以旧换新产品 42.7 万台，其中电视机 12 万台，冰箱 6.67 万台，洗衣机 5.4 万台，空调 9.5 万台，电脑 9.1 万台，销售总额 16.1 亿元，兑现财政补贴资金 0.79 亿元。家电下乡政策对于家电行业估值以及家电企业业绩有重要意义。

（二）市场占有率不断下降

选取 2000—2011 年青岛家电产业主要产品数量和全国的产量进行比较，从中我们可以明显地看出青岛家电产业的变化趋势。在 2005 年青岛家电产业总体达到了巅峰水平，家用冰箱产量占到全国产量的 30% 以上，2006 年达到最高，洗衣机占 20% 以上，彩电占 15% 以上。作为家电企业的核心企业，当时的海尔、海信、澳柯玛是何等辉煌，但 2005 年之后，家电产量占全国的比重开始快速下降，特别是 2008 年金融危机的影响，青岛家电产业遭遇了严重的滑坡。受全球经济持续低迷、国内房地产行业景气度下行、"家电下乡、以旧换新及节能惠民"等政策退出的影响，白

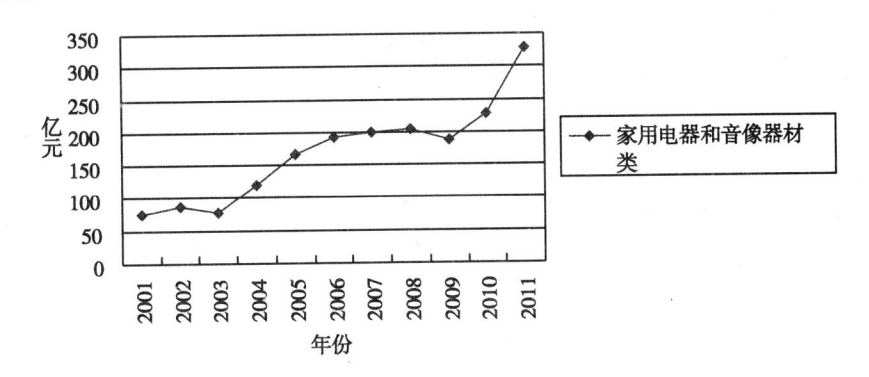

第五章 DMI框架的实证分析（Ⅰ）　149

图5-5　青岛2001—2011年家电和音像器材类产品销售总额
资料来源：《青岛统计年鉴》。

家电行业增速较2010年明显放缓，家电企业面临较为严峻的挑战。到了2011年几大家电的市场占有率统统降到10%以下（见图5-6）。

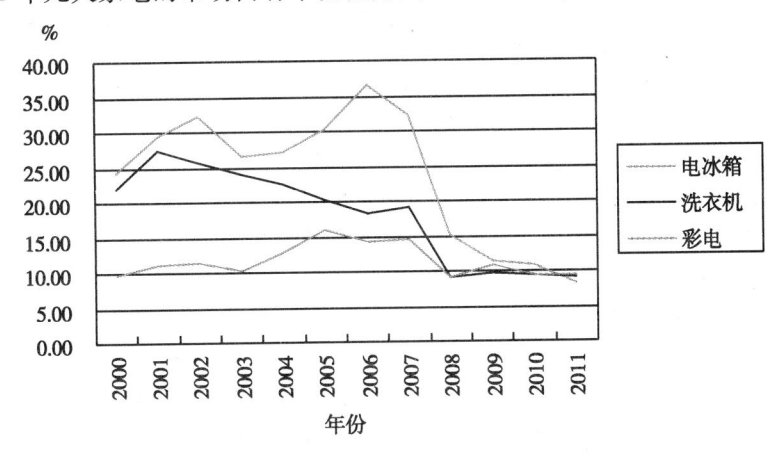

图5-6　青岛2000—2011年青岛家电主要产品占全国比重变化
资料来源：《青岛统计年鉴》。

三　国际市场前景乐观，但贸易壁垒不断强化

（一）中国家电海外市场前景乐观

海外市场增量在新兴市场。从全球市场来看，未来整体增速不大，根据NPD DisplaySearch数据，产品结构上主要是LED液晶电视对CCFL液晶电视替换，市场区域上新兴市场仍将是主要增长动力。2012年前三季度西欧、日本分别大幅下滑13%和71%，北美增长约4.5%，新兴市场中拉美、亚太、中东非洲LCD电视出货量增速接近15%，东欧超过

20%。随着日系品牌衰落，为国内品牌拓展全球市场提供了契机，彩电市场日益演变为中韩品牌争雄，中国企业在生产效率、市场反应速度上更具优势，包括OEM在内全球产量占比约40%，通过积极布局海外市场，提高自主品牌占比仍有很大成长空间。TCL集团、海信电器、创维数码、兆驰股份在海外业务开拓上走在前列。（见图5-7）

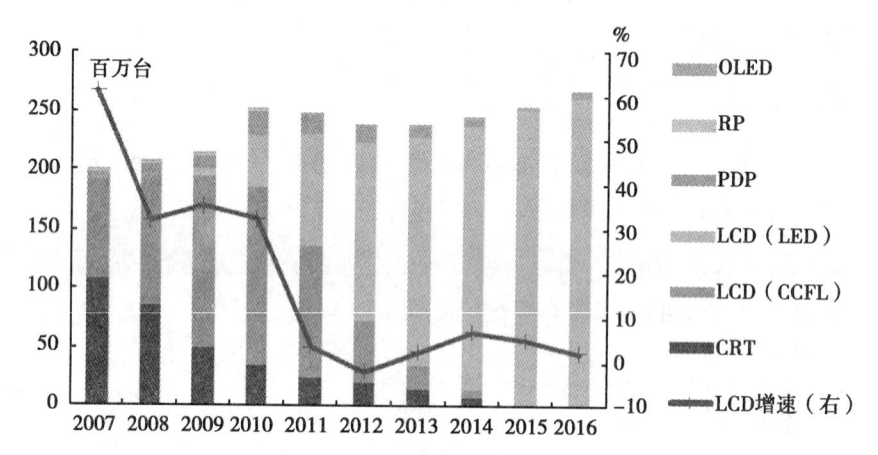

图5-7 2007—2016年全球不同技术电视出货量及未来市场预测
资料来源：NPD DisplaySearch，华泰证券研究所。

（二）贸易壁垒不断强化

近几年，青岛市家电产业取得长足发展的同时，正在逐步由生产型向出口型转变。随着家电出口规模的扩大，遭受的贸易壁垒数量及种类也在不断增加。关于青岛市家电出口企业遭受知识产权壁垒的数量，以及由于知识产权壁垒而遭受的损失，很难对其进行系统准确的统计，政府的相关部门也没有具体的统计数据。但是对于美国国际贸易委员会对青岛市出口企业实施"337调查"[①]的数量，青岛出口企业遭受337调查的原因，以及遭受337调查的出口企业所隶属的行业，政府有完整的统计数据，这一数据能够有效地说明青岛市家电出口企业当今遭受知识产权壁垒的状况。

---

① 美国337调查是根据美国《1930年关税法》，美国国际贸易委员会可以对进口贸易中的不公平行为发起调查，并采取制裁措施。由于其所依据的是《1930年关税法》第337节中的规定，因此，此类调查一般称为"337调查"。

表 5-2　　　　　　　　　中国企业遭受 337 调查统计

	2002	2003	2004	2005	2006	2007	2008	2009	2010	2011
中国	5	8	10	10	12	17	10	8	18	16
山东	0	0	1	1	0	0	1	1	0	2
青岛	0	0	1	1	0	0	0	1	0	2

数据来源：中华人民共和国商务部进出口公平贸易局。

中国的出口企业从 2002 年到 2011 年的 10 年间，总共遭受 114 起 337 调查，山东省遭受了 6 起，占总数的 5%。在山东省遭遇的这 6 起 337 调查中，青岛市独占 83%。其中，青岛市遭遇的 5 起 337 调查中，有 3 起是家电行业，并且全部是由于专利侵权。所以专利侵权是青岛市出口企业遭受知识产权壁垒的重要触发因素，而家电出口企业是遭受 337 调查的重点企业（见表 5-2）。

第四节　青岛家电产业集群制度建设状况及特征

在技术分工的支撑下，在市场需求的拉动下，青岛家电产业集群的成长，主要受到制度因素的影响。国家对家电补贴政策以及地方政府的扶持政策，为青岛家电产业集群发展渡过金融危机，实现转型升级，提供了强有力的制度保障。合理定位的行业协会、锐意进取的企业家精神、良好的社会资本，都积极推动了青岛产业集群的快速发展。

一　政府政策支持是家电集群发展的制度保障

（一）国家家电补贴政策及其效果

世界金融危机以后，国家出台许多措施刺激家电市场。家电下乡、以旧换新、变频空调补贴在 2009—2011 年支撑家电需求高增长，但对家电市场也形成一定程度透支。第二轮高效节能补贴从 2012 年 6 月开始推行，2013 年 5 月结束，为期一年（见表 5-3）。高效节能补贴政策接力家电下乡，拉动效果明显。家电市场竞争激烈，主要家电产品新能效标准提高，相关企业在积极扩大销售的同时实现产品升级换代，增强竞争优势。

表 5 - 3　　　　　　　　四大家电补贴政策对比

	家电下乡	以旧换新	变频空调补贴	超高效节能补贴
时间	2007.12—2013.1	2009.6—2012.12	2009.5—2011.6	2012.6—2013.5
补贴标准	约单价的13%	约单价的10%	300—850元,后改为150—250元	五大家电,整体补贴区间:100—600元
补贴对象	直补消费者	直补消费者	直补企业	直补消费者
补贴额度	截至2012年9月,765亿元	约350亿元	约90亿—110亿元	265亿元
效果	截至2012年9月,累计销售产品2.75亿台,实现销售额6597.6亿元	销售五大类新家电9248万台,拉动直接销售3420多亿元	变频2级以上空调占比由15%提高到约70%	大幅提升高能效家电占比

资料来源:商务部。

本次高效节能补贴除了通过节能补贴形式让消费者直接受益外,政策指导意义十分明显,加速了家电行业向节能方向转变,提升行业产品层次,加速产品推陈出新,提高行业整体盈利能力。

国家家电补贴政策的关键目标是推动家电消费升级。与以往政策相比,节能补贴对象是高效节能环保家电,激励企业重视技术研发和拉动产业升级,促进行业良性竞争,优胜劣汰,加速行业洗牌。以空调为例,变频空调销售占比由2008年初的不足10%,提高到2011年的50%以上,到2012年"十一"双节该指标已经提升至68.80%。

国家家电补贴政策的另一目标是提高行业盈利能力。恶性价格竞争使行业盈利接近微利状态,高效节能补贴刺激相关企业转变发展方向,优化产品结构,扩大中高端产品占比,提高单品盈利,保持较高利润的增长。

(二) 地方政府政策

1. 政府创造的公平竞争环境

政府对企业的促进作用,主要体现在真正为企业提供公平竞争的市场环境,创造健全的市场竞争机制,让市场的"丛林法则"——优胜劣汰机制去选择企业,实现政府、市场和企业的有效结合,达到产业组织和企业组织的多样化,促进企业规模化、集中化和布局合理化,提高区域配置资源的效率。

在青岛,海尔、海信、澳柯玛是家电电子行业的三大家。1990年,海尔主要产品是电冰箱,海信主要产品是电视机,澳柯玛主要产品是电冰柜,他们各有"领地"。当时三家企业又开始上马对方的产品。这是否是重复建设？三家企业是否应该合并起来？成为人们关注的焦点，上级职能部门也要求青岛市把三家企业合并起来。青岛市政府领导进行了调研，充分听取三家企业的意见，认为家电产品是全国的大市场，不存在谁的"领地"和重复建设问题，政府必须尊重市场经济规律，让市场作裁判，让企业自行生存发展。现在三家企业都成为上市公司，形成了三强鼎立、同城发展的格局。这种良性的竞争格局，使得三家名牌企业互为参照物，竞争压力使企业时时有落后的忧患意识与超前的欲望。企业在寻求更专业的生产要素竞争优势时，自然产生对高级人才、专业设备、元器件和信息的大量需求，也引来相关支持性、功能性产业的加盟，进而产生了产业集聚、地区集聚的双集聚效应。

2. "抓大放小"政策强力推动家电集群发展

青岛家电企业最大的运作特点在于品牌经营，即先做品牌后做市场，将品牌的价值通过规模扩张得到充分发挥，这种经营理念固然与青岛特殊的历史文化密切相关，但强大的国有资本支持更是关键所在。青岛家电企业的做大做强是与青岛市的政策导向直接相关的。如青岛市政府对国有家电企业的企业家很少干预，为企业营造最宽松的外部环境，让企业能够按照企业自身的特点和产业规律进行决策；作为一种指导性制度，青岛市体改委推出的企业家年薪制具有极强的激励功能，因为年薪制中的基本年薪与企业的规模大小直接挂钩，另外经营者还可以获得超过目标责任部分的15%提成，从制度安排上激励着企业家竭力扩张企业规模。早在"八五"初期，青岛是一个国有经济比较集中的城市，青岛市就根据本地的情况确立了"抓大放小"的名牌战略思想，从财政、税收、信贷、外汇、投资、人才、产业政策等全方位支持海尔等家电企业的规模化发展。

"抓大放小"的战略思想包括了以下主要内容：一是把名优产品当作"抓大"的载体，确定了海尔冰箱、青岛电视、青岛照相机、红星洗衣机、得贝冰柜等五朵金花，并通过资产划拨等方式将一些产品和资产向管理和机制领先的名优企业集中，使这些企业实现优势产品和优势企业的联合，以此方式来满足优势企业扩张前的资本积累需求，扩张优势企业的规模。海尔和海信就在该时期快速膨胀起来，海尔集团连续15年保持了80%以上的增长速度，被国家列为重点扶持进入世界500强的企业之一；二是为名优企业营造宽松的发展环境，青岛市为了保证名优企业持续成长，对名优大企业实行了"计划单列"，大企业与主管部门平起平坐，企业在生产经营和投资决策上具有充分的自主权；三是抓住全国首批优化资本结构试点市的契机，快速组建大企业集团，对原有企业主管部门实施转体，使之成为国有资产经营公司和控股集团。

3. 政策激励下的企业技术创新

青岛家电企业的规模化发展是与技术创新同步的。青岛市把建立企业技术创新机制作为建立现代企业制度的重要内容，不断提升家电产品的技术含量，以确保品牌的塑成和维护。青岛市要求主要家电企业建立自己的技术开发机构，鼓励企业加大技术开发投入，同时保证政府对技改资金的配套。海尔在政府推动下已经完全走出了低水平的价格竞争，专注于技术创新，学习、借鉴、吸收世界先进技术，逐渐形成自己的科研体系，创办了海尔大学，形成了较好的人才储备和培育机制；海信大胆推动内部分配体制改革，通过技术入股等方式组建了一支高素质的稳定的技术人才队伍，奠定了企业持续成长的人才基础。青岛市还积极推动家电企业实施外源型战略，从外经贸部申请境外投资项目，大部分企业已经实现了从引进国外技术到联合开发、本土生产、资本输出、技术出口的转变，如海尔和海信都已经在几大洲多个国家建立生产基地和工业园，并通过融资和融智实现经营本土化，迅速占领国外市场。

二 行业协会是小家电产业集群升级的助推器

由政府主导的家电以旧换新、家电下乡和节能产品惠民工程等政策的补贴范围均限定为大家电，小家电和厨卫电器始终未列入国家政策的补贴范围。为了全面拉动小家电和厨卫电器市场，2012 年 8 月 7 日，中国家用电器协会牵头发起了针对小家电和厨卫电器的专项惠民活动（以下简称小家电惠民活动）。该活动自 8 月 10 日起正式在全国范围内启动，试行期为 40 天。

在小家电惠民活动启动的当天，中国家用电器协会在官方网站上公布了《小家电和厨卫电器惠民活动试行阶段指导原则》（以下简称《试行阶段指导原则》）。根据《试行阶段指导原则》，该活动主要涉及厨卫电器和小家电两大品类。其中，厨卫电器包括吸油烟机、灶具、消毒柜、热水器、水处理设备、浴霸和嵌入式厨房家电等，小家电则涉及电饭煲、电磁炉、微波炉、电风扇、饮水机、电压力锅、豆浆机、空气净化器、个人护理类和保健类产品等。

《试行阶段指导原则》规定，凡列入补贴范围的小家电和厨卫电器，可获得最高 10% 的"价外返现"。小家电惠民活动是在零售环节外的补贴（即价格外补贴），与厂家、商家任何形式的促销活动均无冲突，消费者可以同时享受多重优惠。消费者只须在试行期内到指定渠道购买达到《试行阶段指导原则》标准的商品，即可参加活动。《试行阶段指导原则》建议，价格满 1000 元及以上的厨卫电器类产品每台补贴 100 元，价格满 500 元及以上的小家电类产品每台补贴 50 元。具体产品的补贴金额，由参与厂商根据具体情况共同商定，以店面明示为准。为了保障政策落实，生产厂家和零售商将共同筹集资金，并设立小家电和厨卫电器惠民基金，由零售商负责在实际操作中发放。

同时，《试行阶段指导原则》还对生产和销售企业提出了明确要求。原则上，生产企业应为中国家用电器协会会员且自愿参加、遵守本活动规则。生产企业必须严格遵守诚信原则，为惠民活动提供符合国家标准和行业标准要求的家电，并按照国家相关规定保证消费者在购买、安装和售后各个环节的利益。销售企业在产品定价、销售、补贴的各个环节必须严格遵守诚信原则，不得出现活动前突然提价、虚报价格、克扣补贴的行为。在试行期内，参与活动的销售企业应积极做好店内宣传，清晰标注活动原则和流程，并对参与活动的商品进行充分展示和介绍。参与小家电惠民活动的企业一旦出现违规行为，将被取消试点资格。小家电惠民活动得到 1700 家家电卖场的积极响应，收到良好效果，促进了小家电产业集群的发展。

三 企业家精神是家电产业集群发展的活力源泉

在青岛家电产业集群的形成发展过程中，企业家精神起到了关键作用，在集群发展的任何时期，都推动着产业集群的发展。2008 年 3 月北京大学企业管理案例研究中心联合《北大商业评论》共同推出了首届"中国最受尊敬企业家"榜单，海尔集团首席执行官张瑞敏获选"中国最受尊敬企业家"。另外，海信集团董事长周厚健也以总排名第 22 位入围"中国最受尊敬企业家榜单"。

张瑞敏始终以创新的企业家精神和顺应时代潮流的超前战略决策引航海尔，持续发展。2012 年，海尔集团全球营业额 1631 亿元。据消费市场权威调查机构欧睿国际（Euromonitor）统计，海尔已连续四年蝉联全球白色家电第一品牌,并进入美国波士顿管理咨询公司(BCG)评选的2012年度"全球最具创新力企业"前十名,排名消费及零售类企业第一。

在海尔持续创新不断壮大的过程中,张瑞敏确立的以创新为核心价值观的企业文化发挥了重要作用。在管理实践中,张瑞敏将中国传统文化精髓与西方现代管理思想融会贯通,"兼收并蓄、创新发展、自成一家",从"日事日毕、日清日高"的 OEC 管理模式,到每个人都面向市场的"市场链"管理,张瑞敏在管理领域的不断创新赢得全球管理界的关注和高度评价。"海尔文化激活休克鱼"案例被写入美国哈佛商学院案例库,张瑞敏也因此成为首位登上哈佛讲坛的中国企业家。

张瑞敏认为,没有成功的企业,只有时代的企业,所谓成功只不过是踏准了时代的节拍。在互联网时代,张瑞敏的管理思维再次突破传统管理的桎梏,提出并在海尔实践互联网时代的商业模式——人单合一双赢模式,让员工在为用户创造价值的过程中实现自身价值;通过搭建机会公平、结果公平的机制平台,推进员工自主经营,让每个人成为自己的CEO。西方管理界和实践领域对海尔和张瑞敏的创新给予了较高评价,认为海尔推进的创新模式是超前的。2012 年 12 月,张瑞敏再次登上顶级商学院的讲坛,应邀在西班牙 IESE 商学院、瑞士 IMD 商学院演讲人单合一双赢模式,收到热烈反响。因其在管理领域的创新成就,张瑞敏获得2011 年度"全球睿智领袖精英奖"、"IMD 管理思想领袖奖"。

创新是企业家精神的灵魂。从人单合一、自主经营体到利益共同体,从倒三角到节点闭环网状组织、平台型企业,海尔一直在创新中成长。海尔所在的白色家电行业,是一个延续性的技术创新比较多而不是颠覆性创新比较多的行业,但在互联网时代,张瑞敏认为,一定要研究破坏性创新。因为互联网时代,很多家电产品发生很大变化,就算白色家电暂时还没有破坏性创新,物联网也会让它产生变化。传统冰箱必须与互联网相联,吸引全球资源在平台上交互,产生破坏性创新。过去近三十年,张瑞敏不断提出新的管理思路,不断改变自己的思维、颠覆掉旧的想法,提升中国的管理思想,为全球的企业界和企业家带来价值。

企业家精神不仅在自身企业发展的过程中起到了关键性作用,并且作为核心企业的领导者,他们所具有的个人魅力、合作精神、坚毅创业的性格更是吸引其他产业内企业和相关产业集聚在其周围的关键性因素,这在发展中国家最为明显。

同处一地的青岛家电产业集群，企业间的竞争，有时则表现为企业家之间的竞争。每个企业家都不想落后，他们极力地想证明自己的价值，这就需要他们的企业可以跟上市场脚步，在技术方面他们不能一味的模仿。在这样的一个大的环境下很容易产生出企业家推动集群发展，而集群的发展也更促进企业家的精神发扬。

四 社会资本是家电集群发展的无形之手

（一）海尔的社会资本

海尔的社会资本主要体现在企业文化上面，体现在海尔对待员工、股东、社会等相关利益主体的理念上面。做一个好企业，青岛海尔始终秉承与社会合作共赢，与利益相关方价值共享的理念。对员工，青岛海尔积极倡导"我的成功我做主"；对股东，青岛海尔践行了"价值创造，注重回报"；对用户，青岛海尔信守"真诚服务，相伴永远"；对合作伙伴，青岛海尔主张"聚焦用户、资源共享"；对社会，青岛海尔长年坚持"积极回馈，无私奉献"；对环境，青岛海尔认真践行"珍视资源，可持续发展"。"独乐乐不如众乐乐，独发展不如众发展。"

员工是企业唯一可以增值的资产，也是最重要的资产。在依靠员工为用户创造美好生活的同时帮助员工成长、促进员工成功，是海尔社会责任的突出表现。在企业转型中，海尔创造性地使用了"人单合一双赢"模式和"倒三角"的组织结构，把员工转变为自主经营体，其本质就是对内以员工为中心，搭建员工创新的平台；对外以用户为中心，把员工从过去被动地听领导的指挥、完成领导确定的目标，变成和领导一起听用户的指挥、创造用户需求，共同完成为客户创造价值的市场目标。青岛海尔还将继续推进自主经营体的建设，以"我的用户我创造，我的增值我分享"为主题，最后实现员工"我的成功我做主"，让员工充分分享企业进步的成果与喜悦。

供应商与企业之间是一种战略合作关系，应提倡双赢机制。在青岛海尔，这种战略合作关系和双赢机制得到了放大。2010年，青岛海尔秉承一贯的合作理念，以模块化生产来为供应商谋福利，整合全球一流资源与供应商共发展。在与供应商的合作过程中，青岛海尔将之视为企业的"珍珠项链"，把一颗颗珍珠有机地串联起来，就能实现企业与供应商的心手相连，共同聚焦客户，达成资源共享。持续推进企业自身海外战略的同时，青岛海尔还积极整合全球资源，实现中国企业与各国优质供应商的协同发展。长期以来，青岛海尔与全球多国的多家大型企业保持着良好的合作关系，如美国的霍尼韦尔（Honeywell）、巴西的恩布拉科（Embraco）、日本的松下电器（Panasonic）、日本电产（Nidec）等。在与这些国际化供应商的合作中，青岛海尔打破了区域的限制，将各地资源实现最优化利用，为消费者打造最佳组合的家电产品；而外国供应商也通过与青岛海尔的合作成功进入中国市场，并借助青岛海尔的全球化扩张增强其品牌在国际市场上的影响力。青岛海尔与国际化供应商一同面对时代进步和需求转变，在共克难关、利益共享中形成融洽的合作氛围，携手推进全球资源的协同发展，从而实现社会效益在更广范围内的创造与分享。

青岛海尔以"虚实网"结合的模式为客户提供全面细致的服务。"虚网"指的是互联网，用户可以在网上根据自己的信息设计家电产品，提出自己的需求，海尔会迅速地提出反应方案和及时服务；"实网"指的是营销网、物流网、服务网，用户可以在营销网点实际了解产品，达成协议后海尔即会通过物流网第一时间配送到位，并利用服务网提供保养、维修、更新等各项后续服务。这种网上网下相结合的服务形态可以让用户更有针对性地找到目标产品，轻松高效地解决家电需求。

在互联网时代，消费者与企业之间的关系不仅是产品与服务的被动提供和消费，更是以多样化的形式进行沟通和互动，为提升消费者的家电体验共同努力。一方面，海尔的自主经营体主动发现用户需求；另一方面，海尔把消费者请来当设计师，让消费者自己设计产品，获得属于自己的个性化、实用化家电产品。海尔通过创造需求、满足需求，改写了传统制造企业与消费者的单一关系。

在奉献社会方面，海尔充分利用品牌力量——以更加全球化的品牌影响力来推动产业的升级和形象的提升，以更加公益化的品牌影响力来全面推动社会的进步。在这一过程中，不断加大与政府、社会组织和有关部门的合作，提高社会公益活动的参与程度，加大与社区和社会团体的互动，营造良好的社区环境。在保护环境方面，围绕"绿色低碳"的主题深化企业的改造，通过持续的产品创新与技术改造，不断完善绿色产业链的建设，努力实现节能减排的目标。

（二）海信的社会资本

海信的社会资本同样体现在企业对待供货商、经销商、客户、员工和社会的理念和态度上面。

对于供货商，海信推进战略供应商体系建设，促进长期稳定合作关系的建立和发展。公司重视合作方利益，提出"善待供方，就是善待自己"的理念。公司在不断优化各类材料的采购渠道的同时，形成了自己的核心供应商队伍，建立了长期的合作关系；公司不断加强供方管理，加大公司质量方针的宣传力度，增强供方质量意识，强化采购过程的监督和测量，严把质量关。公司实施对供应链质量的持续督导，按协议及时结算并支付货款，保障供应商利益不受损害。

对于经销商，公司坚持"互惠互利，合作共赢"理念，与广大经销商共同发展，共同成长。公司重视经销商网络建设，保证经销商渠道的合理利益，认真听取经销渠道的合理诉求，通过合理的销售区域规划、产品规划、价格策略、市场推广活动等，不断加大市场推广力度，优化市场推广投入模式，维护经销商的合理权益，确保规模提升的同时，同步提高盈利；在市场竞争激烈的形势下做到与经销商"同心合力、共谋发展"。公司建立了完善的售后服务体系，为广大的经销商、服务商，提供产品支持、技术传导等多方面的支持；公司重视品牌建设，以持续不断的品牌增值为经销商产品销售提供基础动力；协助经销商开展渠道分销和终端推广工作。

对于客户，海信本着"一日承诺，立信百年"的服务理念，打造全程无忧的平板消费新标准和全新升级的服务体系，为消费者提供更加贴心而专业的服务。海信制定了《海信平板电视安装6H服务标准》，明确制定了平板电视的安装服务标准。并从设计研发、生产组织、货源保证、渠道建设、产品销售、售后服务等各方面统筹安排，建立了适合农村消费特点的生产流通和服务体系。

对于员工，在海信的企业精神中，"敬人"被放在第一位，成为海信文化的核心诉求。具体表现为不断赋予员工有挑战性的工作目标和广阔的发展空间。坚持文化兴企、文化立企，从员工向往追求健康文明、高雅、和谐、进步的精神生活需求出发，海信一贯注重员工的文化生活和身心健康。海信高度重视员工的身心健康，形成了独具特色的海信健康文化。海信在员工保障，在薪酬福利、培训发展、职业健康安全保障以及员工业余文化生活等方面都形成了较为完善的机制；引领行业发展的资深技术专家、锐意进取管理团队以及高效的采购、销售各类人才所组建的稳定的员工队伍是海信牢固的人力基石。

对于慈善，扶危济困是中华民族的传统美德，慈善事业是以社会成员之间的爱心奉献与互助作为基本特征的一项特殊社会保障事业。海信一向十分重视社会公益事业，并积极组织员工参加社会公益活动。

第五节　青岛家电产业集群在 DMI 框架下的实证分析

本节依据 DMI 框架，构建青岛家电产业集群升级的计量模型，选取变量的合适指标，采用 1991 年到 2011 年的统计数据，对青岛家电产业集群升级中的要素进行实证分析，基本验证了 DMI 框架的合理性。

一　模型、指标设定和数据描述

（一）模型构建

根据 DMI 框架下青岛市的家电产业集群升级模型，选用家电产业销售利润，与分工变量（分别以电冰箱、洗衣机、彩电区位商）、市场变量（分别以电冰箱、洗衣机、彩电计算出来的产业集中度和青岛市外贸依存度）、制度变量分别构建电冰箱、洗衣机、彩电三种主要代表性家电产品的函数形式，如下：

$$\ln PF = \alpha_0 + \alpha_1 \ln P_1 + \alpha_2 \ln IC_1 + \alpha_3 \ln FTD + \alpha_4 \ln GN + \varepsilon \quad (1)$$

$$\ln PF = \beta_0 + \beta_1 \ln P_1 + \beta_2 \ln IC_1 + \beta_3 \ln FTD + \beta_4 \ln GN + \varepsilon \quad (2)$$

$$\ln PF = \gamma_0 + \gamma_1 \ln P_1 + \gamma_2 \ln IC_1 + \gamma_3 \ln FTD + \gamma_4 \ln GN + \varepsilon \quad (3)$$

式中，PF 表示青岛家电产业销售利润。P 表示区位商，代表分工变量，选取电冰箱、洗衣机、彩电计算，根据顺序定义为 P_1、P_2、P_3。IC 为产业集中度，代表市场变量，将分别根据电冰箱、洗衣机、彩电计算，根据顺序定义为 IC_1、IC_2、IC_3。FTD 为外贸依存度，也代表市场变量。GN 为政府干预程度，代表制度变量。

（二）指标设定

指标设定的基本依据是所构建的方程 1、2、3，结合数据的获得性来选择对应模型变量的对应指标。其中，各指标的具体含义如下：

（1）家电产业销售利润（PF）。选取青岛市家电产业销售利润作为因变量，用销售利润的大小表示家电产业集群升级的快慢。判断一个企业经营的成功与否，其中一个重要的指标就是利润值，盈利高反映企业能够适应市场，生产的产品竞争力强，并处于成长期，企业有动力进一步扩大生产规模来追逐更高的利润。由一个企业推及一个产业集群也是同样的道理，产业集群的总体的利润值上升了，显示这个产业集群有着很强的竞争力，并有向着企业规模扩大、产品数量增长的方向发展的动力，并且会积极地加大改革创新的力度，以维持其竞争力。

（2）产业集中度（IC）。产业集中度是指市场上的某种行业内少数企业的生产量、销售量、资产总额等方面对某一行业的支配程度，它一般是用这几家企业的某一指标（大多数情况下用销售额指标）占该行业总量的百分比来表示。一个企业的市场集中度如何，表明它在市场上的地位高低和对市场支配能力的强弱，是企业形象的重要标志。这里的产业集中度是指青岛地区家电业产量占全国的比重。该指标衡量家电行业中青岛家电产业集群在全国家电产业国内分工的地位，该数值越大，表示国内家电产业的分工越有利于青岛家电产业集群，反之，该数值越小，反映了青岛家电产业集群在国内分工中地位不大。

（3）外贸依存度（FTD）。产业集群在发展初期，主要依赖于国内市场。随着产业集群的发展和扩张，国际市场对产业集群的发展有重要影响。外贸依存度的高低对产业集群升级影响多大，是我们关注的一个重点问题。

（4）区位商（P）。区位商是产业的效率与效益分析的定量工具，是一种较为普遍的集群识别方法，是用来衡量某一产业的某一方面、在一特定区域的相对集中程度。区位商又称专门化率，在产业结构研究中，运用区位商指标可以分析区域优势产业的状况、区域分工的地位和作用等方面，是一个很有意义的指标。区位商指标计算公式为（区域某产业生产总量/区域总生产量）/（全国该产业生产总量/全国生产总量），通过计算某一区域产业的区位商，可以找出该区域在全国具有一定地位的优势产业，并根据区位商 P 值的大小来衡量其专门化率。P 的值越大，则专门化率也越大。一般来讲，如果产业的区位商大于 1.5，则该产业在当地就具有明显的比较优势。本书用的区位商计算是指青岛地区家电业产品产量占全国比重与该地区工业总产值占全国比重之比值。

（5）政府干预程度（GN）。政府对于经济有很重要的影响力，政府通过两种途径影响经济，一种是政府制定政策法律引导经济发展，另一种是政府直接通过政府消费和对政府资本的运作参与到经济活动中去。政府制定的政策法律对经济到底产生多大的影响难以数量化，本书采用政府对经济运行直接参与的指标，用年度政府财政支出与青岛本年度 GDP 的比值来衡量政府对经济的干预程度，如果比值大，反映当地经济发展中政府起很大的作用，反之，如果比值小，反映政府对当地经济发展主要是以服务为主。

（三）统计数据描述

根据上述所列影响因素和指标，选取 1990 年至 2011 年青岛家电主要产业数据，对青岛家电产业集群升级进行分析。数据来源于《青岛统计年鉴》、《山东统计年鉴》、《中国统计年鉴》。根据表 5-4 的数据，我们发现青岛家电产业集群的销售利润值平均为 10.51 亿元，总体呈缓慢爬升趋势，在 2002 年首次突破 10 亿元人民币，2004 年至 2008 年增幅出现小幅震荡后，从 2009 年开始一直稳定上升，至 2011 年达到 36 亿元，表明青岛家电产业集群还是稳步发展的。

表 5-4　　　　DMI 框架下构建模型的指标描述统计

（1990—2011 年）

统计值\指标	PF（万元）	P_1	P_2	P_3	IC_1（%）	IC_2（%）	IC_3（%）	FTD（%）	GN（%）
最大值	359403	19.54	12.75	8.04	36.53	27.42	15.99	113.55	9.95
最小值	2338	3.96	4.64	1.19	5.92	6.32	1.79	63.12	5.43
均值	105126.50	10.76	7.80	4.24	19.26	14.27	7.74	88.28	7.47
标准差	110909.87	4.48	2.60	2.28	9.78	7.24	4.75	12.62	1.16

数据来源：作者根据 1991—2012 年《中国统计年鉴》、《青岛统计年鉴》整理计算得到。

就区位商而言，电冰箱、洗衣机、彩电均值差别较大，分别为 10.76、7.80、4.24，电冰箱 1990 年区位商值为 3.96，在 2007 年达到峰值 19.54 后，此后几年开始下降，到了 2011 年只有 5.25；洗衣机 1990 年区位商值为 4.64，2004 年达到 12.75，此后开始下降，2011 年降到 5.72；彩电变化幅度相对于电冰箱和洗衣机较缓，从 1990 年的 1.19 缓升到 2005 年的 8.04 后开始降低，2011 年达到 6。（见图 5-8）

就市场集中度来看，电冰箱、洗衣机和彩电市场集中度均值分别为 19.25%、14.27%、7.74%，总体变化趋势与区位商值类似，电冰箱曾经是优势最大的产品，在 2006 年达到 36.53%，这说明青岛生产的电冰箱在全国占有绝对优势，但是到了 2011 年，数值为 8.26%，市场份额受到

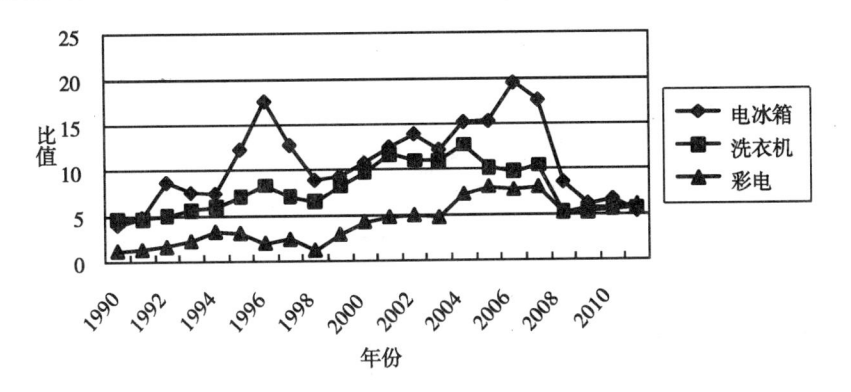

图 5-8 1990—2010 年青岛主要家电产业区位商

资料来源：作者根据 1991—2012 年《中国统计年鉴》、《青岛统计年鉴》整理计算得到。

了对手强有力的竞争而损失非常大；洗衣机同电冰箱一样，也是一类曾经有着绝对优势的产品，在 2001 年达到 27.42%，但是同样在 2011 年降到 9%，彩电是变化幅度较小的产品，但是也经历 2005 年的峰值 16% 后，2011 年降到 9.43%。就区位商和市场集中度来看，青岛家电产业集群的产品曾经优势非常大，但是近几年来，竞争力大不如前，下滑的非常明显。（见图 5-9）

从外贸依存度来看，均值为 88.28%，标准差为 12.62%，每年与均值差距较大，1994—1996 年和 2005 年都是大于 1，除这几年之外 2008 年以前在 0.8—1 之间徘徊，从 2008 之后开始下降，到了 2011 年达到 70.46%，从外贸依存度的趋势可以判断，青岛市从发展外向型经济开始向国内市场逐步转移，但总体来说，青岛市的发展很大部分是由于外贸带动的，青岛家电产业集群作为青岛市经济的重要支柱，同国外企业的合作也是不可或缺的。（见图 5-10）

就政府干预程度来看，均值为 7.74%，1991—1996 年，财政支出占青岛市 GDP 的比例低于 7%，其余年份稳定在 7%—10% 之间，特别是 2010 年、2011 年政府支出比例超过了 9%，比以前的年份有所加大，政府对于当地经济的直接介入越来越大。（见图 5-11）

二 实证检验结果

表 5-5 给出了回归分析结果。模型 1-6 分析了青岛市家电行业销售利润与所选取的分工变量、市场变量、制度变量之间的数量关系。从模型

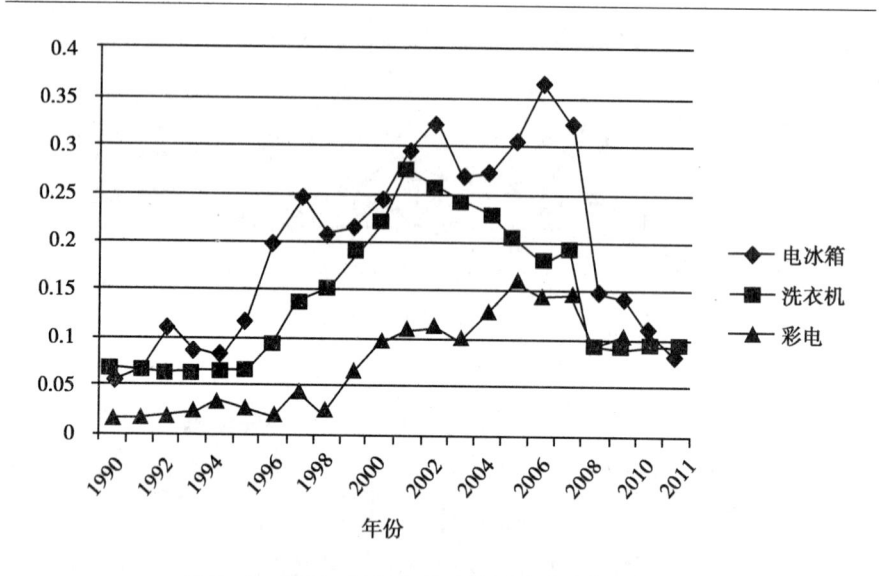

图 5 – 9 1990—2011 年青岛主要家电市场集中度

资料来源：作者根据 1991—2012 年《中国统计年鉴》、《青岛统计年鉴》整理计算得到。

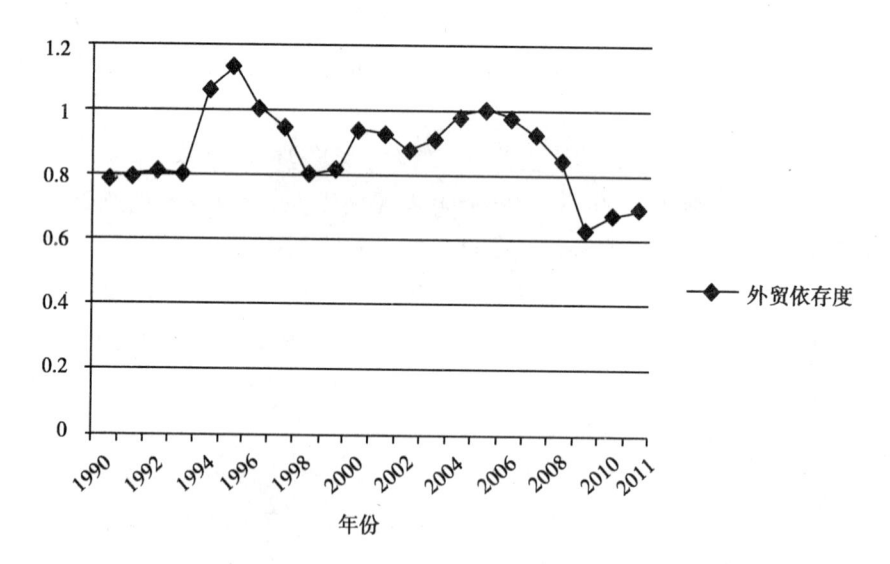

图 5 – 10 1990—2011 年青岛外贸依存度

资料来源：作者根据 1991—2012 年《青岛统计年鉴》整理计算得到。

1—3 的统计结果显示，在模型 1、3 中电冰箱、洗衣机、彩电的区位商、市场集中度、政府干预程度的统计结果均在 1% 水平下显著，在模型 2 中，洗衣机的区位商和政府干预程度结果稍差，分别在 5% 和 10% 水平下

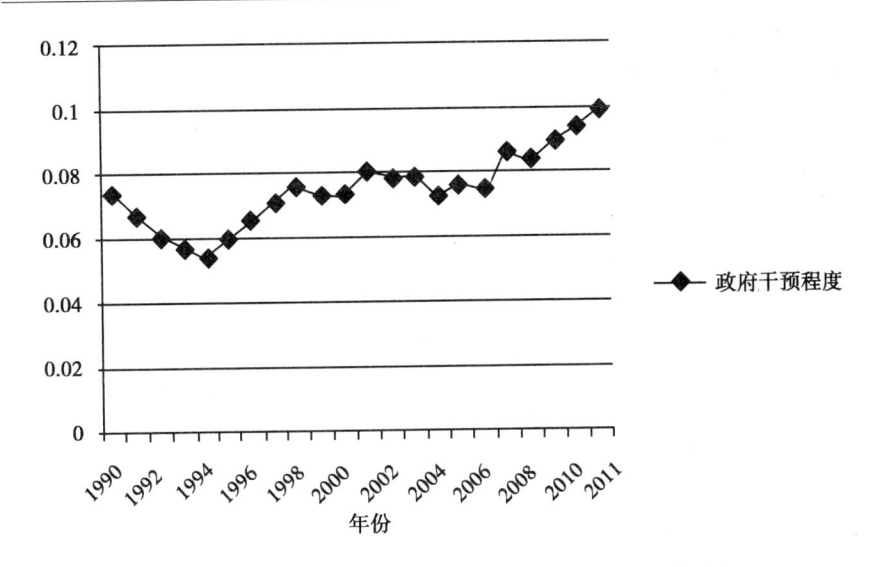

图 5-11　1990—2011 年青岛政府财政支出占 GDP 的比例

资料来源：作者根据 1991—2012 年《青岛统计年鉴》整理计算得到。

显著；模型 4—6 的统计结果显示，在加入新的变量外贸依存度后，整个模型来看，虽然拟合优度有所上升，但是外贸依存度在模型 4—6 中 t 检验不显著，也导致了其他变量显著性变差。总的来说，模型 1、2、3 结果较为理想。

从系数上来看，分工变量区位商的系数都为正值，且统计数值在 2.30—3.17 之间，说明青岛家电产业集群在国内的产品价值链上分工还是有一定的优势的。市场变量市场集中度的系数都为负值，且统计数值在 −2.74— 2.03 之间，说明青岛家电产品在整个国内市场的市场份额是处于萎缩状态的。外贸依存度的系数为负值，说明青岛家电还是比较依赖国际市场的。政府干预指标为正值，系数在 2.52—3.63 之间，说明政府干预在产业集群发展中还是起非常大作用的。

表 5-5　　　　　　　　　　计量检验结果

	因变量为家电行业销售利润 Lnpf					
	模型 1	模型 2	模型 3	模型 4	模型 5	模型 6
$\ln P_1$	3.17***			2.97***		
$\ln P_2$		2.30**			2.30*	
$\ln P_3$			2.79***			2.41***

续表

	因变量为家电行业销售利润 Lnpf					
	模型 1	模型 2	模型 3	模型 4	模型 5	模型 6
$\ln IC_1$	-2.74***			-2.19**		
$\ln IC_2$		-2.30***			-2.30**	
$\ln IC_3$			-2.03***			-1.51*
$\ln FTD$				-1.56	0	-0.80
$\ln GN$	3.63***	2.52*	2.63***	3.18**	2.52*	1.95*
R^2	0.77	0.73	0.81	0.81	0.73	0.82
Adjusted R^2	0.72	0.67	0.76	0.74	0.63	0.75

注：*、**、*** 分别代表在 10%、5%、1% 的水平上显著，没有 * 的系数在回归中没有表现出显著性。

从上述回归方程式比较中得出，电冰箱、彩电的区位商系数较大，说明青岛市电冰箱、彩电产业在全国优势更大一些，洗衣机产业在全国的优势较小；从产业集中度的系数得出，青岛的电冰箱在全国的优势减弱的速度较快一些；从外贸依存度来看，电冰箱和彩电更依赖于外贸。就政府干预程度指标统计结果来看，产业集群要想发展离不开政府的政策引导和扶持，更离不开政府对经济的直接干预。总的来说，模型1、2、3结果较为理想，但只是从70%左右的程度解释了产业利润增长的原因。

第六节 青岛家电产业集群升级的问题与对策分析

虽然青岛市家电企业集群发展较为成熟，在部分领域拥有一定的优势，但是在其发展过程中，尤其在国际竞争中，也暴露出了一定的问题。

一 青岛家电产业集群升级面临的问题

青岛家电产业集群是大企业主导型的产业集群，集群内众多中小企业成为大企业的配套企业，在分工链条中处于被动服从地位，产业集群升级面临的问题主要在于配套企业发展滞后，拖累整个家电产业集群升级。

第一，集群内部分工合作不足。

随着产业链条的加长，进入集群的企业不断增多，在大量企业进入的同时，企业之间的专业分工会越来越细，越来越明确，随之企业的专业化水平会不断提高。专业水平不高将直接影响到企业的生产成本、产品产量、质量、资金周转等多个方面，甚至影响上下游产业的发展。青岛的家电企业集群主要是依托龙头产业来发展的，配套企业之间的联系较少，专业分工还处于比较低的水平，空间上的紧密并没有使该区域集群内的企业之间形成紧密的联系，各企业之间交流较少，并且缺乏有效的信息、技术、资金、人才的流动路径，企业只是作为家电产业中孤立的点而存在，没有形成整体合力。

第二、技术创新乏力

青岛市的家电企业集群基本处于产业链的中下游，主要从事一些加工、组装等低收益、低技术含量产业，而这些产业不利于进行技术创新，易造成产品的趋同化，扩大集群内企业之间的竞争。聚集受益率高的研究和销售环境并不多，具有差别性的高级技术性原创产品较少，收益率低。企业研发能力低，是与国内家电行业总体研发能力不足密切相关的。国外的家电研发主要是在功能、性能上下功夫，而我国仅停留在外表设计上。大多数企业的发展都是购买国外产品的核心技术和购买国外代表产业发展趋势的新技术，如空调业压缩机生产、变频空调生产技术等。

核心技术受控于人一直是国内家电业的"软肋"，它造成的直接后果：一是利润大量流失，二是产品同质化严重。多年的事实证明，国内企业在核心技术方面，无论是资金的投入，还是研发的基础，都与欧美、日本等发达国家有很大差距，在世界家电业竞争日益激烈的背景下，这将使我国家电企业处于极为不利的竞争位置。以平板电视为例，占整机成本70%的液晶显示屏，其主要的生产技术都掌握在日韩家电企业手中，我国彩电企业根本没有多少话语权，在同国际知名品牌的竞争中除了一降再降的价格别无其他武器可用，这对行业的发展是极为不利的。

同时，与家电企业密切相关的配件企业也大都不具备研发能力，有的甚至连基本的研发设备和技术人才都没有，他们的工作不过是按照厂家的图纸和要求完成生产任务而已；同时还要面对种种不利情况：一方面上游材料涨价，另一方面下游整机企业却还要想办法压价；一方面银行贷款困难，另一方面整机企业拖欠货款，有时还遭整机企业罚款，这使得配套企业生存困难。

第三、知识产权意识薄弱

家电配套企业主要靠依附于龙头企业而生存，本身的自主创新能力就不是很强，与大学等研究机构的联动性也有待发展，但是在青岛还是涌现出了很多高科技企业，这些企业在产品的功能上、生产产品的工序上等方面都会有一些自己的创新，但是知识产权保护意识相对薄弱，因而造成了一定量的技术外漏，失去了特色经营、差别化产品的优势，扩大化了集群的内部不良竞争，对集群的发展形成了威胁。

第四、区域品牌观念缺失

目前青岛虽然坐拥一大批国际知名企业，这些企业的发展给青岛带来了良好的国际美誉度，并且带动了本市的产业发展，形成了以龙头企业为中心的家电企业集群。但是作为占青岛市更大经济份额的家电配套企业来说，基本上还是处于一种单打独斗的状态，仅仅是为了获取自家利益，没有从企业更长远发展的角度上来思考，没有形成营造集群品牌、区域品牌的概念，即使处于集群之中的企业，也缺乏对区域品牌的责任感。

第五、中介服务机构数量少

为产业集群内家电企业服务的行业协会、创业中心（孵化器）等中介服务机构数量太少，而且这些中介机构相互之间缺乏联系，没有形成相互分工协作的关系。另外，这些中介服务机构的整体效益低，不能满足青岛家电产业的发展需要。同时在服务对象上，这些中介机构大都实施"抓大放小"的政策，对不同所有制、不同规模的企业实施不同的政策，热衷于海尔、海信、澳柯玛等大企业集团发展，而对中小企业的发展采取冷漠态度，甚至还对家电中小企业收取不合理的费用。

第六、软环境建设落后

青岛家电产业集群在对于家电产业发展环境建设上，把战略重点放在了扩大园区的规模、提高园区基础设施水平等这些硬环境建设上。然而集群发展不仅仅依靠硬件环境的建设，它还需要软环境的配合。该地区家电产业集群内的软环境建设却相对落后，如集群内部企业管理机构不健全和管理体制相对落后、集群内有效的市场监督体系没有建立、集群内有效的投融资机制没有建立等，这些软环境的缺失在一定程度上对集群的发展产生了不利的影响。因此青岛家电产业集群要想得到提升，就要做到软硬两个环境都要兼顾。

二 青岛家电产业集群升级的对策建议

（一）分工方面

1. 加强分工协作，给消费者提供最好服务

青岛的家电产业一直是追赶着发达国家的产业步伐，承接着发达国家的产业转移。作为制造业的重要基地，青岛的家电产业非常重视产品技术的研发工作，而对伴随着信息时代到来的新生产方式重视不够。现在消费者的需求能很快地反馈到生产者那里，生产者根据消费者的要求对产品的设计、生产、销售、服务等方面进行改变，当单个企业很难完成上述一系列的活动时，有相关的企业集群共同分工协作提供上述服务就成为必要。现在的生产不但是某个企业的事情，要想给消费者提供最好的家电、最好的服务，就需要集群内企业分配好、合作好，共同发展才是未来生产发展的方向。

2. 依靠创新驱动，提升家电产业集群的核心竞争力

近几年来，随着家电业的发展，家电行业已经由技术密集型产业向劳动密集型产业转移，家电业生产技术趋同，产品越来越同质化，家电业的主要竞争手段就是价格。随着家电业规模的扩大，国内的市场越来越狭小，竞争越来越激烈，家电产业链上的各个阶段的利润空间已经压缩到一定程度，可供降价的幅度也越来越小，因此，单靠价格竞争已经不能解决当前的竞争需要。现在越来越多的企业已经意识到单靠价格竞争不能建立起本企业的核心竞争力，价格竞争不符合一个企业的长远发展，只有技术创新才能建立起一个企业的核心竞争力。因此，面对家电产业的利润越来越小，而消费者的需求越来越高，国内家电行业将竞争的重点放到附加值较高和技术含量高的新产品开发上，许多新型多功能、环保型、节能型、健康型的产品研发出来满足广大消费者的需求。因此，加大技术投入力度，开发科技含量高的产品，将产品的实质性差异变成企业持久生存的根本动力，这样才能不断地满足市场出现的新需求，建立起新的经济增长点。

青岛家电集群的突出优势即龙头企业的企业技术创新能力。通过加快区域创新体系建设来提升集群内部核心家电企业以及配套企业的技术创新力度，成为其盈利战略制高点。但整体创新体系尤其是中小家电企业创新能力的薄弱也是集群必须认真面对的问题。

技术创新能力作为技术能力的组成部分，其构成有多种分类。从技术创新由产品创新和工艺创新构成的认识考虑，技术创新能力可分为产品创新能力和工艺创新能力。创新所需的核心技术应来源于企业内部的技术突破，要依靠自身力量，通过独立的研究开发活动而获得。

所以，如何突破技术引进的瓶颈，由共性技术创新向自主创新的基础——内生创新过渡，继而在国产化基础上进行二次创新，才能从根本上促成集群创新体系的建立。对于家电集群，无论是白色家电传统产线的升级换代，还是家电产品的绿色环保技术突破，都要求集群企业的内生创新。

3. 加大研发投入，通过构建专利池提升国际竞争力

首先，家电企业应加大科研经费投入，要使研发投入占销售总额的比例达到5%以上，如我国的华为公司把知识产权战略作为企业发展战略之首，其核心是专利战略。从华为成立之初就有了把销售收入的10%用于研发的规定和传统。而青岛家电出口工业企业的研发投入在3%以上就很少见了，因此家电企业应加大研发投入，确立研发投入增长的目标。

其次，青岛市家电企业拥有的专利很少，单个企业很难突破国际家电巨头的知识产权壁垒。但是青岛家电企业很多，如能把所有的家电企业各自有限的专利集合起来，建立青岛家电业的专利池，那这个专利池必会对国外家电巨头产生一定的威慑作用，增加青岛市家电企业的谈判筹码，增加以专利换专利的可能性，提升价值链技术含量，这对青岛市乃至中国整个家电产业提升国际竞争力是有益的。

（二）市场方面

1. 强化销售渠道建设，适应互联网时代多样化市场的发展

家电企业之间的竞争除了价格竞争之外，还存在销售渠道的竞争。家电企业最初时生产企业少、产量少，是处于高档消费品，处于一个供不应求的局面，随着家电企业的增多，企业规模的增大，家电生产技术的成熟，家电市场出现了供过于求的局面。如何增大企业的竞争能力，对于销售渠道的控制成了重要环节。从产品销售渠道来看，家电生产厂商注重对家电零售终端的控制，尽量减少中间环节，以此来减少销售费用，使得销售渠道向专业化方向迈进，从而使得企业销售模式能够适应多样化市场的发展。另外，大型家电连锁店的地位不断攀升，少数几家大型家电连锁店控制着主要大城市的终端市场，并且大型家电连锁店对产业控制能力越来

越强，大型家电连锁店凭借着市场覆盖率高，同时具有采购规模优势和成本优势，对进入其卖场的家电在产品定价和货款交割上具有主动权。家电产业集群如何处理好与大型家电连锁店之间的关系，使双方合作共赢成为家电产业集群需要研究的课题。

随着互联网时代的到来，电子商务成为家电行业越来越重要的销售渠道。传统渠道为保持增长在向下开拓市场，而电商渠道下沉成为必然趋势。各个家电企业纷纷建立电子商务平台。互联网冲击传统销售渠道，更加注重消费者参与度，厂家与电商在寻求新型合作关系，同时还要利用大数据资源，重构消费者需求要素，持续提升用户购物体验。未来家电领域的竞争关键在于用户体验和提升为用户服务的能力。

2. 创国际名牌，塑造世界级企业

鼓励优势家电企业发挥技术、品牌、销售网络及服务等方面的优势，通过企业上市、资产重组进行快速扩张，形成若干个能够与国际大企业、大集团相抗衡，代表现代化水平、核心竞争力强的大企业、大集团。企业通过产业内的重组和整合可以打破国有资本、民营资本和外资之间的界限。家电产业的重组和整合，使企业之间竞争对立关系得到缓和，企业之间通过资源共享的合作越来越多，使整个产业集群向合理化方向发展。不同规模企业之间的联合发展，互相之间就品牌进行整合，通过各种纽带促成各种资源的集聚和优化配置。

青岛以海尔、海信为首的家电企业在借鉴、吸收世界先进技术的同时，逐渐形成了自己的科研体系并拥有较好的人才储备和培育机制，这使得青岛家电集群具有和国际品牌相较量的实力。青岛家电产业集群应该努力使自己的家电品牌成为世界级品牌，因为青岛家电产业集群已在国内有了超强的品牌基础，并且有着地方政府的大力支持，青岛的家电群体在依托已有的产业集群平台基础上应向高新技术、高端产业发力。用高端、高科技、高附加值的产品，完成自身产业形象的重塑，进而无论是在规模还是在技术实力上都要达到世界级家电企业的水平，让青岛成为世界级的家电产业集群基地。

（三）制度方面

1. 发挥地方政府的引导与扶持作用

首先，政府应帮助企业和科研机构建立合作基地和研究平台，以实现家电领域前沿、新兴、交叉技术和项目的交流、对接和转化，同时对现有的传统家电企业通过咨询、培训、指导等手段，促进技术进步、工艺改进、产品升级换代。

其次，政府应引导产业集群转型发展，致力于加快培育大的企业，积极推动企业从 OEM（贴牌生产）向 OBM（自主品牌）转型，引进全球品牌 OBM 企业与本地企业合作，从而提高集群企业的国际化程度，使企业可以在更高的层次参与国际竞争，为创立国际闻名的区域品牌奠定基础。

再次，政府通过设立名牌战略发展基金，安排专项资金来扶持区域品牌的发展，鼓励引导更多企业积极建立自有品牌，利用政府帮助企业品牌发展的资金投入带动企业在开拓市场、开发品牌上加大投入，为创立更多的企业名牌创造条件。

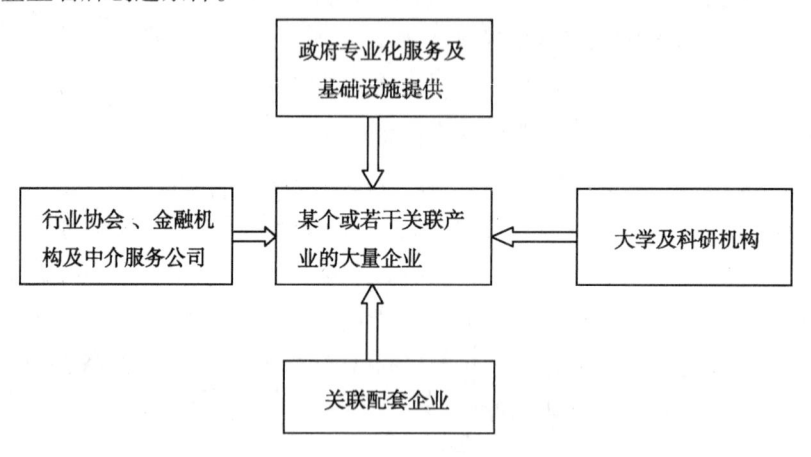

图 5-7 产业集群支撑组织体系

资料来源：Rak Vorrakitpokatom. Revisit of Industrial Clusters.

2. 强化中介服务机构的作用

在一个完整的产业集群中，不仅包括政府、大量相互关联的企业，还包括其他的一些相关的支撑机构，比如行业协会、科研院所、中介机构与企业（见图 5-7）。然而，我国大部分的产业集群与支撑组织机构之间存在严重的脱节现象，主要表现为中介服务机构的作用没有很好发挥。

行业协会是产业集群的重要组成部分，其在产业集群创新过程中能起到重要作用，可以通过对集群的公共干预而有所作为，引导企业实现创新和功能升级，以应对快速变化的市场机遇，从而获得竞争优势和经济效益。而且无论政府还是企业，都有积极参与行业协会的动力。政府构建集群内的行业协会的根本目的在于为企业创新服务，促进集群发展。具体表现在：引导集群内企业间的合作创新行为，促进企业构建其自身核心竞争力；为企业建立信息交流和学习提供条件，推动集群内企业之间的知识创新的溢出；通过典型企业的成功经验，实现对其他企业的带动效应，推动产业集群的经济快速健康发展。企业参与产业集群内的行业协会的积极性很高，其"目的多重性"通常表现在：弥补企业资源和能力的不足，借助外部资源，特别是那些企业无力建设的技术平台、设备以及基础设施；通过集群内的行业协会知识共享，缩短创新周期，提升自身创新能力，增强企业自身核心能力，提高竞争力；扩展新市场，增加地域势力，提高市场份额或实现全球化战略。

高校科研机构应发挥基础作用，为产业集群提供强大的科技支撑；金融机构应重视创新创业投资，深化投融资改革体制，创新投融资渠道和方式，建立招商引资平台，为行业协会建设提供坚实的资金保障；科研中介组织应积极发挥纽带作用，为行业协会提供优质的科研服务保障。

强化零部件配套企业建设，完善家电产业链。通过稳固的市场、可靠的供应渠道，强化产业群内各行业主体之间的联系和结构，通过价值链环节分解衍生出一批配套企业，与龙头企业配合协调，提升大企业主导产业集群价值链的竞争力。

核心企业如何选择和提升配套企业，海信集团的模式值得借鉴。在电解电容、变压器等通用元器件及核心部件领域，海信在同等条件下优先选择青岛地区的分供方；为提高分供方的技术水平，海信采取"拉、帮、带"等方式，要求分供方参与设计，实现协同发展。此外，海信还通过自身的产品换代和产业升级，拉动新的配套企业发展；引进江苏晶石等外地企业投资，在青岛本地发展配套；自主投资扩大为松下、日立、三星、LG等国际大公司的配套，大力提升配套产业的规模和水平。

3. 鼓励集群企业间联合创新机制的建立

以劳动密集型为主的产业集群内，生产要素价格较低，这些在企业或产业集群成长的初期是有利条件，但随着产业的发展，这些优势会逐渐消失。成本的优势不会成为一个家电企业的核心竞争力，企业要想保持长久的竞争力，就必须从劳动密集型向资本、技术密集型转变。产业集群要想发展，必须增强企业自身的创新能力，增加对技术创新的资金投入。创新需要不断的资金投入，而这种投入在短期内难以见效，特别是在信息经济时代，创新的风险和技术复杂程度不断的增加，这就需要研发机构之间的合作和研发投入的增加。单个企业，无论是大企业还是中小企业，独自研发和创新的风险是很大的，如果集群内企业都联合起来，建立一种创新合作的机制，共同创造一个研发基地，共同投入研发资金，成果共享，费用分摊，对于参与其中的企业来说，都会获得不少好处。

第六章 DMI 框架的实证分析（Ⅱ）

——以山东纺织产业集群升级为例

改革开放以来，纺织业的发展主要以产业集群的方式来进行的。山东省是我国纺织行业第三大省，是中国纺织工业的重要基地之一，因此，以山东纺织业为例分析产业集群升级，具有代表性、合理性和可行性。当前关于产业集群的统计工作还没有正式开展，纺织集群的统计数据难以得到，但是通过对纺织业的数据进行分析，基本能够说明纺织业产业集群的升级问题。本章以山东、江苏、浙江、广东、福建、河南等省统计年鉴为数据来源，通过比较分析，运用 DMI 框架，概括山东纺织产业集群的特征，指出山东纺织产业集群升级的问题与对策。

第一节　山东纺织产业集群的特征分析

山东是全国主要的纺织工业大省和重要的服装服饰大省，有较为完整的产业分工体系，具备一定的竞争能力，产品销售市场广阔。本节依据"分工—市场—制度"分析框架，分析山东纺织产业集群的主要进展和特征。

一　山东纺织产业集群发展规模与竞争力

改革开放以来，山东纺织业得到长足的发展，已经形成门类齐全（包括化学纤维、棉纺织、色织、印染、毛纺织、针织复制、麻纺织、服装、纺织机械、纺织器材等）的完整工业体系，是山东省支柱产业之一。2013 年，全省有规模以上纺织企业 4344 家，实现主营业务收入 11437 亿元、利润 712.7 亿元，均居全国第二位；全省有规模以上服装服饰企业 1309 家，实现主营业务收入 2170.3 亿元、利润 141.1 亿元，分别居全国同行业第四位和第二位。纱产量居全国第一位，布、呢绒、无纺布分别居第二位,印染布、化纤、服装分别居第五位。由此表明,山东纺织产业集群在全国具有竞争优势。

但是,从纵向分析来看,2005年以来,山东纺织业出现增长速度放慢的趋向(见图6-1),2012年有所提升,但是还是低速增长,表明山东纺织业的竞争优势面临挑战,产业集群升级问题逐渐凸显。

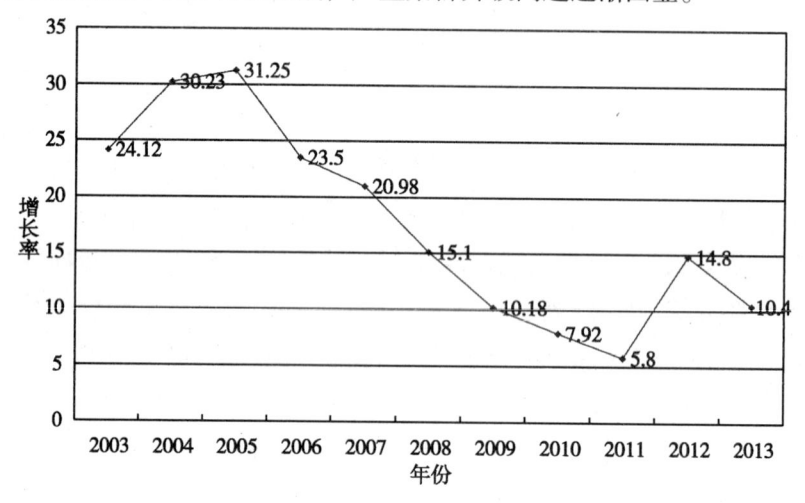

图6-1 2003—2013年山东纺织业工业增加值增长率

数据来源:根据《2004—2014山东统计年鉴》整理。

二 山东纺织产业集群分工特征

(一)大中型企业在产业分工链条中处于领导地位,在集群发展中起引领作用

纺织行业是指将棉花、化纤等各种天然或合成高分子材料经过生产、加工制得,可以提供给纺织服装行业使用的纺织原料的工业部门。其产业链分工环节主要包括:棉花种植、化纤生产、纺织印染以及辅料的生产等,最后将产品供应至纺织服装行业。其主要的产业分工链条示意可以参见图6-2。

山东省纺织行业的产业集群已形成纺纱(毛纺)—织布(针织)—印染—服装(家纺)完整的产业分工链条,这是其他省份所不具有的。省内很多集群已经形成工业园区,各个工业园区基础设施完善,配套设施齐全,为一些骨干企业的发展壮大提供了广阔的空间。

经过多年发展,山东省纺织服装行业在各分工环节均涌现出一批优秀

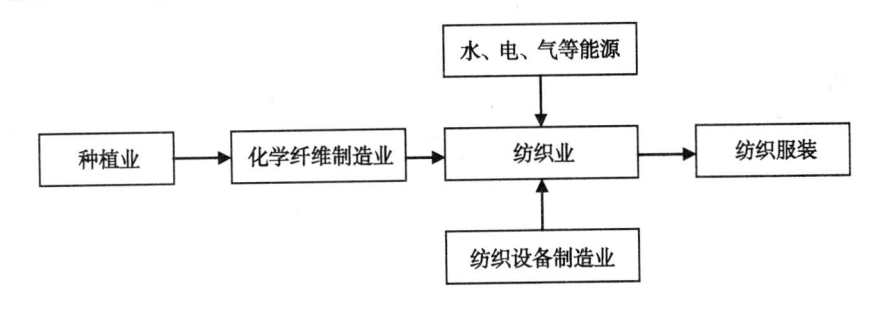

图6-2 纺织行业产业链分工

资料来源：转引自《纺织行业风险分析报告2012》。

的标杆式企业，如魏桥、鲁泰、兰雁、德棉、即发、南山、如意、孚日、亚光、大海、万杰、烟台氨纶、新郎等。在2012—2013年度中国纺织服装企业竞争力500强企业中，山东省有69户，占15%，其中，前5位中山东省占有3席。

大企业在产业集群发展中起引领作用。魏桥纺织是目前世界上纺织能力最大的棉纺织企业，也是中国最大的纺织品服装出口企业，在中国纺织行业长期处于领导地位。鲁泰纺织股份有限公司为外商投资股份制企业，A、B股上市公司，拥有从棉花育种、棉花种植，到纺纱、漂染、织布、整理、制衣的生产，直至双线品牌市场营销的完整纺织服装产业链，是全球产量最大的高档色织面料生产商和全球顶级品牌衬衫制造商。

(二) 山东纺织集群具有技术优势

山东纺织产业集群具有明显的技术优势，2010年以来，山东省纺织服装行业荣获国家科技进步奖1项、国家发明奖1项、中国专利金奖1项、省部级科技进步奖135项（其中一等奖13项），[①] 有国家纺织产品开发基地企业10个，拥有省级以上企业技术中心88个，其中国家级企业技术中心14个。

近年来，在原有积淀的竞争优势基础上，山东省纺织企业在推进和实践科技进步、加快自主创新、推进产业升级等方面积极探索，在一些对企业发展有较大制约的关键技术和工艺上取得重大突破。一批优势企业在带动全省纺织行业进技术革新方面发挥了积极作用。鲁泰纺织股份有限公司的"棉、麻面料服装免烫抗皱加工技术的研究"、山东海龙股份有限公

---

① 中研网讯：2014年10月31日，http://www.chinairn.com/news/20141031/09245196.shtml.

司、青岛大学的"阻燃抗熔融纤维新材料及纺织品的研制开发"、滨州华纺股份有限公司的"圣麻纤维高档服饰面料"、德棉股份有限公司的"特高支舒适家纺系列面料"等成果,比较集中地展示了山东省纺织企业的综合技术与竞争实力。

(三) 区域分工较为明显,在不同地区形成特色纺织产业集群

纺织业集群省内区域分工明显。2013 年,全省纺织服装行业共有省级以上纺织服装产业集群 30 个,其中国家级产业集群 21 个。已被中国纺织工业协会授予的名城镇有:即墨中国针织名城、昌邑中国印染名城、诸城中国男装名城、郯城中国男装加工名城、海阳中国毛衫名城、文登中国工艺家纺名城、胶南王台镇中国纺机名镇、高密中国家纺名城、邹平中国棉纺织名城、高青中国棉纺织名城、嘉祥中国手套名城和周村中国纺织产业基地。工业园区建设迅猛发展,魏桥、即发、如意、鲁泰、兰雁、绮丽、新郎、桑莎、青岛、威海等纺织服装园区已颇具规模。

区域分工在全国范围也有所体现,山东是全国的棉纺织大省,纺织业居全国前列(见表6-1、表6-2、表6-3)。从纺织行业的资产分布情况来看,我国纺织行业的资产主要集中于江苏、浙江、山东、广东和河南等地;2011 年前五个省市的资产合计占到了我国纺织行业总资产的73.84%。总体来看,我国纺织行业区域集中度较高。

表6-1　　　　2011 年 1—12 月纺织行业资产区域分布情况

	企业个数	资产总额(亿元)	同比增长(%)	比重(%)	累计比重(%)
全国	22484	19935.74	15.50	100.00	
江苏省	5217	3974.89	14.41	19.94	19.94
浙江省	4966	5130.45	13.75	25.73	45.67
山东省	3026	3060.10	12.22	15.35	61.02
广东省	2343	1589.84	11.38	7.97	69.00
河南省	1007	964.98	31.38	4.84	73.84
福建省	880	1037.31	19.19	5.20	79.04

资料来源:转引自《纺织行业风险分析报告 2012》。

从纺织行业的销售收入分布情况来看,2011 年 1—12 月我国纺织行业销售收入排名前列的仍是江苏、浙江、山东、广东和河南等地;前五个省市的销售收入合计占到了全行业的 72.30%,与资产前五名的集中度基

本持平。

表6-2　　　　2011年1—12月纺织行业销售收入区域分布情况

地区	销售收入（亿元）	同比增长（%）	比重（%）	累计比重（%）
全国	32772.66	25.68	100.00	
山东省	7145.08	25.62	21.80	21.80
江苏省	6180.09	16.54	18.86	40.66
浙江省	5606.98	18.90	17.11	57.77
广东省	2808.87	24.85	8.57	66.34
河南省	1952.54	43.91	5.96	72.30
福建省	1587.53	32.34	4.84	77.14

资料来源：转引自《纺织行业风险分析报告2012》。

从纺织行业的利润分布情况来看，利润较多的省市是山东、江苏、浙江、河南和广东等；利润排名情况与资产分布和销售收入分布情况类似，山东省的资产规模和销售利润收入均居于全国榜首。从集中度来看，前五名省份利润总额占比达到72.4%，与资产集中度类似。

表6-3　　　　2011年1月—12月纺织行业盈利区域分布情况

	利润总额（亿元）	同比增长（亿元）	资金利润率（亿元）	销售利润率（%）
全国	1753.64	28.07	16.23	5.35
山东省	445.77	22.66	32.70	6.24
江苏省	311.13	21.16	13.72	5.03
浙江省	260.01	12.96	8.15	4.64
河南省	160.52	37.06	36.55	8.22
广东省	93.20	25.07	10.45	3.32
福建省	86.45	44.19	14.99	5.45

资料来源：转引自《纺织行业风险分析报告2012》。

从中国目前的纺织业集群发展状况来看，以江浙为主的长江三角洲和以广东为主的珠江三角洲地区纺织业集群都显示出极大的竞争优势，山东省纺织业集群已经成为环渤海三角洲地区纺织业发展的重要支撑点。

（四）参与国际分工程度与FDI比重低于浙江等省份

出口交货值占整个纺织产业销售产值的比重，以及外商投资的情况，可以反映该省纺织行业参与国际分工的程度。根据表6-4，山东纺织业出口交货值的比重低于沿海其他四省，外商直接投资总额也明显小于其他四省。山东纺织业参与国际化的数量具有明显优势，但是参与国际化的整体水平有待提升。

表6-4　　　　　2012年山东等五省纺织工业销售产值与
出口交货值以及FDI情况　　　　　单位：亿元

省份	工业销售产值（当年价格）	出口交货值 总额	出口交货值 比重（%）	港澳台资本	外商资本
山东	9862.63	1000.69	10.15	39.47	78.97
江苏	12004.78	1899.73	15.82	199.57	263.31
浙江	10021.00	2226.47	22.22	310.65	188.57
广东	5172.60	1356.01	26.22	375.99	158,59
福建	3399.35	579.12	17.04	260.46	70.92

资料来源：根据国研网"2012年纺织规模以上工业企业按地区分主要经济指标"整理。

三　山东纺织产业集群市场特征

（一）山东纺织产业集群与专业化市场相互促进

专业市场可通过利用其产品集聚功能和信息集聚功能来提高纺织产业集群的整体营销能力，进而提高集群品牌的知名度和美誉度。专业市场是众多原材料、辅料、服装等纺织产品的集聚地。专业市场上的产品品种齐全，而且价格公平合理，从而会吸引大量的国内外的购买商。这些专业化市场促进了纺织产业集群的发展。目前山东省的服装市场主要有济南洛口服装城、临沂服装城、即墨服装城、淄川服装城、聊城服装城等，这些服装城已经具备了相当的规模及辐射范围。由于专业市场具有信息集聚功能和垄断优势，即专业市场汇集了产业的市场供需、价格、质量等方面的大量信息，结果一方面使产业群内部的厂商能根据销售商及时反馈的市场信息迅速组织产品生产；另一方面还可以使买卖双方较方便、并以较低的信息搜索成本，获得比较完全的市场信息，从而在很短的时间内达成交易。

比如，文登市为推动家纺产业更快更好发展，以建设国内重要的家纺产业基地和原辅材料集散地为目标，举办多次"中韩（文登）工艺家纺博览会"。该博览会面向国内外客商，推广宣传文登的家纺产业，为家纺企业搭建产品展示、交易平台，吸引企业前来配套，进行产业对接，满足当地巨大的原辅材料及加工设备需求，有1000多家国内外参展企业使文登家纺产业更快地走向国际更大的市场。

（二）纺织业外贸出口依存度较低

山东省目前形成的纺织业集群虽然都有一定的出口贸易，但是整体国际化程度不高。如果把纺织行业出口依存度定义为出口交货值比工业销售产值，即出口依存度＝出口交货值/工业销售产值，那么由表6-4可以看出，2012年山东纺织业出口依存度为10.15%，是全国五个纺织大省（江苏、浙江、广东、福建、山东）中最低的一个省份，广东出口依存度最高，达到26.22%，其次是浙江为22.22%。

（三）山东纺织产业集群在国内外形成了广泛的销售网络

山东纺织业的内销市场，特别是纱、布等初加工产品的销售市场，主要集中于长三角、珠三角一带。纺织服装产品出口遍及五大洲，出口市场按出口额排序依次为：日本、美国、欧盟、非洲、韩国、东盟、香港、澳大利亚，以上市场占全省纺织品服装出口总额的85%左右。

魏桥纺织集团在2008年底，在国内拥有30个省市约达8300名客户，其中很多是位于华南及华东地区的大型纺织和制衣公司；在国际上有遍及20多个国家及地区的810多名海外客户，其中包括伊藤忠、福田实业集团和德永佳集团等纺织业内的市场领导者。

（四）自主品牌优势逐渐强化

山东的纺织企业正通过自主创新，全力打造自主品牌。逐步由"代工基地"向"自主研发"快速转型，通过由"中国制造"向"中国创造"的转变。改变为国外知名企业做贴牌生产的格局，在依托引进先进技术的同时，企业创新意识增强，部分企业已成功转型，逐步创建自主品牌，并得到市场越来越多的认可。2013年，全省纺织业拥有中国驰名商标38个、山东省著名商标178个，及一大批国内外知名名牌。

四　山东纺织产业集群制度状况与特征

（一）政府对纺织集群的扶持力度比较大

为推动纺织产业集群升级，政府制定了各种规划，如2009年发布《山东省纺织工业调整振兴规划》，2010年颁布《山东省纺织工业"十二五"发展规划》，2015年1月颁布《山东省纺织服装产业转型升级实施方案》；出台了许多优惠政策，如放宽民营家纺企业的注册资本限制、降低税费等举措。一些纺织企业之所以在短时期实现跨越式成长，原因在于政府在土地、资金、税收等政策方面的大力扶持。纺织工业协会和地方政府在促进纺织业集群发展方面起到了很好的作用，很多集群都得到了政府政策的优惠和支持。比如，文登市成立了家纺产业局，与市中小企业局合署办公，加强了对家纺产业集群的指导、协调和服务。

（二）涌现出一大批优秀纺织行业的企业家

山东纺织产业集群的发展离不开企业家的作用，每一个成功企业的背后都有一个优秀企业家，如山东魏桥创业集团董事长张士平、魏桥纺织股份公司董事长张红霞、新郎希努尔服饰公司董事长陈玉剑、山东宏诚家纺公司董事长刘明、孚日集团总经理孙勇、山东德棉集团有限公司董事长总经理王加毅、山东银仕来控股董事会主席刘东等。这些企业家在企业和集群成长的关键阶段起到了决定性的作用，企业家的科学及时的决策、非凡的管理才能、凝聚团队的人格魅力，在改革开放时期成为企业快速发展壮大的决定因素。

同时，企业家的作用还体现在推动和谐劳动关系方面。2014年山东省总工会授予4位纺织行业的企业家"山东省富民兴鲁劳动奖章"，这4人是：华纺股份有限公司董事长、总经理王力民，滨州东方地毯有限公司总经理崔旗，山东康平纳集团有限公司副总经理蔺永高，聊城冠县冠星纺织集团总公司副总经理张巧菊。他们在推进和谐劳动关系工作中遵规守法、扎实有效，广大职工的满意度高，企业整体发展效果好，成为山东省纺织行业构建和谐劳动关系工作中的先进标杆。[①]

（三）传统文化对山东纺织业发展产生深远影响

拥有良好的纺织服装文化传统，是山东纺织产业集群成功的制度因素之一。山东自古以来人口众多，物产丰富，尤其桑蚕、棉花产量丰富，适合发展纺织业。

山东重视纺织业发展的文化传统可以追溯到春秋战国时期。自春秋战国以来，山东地区特别是以临淄为中心的齐地纺织业突飞猛进的发展，为陆上和海上丝绸之路的开辟提供了保证。临淄一带生产的纺织品，尤其是丝织品，自春秋战国至魏晋时期均是国内最负盛名的产品，在国内纺织业

---

① 全球纺织网：《3纺企4位纺织企业家获山东富民兴鲁劳动奖状》，http://www.tnc.com.cn/info/c-013003-d-3474644.html。

独占鳌头长达数百年之久。[①] 战国初年，齐威王任用邹忌进行改革，齐国曾出现欣欣向荣的局面。在齐国都城临淄，纺织业发展极快，特别是丝织物的种类向多样化、精美化发展，出现了绸、纱、罗、纨、绮、缟等许多新品种。汉代产自山东的纺织品，除由陆地运送长安外，还通过黄河、济水等水路运输。山东丝绸生产的中心临淄靠近济水，通过水路外运极为方便。北方海上丝绸之路，亦称"东海丝绸之路"，是先秦至隋唐时期自山东沿海经辽东半岛、朝鲜西海岸到日本南部的一条海上交通线。以山东为源头的北方海上丝绸之路开始于先秦时期，兴盛于秦汉魏晋时期。它与汉代通西域的丝绸之路是互相联系、互为影响的。

改革开放以来，山东纺织业取得跨越式发展，成为山东的支柱产业之一。这和山东纺织业的发展历史息息相关。山东各地棉花丰收，涌现出一大批棉纺厂，棉纺织业发达。20世纪90年代，随着民营纺织业的兴起，服装、家纺产业集群不断发展壮大。同时，山东也是民营炼油企业最多的省份，石油化工为化纤纺织业提供了丰富的原料，涌现出一批化纤纺织集群。

（四）纺织集群治理模式以购买者驱动为主

产业集群治理分为购买者驱动和生产者驱动两个类型。山东纺织产业集群治理模式属于购买者驱动，大型纺织企业在纺织产业集群中成为领导企业，能够利用品牌效应压低原材料或者半成品价格，获得成本优势。也可以把纺织分工价值链条的各个环节纳入自己的生产体系，通过纵向一体化降低每个环节的生产成本。纺织产业集群中大企业领导的治理模式，能够有效制定共同规则，增强了企业之间联系的有效性，提升了集体学习能力和信任水平，这是山东纺织产业集群竞争力的主要制度优势所在。

第二节　山东纺织产业集群升级的问题与对策分析

当前，山东各地纺织产业集群均面临着一些新问题，原材料成本居高不下、人力资源紧张、节能减排压力大等问题，山东纺织产业集群传统竞争优势受到挑战，需要转型升级。

[①] 朱亚非，《山东早期的纺织业与北方海上丝绸之路》，齐文化大观，2005年11月24日，http://www.univs.cn/newweb/univs/sdut/qlwh/2005/11/24/323382.html。

一 山东纺织产业集群升级面临的问题分析

从技术分工、产业结构，到市场和品牌，再到政府服务，山东纺织产业集群升级面临一系列问题，这些不利因素对纺织产业集群企业产生了许多不良影响。

（一）自主创新能力弱，装备技术水平相对较低

研发能力和研发资本投入的不足，阻碍了纺织工业产品创新能力和核心竞争力的提高。缺乏高端的设计人才、企业自主创新能力弱，是山东纺织集群最大"软肋"。根据2004年经济普查数据，规模以上纺织工业企业研发投入比例仅为销售收入的0.25%。化纤行业高一些，也仅达0.47%，与发达国家平均5%的投入水平差距很大。

山东省棉纺行业除大型龙头骨干企业装备水平较为先进外，中小微棉纺企业装备相对落后。印染整个行业装备技术水平的差距更大，设备自动化程度相对较低，工艺设备数控化、物流设备数控化、生产流程中央数控化三大关键技术亟待突破，先进的印染自动化装备受发达国家垄断且价格昂贵，极大地制约了印染整个行业的发展。

（二）产业结构不够合理，初加工比例较高

山东省纺织服装产业结构以棉纺织初加工产品为主，与南方先进省市相比，多数产品处于价值链中低端，精、深加工能力相对较弱，分工协作和专业化程度较低，最终产品比例不高，高附加值特别是掌握核心技术、有定价权的产品较少，服装、家纺、产业用纺织品等精深加工产品占比较低。[①]山东服装业与纺织业产值比例仅为0.27:1，而广东为1.25:1。最终产品比例不高，企业间的关联度较低，分工和专业化程度不高，不仅不利于经济效益和竞争力的提升，而且对产业链的延伸、产业集群的发展具有较大的阻碍作用。

棉纺织集群是山东特色集群，规模是全国第一。山东纺织业已步入一个误区，形成一个发展怪圈："利益驱动→社会资金聚集→初加工能力增长过猛→棉花缺口加大"。2006年，山东纱产量达476.66万吨，棉花缺口270万吨，原料资源不足日益严峻。缺少对山东纺织业投资方向的引导和调控，造成初、粗加工能力过快增长，重复建设加重，从而引发恶性竞

---

① 中研网讯：2014年10月31日 http://www.chinairn.com/news/20141031/09245196.html。

争，影响山东纺织业健康持续发展。

（三）专业化商贸市场发展缓慢

与珠三角和长三角先进省市相比，山东省纺织服装市场功能不全，档次低。有些市场如济南泺口、淄川、临沂综合性服装市场，虽然起步很早，但发展不快，辐射带动作用不强。省内专业市场多为中转型二、三级批发市场，知名度不高，无法与粤浙苏等大型批发市场相比。

（四）国内品牌有一定发展，但是国际品牌较弱

品牌建设和时尚创意设计能力不足。山东省纺织服装产品销售以贴牌加工为主，有较强竞争力的知名品牌数量少。山东省服装类的知名名牌远少于浙江、江苏、广东等先进省市。2014年胡润服装家纺行业品牌价值榜中，前十大品牌中福建、江苏、上海和浙江各有2个，北京、广东各有1个，山东省无一品牌上榜。服装、家纺时尚创意产业设计能力不足，公共服务平台不健全，女装、童装、外衣化针织服装相对薄弱。

国内高档纺织品服装市场大多被国际知名品牌和二线品牌所占据。纺织品服装出口是以贴牌加工为主，自主品牌产品的比重很低，尤其是还没有知名国际品牌，缺乏对出口营销渠道的控制力。OEM使服装加工工艺一流，也是必经之路，却限制了企业创名牌走市场化的道路。许多服装企业只热衷于为国外名牌做贴牌（OEM），而不愿耗费时间去培育品牌。对服装品牌的理解过于肤浅，只考虑市场销量，不考虑服装的科技、时尚、审美等元素的含量。中国服装业缺乏现代意义上的OEM企业，因此抵抗不利经济环境和同行业竞争的能力较弱，主要表现在：一是依赖单一出口商。中国外销型服装上市公司中大多以少服装品牌、多贸易公司，以日本为主要的出口市场，其实质是日本的大型贸易公司在华的加工基地；二是依靠单一产品结构，中国出口产品集中于加工程序较为简单的常规大类品种，产品出口结构与大多数低端服装出口国雷同，抗竞争能力较弱；三是资本投入偏大。大量的资本和固定资产投入使企业市场变化后难以快速进行业务调整，大大减低了其抵御经济周期和结构风险的能力（李冰，2006）。

（五）推动山东纺织产业集群升级的现代服务业发展较为滞后

融资渠道不广阔。山东省纺织业集群大部分是自发形成的，外部资金投入十分有限；同时由于产业层次低以及社会信用保障机制不够完善，群内诸多中小企业向银行直接融资难度较大。而在广东省很多纺织业集群最

初都是由港澳台商人投资形成，拥有很大的资金优势。

行业协会不健全。行业协会没有很好地起到加强行业自律、价格自律、制定行业标准、举办商贸活动的作用。

二 山东纺织产业集群升级的对策分析

山东纺织产业集群升级必须依靠自主创新，形成区域分工优势；占领产业分工链条的高端环节，必须依靠新兴服务业；提升品牌层次，必须依靠制度创新，强化集群服务平台建设，提升纺织产业集群的整体竞争力。

（一）加大纺织集群自主创新力度，发展纺织服装高端制造业

进一步细化产业分工，发展高技术、高附加值、时尚化、差异化终端产品制造业；发展资金密集型、技术密集型、科技含量高的化纤、产业用纺织品、纺织机械制造业；用高新技术改造传统产业，提升现有纺织产业集群水平，培育特色区域品牌。

比如文登市纺织集群以服装、家纺两条产业链为重点，组织开展面料设计、针织服装设计、休闲服装设计、系列家纺产品设计和民族家纺产品设计等设计大赛，营造设计人才成长的良好氛围。同时，加快建立以企业为主体的技术创新体系，中型以上企业普遍建立企业技术中心和工程技术研究中心，到2010年，创建国家级企业技术中心5个，省级以上企业技术中心达到60家。骨干企业要加大科技创新投入，技术研发费用占销售收入比例达到3%以上。

文登市工艺家纺业在产品结构调整中，注重高新技术的开发和应用，不断提高产品科技含量和质量，推出新品和精品。先后成立的中德医用微生物学、感染学、职业医学研究中心，山东云龙复合（仿生）纺织材料工程技术研究中心，山东云龙家纺设计技术开发中心，山东省艺达电脑绣工程技术研究中心以及山东万得生态技术研发中心等机构，带动了技术和设备创新。目前，全市拥有各类生产设备5.2万台（套），40%达到或超过90年代国际先进水平，60%达到或超过90年代国内先进水平；引进了一大批国际最先进的电脑绣花设备，仅大型飞梭电脑绣花机就有280台，一台可替代1048名传统绣工，既解决了招工问题，又大大提高了劳动生产率。

（二）海陆联动推进纺织产业区域转移，形成梯度产业分工格局

中央和省委、省政府把纺织工业列为重大战略性发展产业，给予重点

扶持。山东省打造半岛蓝色经济区、开发建设黄河三角洲高效生态经济区、建设西部经济隆起带等战略部署，为纺织工业的发展提出了更高要求，同时也为纺织产业集群升级提供了重大机遇。

通过海陆联动实施产业转移，是山东纺织产业集群升级的主要路径。通过兼并重组或新增投资等方式将沿海纺纱、缫丝、织造、制品等部分制造环节转移到具有一定产业基础的中西部地区；支持有订单的沿海纺织企业通过采购和经营合作等方式，加强与中西部地区纺织企业合作；鼓励优势纺织企业以技术和管理方式加强与中西部地区纺织企业的对接。

在省内东部，以青岛、威海、烟台为龙头，把胶东半岛建设成为面向日韩欧美发达国家、辐射全国、带动全省的现代化纺织服装研发、营销基地。利用日、韩工业转移机遇，加快与外商合资合作及引进高新技术步伐，建好高档服装和家纺产品基地，提高产品附加值。

在省内中西部，发挥潍坊、德州、菏泽、聊城等地现有纺织初加工能力强和原材料资源丰富的优势，加快技术改造步伐，搞好新型原料应用研究，开发特色产品，提高产品档次和附加值，尽快发展成为纺织服装加工与特色纺织产品产业带。

工业园区是纺织业区域性结构调整最有效的载体，各市要充分发挥现有优势集群，搞好工业园区建设。如威海以文登工艺家纺产品，潍坊以孚日家纺、新郎服饰，滨州以魏桥纺织、亚光家纺等为重点，培育龙头企业，提升现有工业园区和产业集群水平，逐步形成特色鲜明、功能齐全的纺织工业基地，推进区域经济协调发展。用好纺织工业园区平台，省内东部建高档服装和家纺产品基地，省内中西部建成纺织服装加工与特色纺织产品产业带，形成各具特色、比较优势明显的梯度产业分工格局。

（三）打造自主品牌，提升纺织集群国际竞争力

品牌应该是服装企业的追求目标。纺织行业已有175个产品获中国名牌称号，但没有一个世界名牌，培育自主品牌除了在提升产品自身的物质品质和文化品位方面付出努力外，企业传统管理经营方式也影响了企业出口营销渠道的开拓，培育自主品牌和掌控营销渠道，成为纺织行业迈进高端供应链和提高纺织品附加值的关键。

在面临劳动力成本上升、原材料及能源等涨价的情况下，有自主品牌、有溢价能力的企业就拥有了更强的抗风险能力。诸城市纺织服装行业是以服装、棉纺和针织为主的产业集群，被中国纺织工业协会命名为

"中国男装名城",集群中已形成新郎男装、中纺金维、兰凤针织等几个领军企业。新郎希努尔男装近年来着力打造品牌形象,加大品牌文化建设,以高技术保证高质量,并推出"终身免费干洗"等服务,极大地提高了品牌的附加值和美誉度。在集团公司的连锁店遍布大江南北的基础上,新郎希努尔2004年开始另辟蹊径构建国际化销售终端——建立品牌超市,实行规模经营,展示企业形象,增强品牌吸引力。当年重点开拓河北、河南、江苏、安徽、四川等地市场,至今已在全国设立品牌超市100多家。新郎希努尔服装借此稳踞江北市场,无缝隙覆盖山东,形成辐射全国的大市场格局。同时,在技术创新与人才储备方面,集团按照国际化标准,拥有了吊挂流水线等国际尖端生产设备和一流的人才队伍,建成了中国境内800余家连锁店和海外30余个营销机构,产品远销亚太、欧美等几十个国家和地区。

实施"走出去"战略。支持纺织企业"走出去",充分利用两种资源、两个市场,整合资源,延伸产业链,开拓市场渠道。鼓励和引导优势企业"走出去",通过新设、并购、参股等形式建设境外生产研发基地、设立境外合作区、建立营销网络等,同时通过境外商标注册、品牌收购和推广等手段开展品牌国际化建设,培育具有较强核心竞争力的国际化纺织企业,推进跨国公司发展,实现企业生产要素在全球范围内的优化配置。

推进国际交流合作,在绿色环保、节能减排、标准互认、社会责任等方面,加强与国外纺织行业相关机构和企业之间的合作。利用国际先进技术和智力资源,实现引进技术的消化吸收和再创造,推动我国纺织标准体系与国际接轨,实现社会责任体系的国际互认。加强与贸易相关方的沟通理解,减少贸易摩擦。积极开展多边、双边政府间对话及行业交流活动等,鼓励跨国公司在我国设立产品研发和设计中心,促进在纺织技术、品牌、人才等方面的交流和合作。

(四)大力发展现代服务业,加强纺织产业集群公共服务平台建设

进一步加强产业集群公共服务平台建设,增强服务功能,提高服务水平;重视发挥东部纺织服装专业市场作用,满足国内外客户一站式采购的服务需求。强化电子商务平台建设,保证电商销售份额快速提升。加强"山东纺织网"等各类行业信息服务平台建设,为行业各类企业提供行业规划信息、政策信息、标准信息、市场信息、时尚信息、产品信息,建立和完善行业产品、市场、企业数据库,完善商品统计系统,市场信息监测

预警、预报系统，数据库检索分析系统，为宏观调控与决策服务。

设立山东省服装产业发展基金，通过建立引导资金平台，吸引社会投资，为服装产业创造创新、人才品牌培育、市场展示开拓等提供资金支持和保障。

加强研发平台建设，为科技创新提供机制和制度支撑。充分发挥科研院所和高等院校人才优势，构建纺织高新技术、产品研发基地和设计中心。

促进其他与纺织业发展有关的行业的进一步发展，如出版业、展览业、运输业、信息业和通讯业等的发展，为纺织业的发展创造良好的发展氛围。

第七章 DMI 框架的实证分析（Ⅲ）

——以山东铝产业集群升级为例

产业集群升级主要受到产业分工、国内外市场和制度环境的影响，本章根据"分工—市场—制度"分析框架，分析山东铝产业集群升级。结果表明：在分工层面上，铝产业低端产品在市场上占的比重高，高端产品、高附加值产品占的比重较小；区位熵大于1，表明山东铝产业在全国的区域分工中占有重要地位；从市场层面上看，山东铝行业在国内市场的市场集中度比较高，四大企业的比重较高；在原材料上，山东铝土矿大部分是靠进口，而出口较少，大部分氧化铝产品是销售到国内市场；在制度层面上，大企业占有比重较高，且以民营企业为主，表明铝行业的制度环境还是比较灵活的。但是，在山东铝产业还存在着铝土矿过分依赖进口、氧化铝电解铝铝加工能力不配套、高精铝产品加工能力低、自主创新能力弱、产业组织结构不尽合理等结构性矛盾。依此结论，本章从分工、市场和制度三个方面提出建议。

第一节 铝产业分工链分析

铝是重要的战略资源，在国民经济生活中广泛应用于建筑、包装、交通运输、电力、航空航天等领域，是国民经济建设、战略性新兴产业和国防科技工业不可缺少的基础原材料。我国氧化铝、电解铝、铝加工材的产量都位居世界前列，电解铝的表观消费量居世界第一位。经过50多年的发展，山东省铝产业已形成从发电、氧化铝、电解铝、再生铝合金到铝加工材较为完整的产业体系。2012年原铝（电解铝）产量196.9万吨，列河南省、青海省之后，占全国产量的10%，居全国第三位；氧化铝产量1094.3万吨，占全国产量的29.1%，居全国第二位。山东铝产业在取得明显成就的同时，还存在诸多问题，尤其在节能减排、产业升级、结构调整、循环经济、环境保护等方面，而这些问题大多可以通过产业集群升级方式解决。因为铝产业是一个产业链紧密相连的产业，具体产业链条如图7-1所示。从图7-1可以看出，铝行业的产业链首先从铝土矿中提炼出的氧化铝，而氧化铝是生产电解铝必不可少的原材料，这期间都要电力的支持。然后，把电解铝轧制成各种半成品，再经过铝加工方可变成各种铝产品，供建筑、包装、交通运输、军工、电器、机械制造行业使用。所以，从中可以看出铝行业是自然资源依赖性和能源消耗性的产业，也是一个用途广泛的产业，是我国国民经济的重要战略资源。

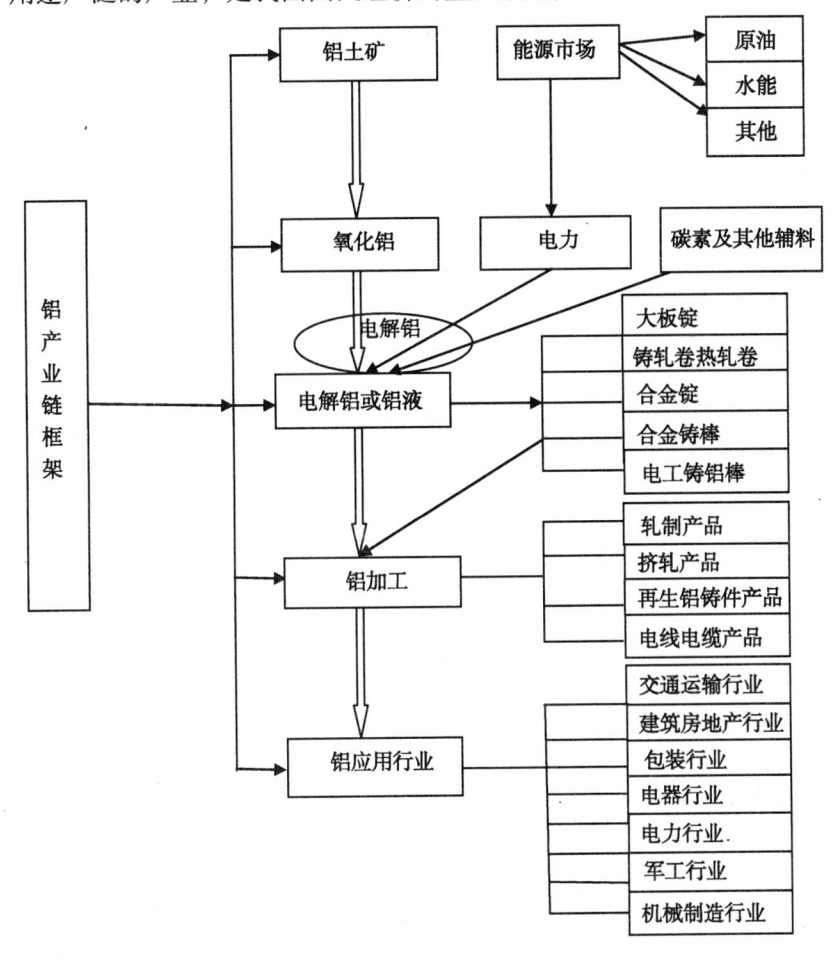

图7-1 铝产业分工链条框架

产业集群升级就是集群通过其内部的个体间，加强经济业务合作网络和社会关系网络，以及通过外部，加强和全球企业的联系，嵌入全球价值链，以增强集群竞争力，获取更多的价值增值，达到集群的可持续发展目的的活动（刘芹，2007）。集群升级的实质是集群竞争优势的获取与提升。

第二节 山东铝产业集群升级特征分析

山东铝产业主要有四大铝产业集群，分别以烟台南山集团、淄博山东铝业集团、邹平魏桥创业集团、茌平信发集团为龙头企业，包含了氧化铝、热电厂、电解铝、铝材加工等整个产业链条主要环节，从而使得山东成为全国电解铝产量前三大省。

一 山东铝产业集群规模大、发展迅速

山东铝产业一直保持稳定发展，是山东省支柱产业之一。从图7-2、图7-3可以看出，2000年以来，山东的电解铝、氧化铝、铝合金和铝材的产量一直处于快速增长阶段，电解铝占全国的比重在25%左右，氧化铝占全国的比重在10%左右，可见山东铝产业规模较大。2011年、2012年山东铝材产量分别为656万吨，占全国的21.36%，这与山东铝产业集群以生产电解铝和氧化铝为主有关，而很多铝材企业围绕大企业进行产业链延伸，合作生产下游产品铝材。

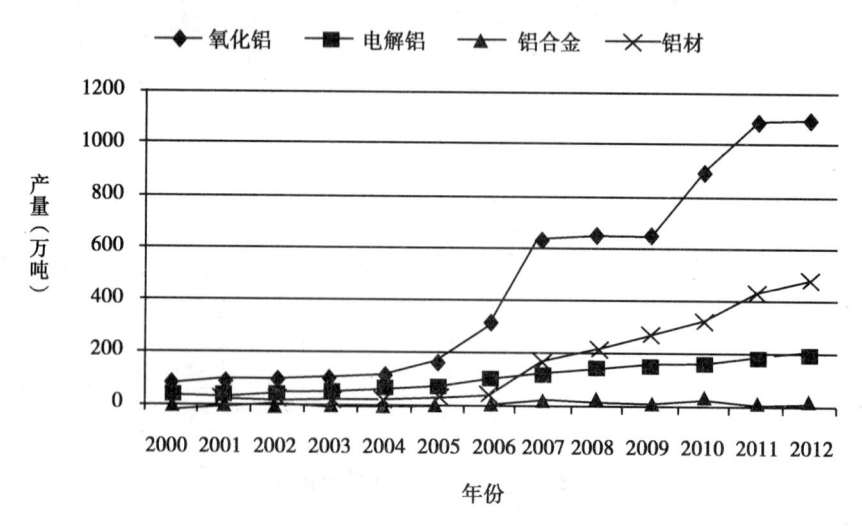

图7-2 2000—2012年山东省电解铝、氧化铝、铝合金和铝材产量

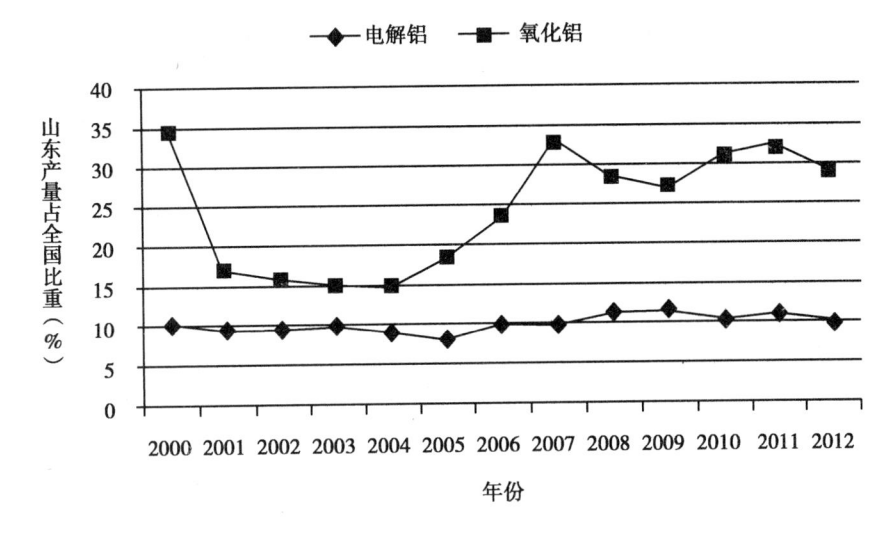

图 7-3 2000—2012 年山东省电解铝、氧化铝占全国比重

二 山东铝产业集群分工特征

产业集群分工主要体现在企业数目多少、大小、产业链分工、研发投入和区域分工状况等。

(一) 铝产业集群围绕大型企业业务分工发展

山东省铝产业集群是以围绕大型企业建立发展起来,山东有五家大型铝企业,分别是山东南山铝业股份有限公司、山东魏桥铝电、中国铝业山东分公司、山东信发铝电集团、山东兖矿铝电,由此也形成了四大产业集群,即龙口市南山铝产业集群、茌平县信发铝产业集群、邹平县铝产业集群、淄博张店铝产业集群。

茌平县信发铝产业集群是以信发铝电集团为依托,充分发挥热电联产、铝电联营的产业优势逐步发展铝产业集群,产业链条为"氧化铝→电解铝→铝锭(铝杆)→铝板带(铝型材、汽车轮毂)→铝制汽车散热器",围绕此产业链条的企业共有 130 户,其中,规模以上龙头企业 48 户,这些企业的技术装备水平高,科技创新能力强,自主创新能力突出。集群从业人员 31000 余人,2012 年实现营业收入 130 亿元,利税 14 亿元,实现出口创汇 2.3 亿美元。

信发集团是国内铝企业快速成长的典型性企业,产能扩张迅速,创造出了公司引以为傲的"信发速度"。公司一方面在铝行业的纵向产业链上延伸，集热电、供热、氧化铝、电解铝、碳素、氟化盐及铝深加工于一身。另一方面，公司在利用现有资源的基础上，在横向产业链上向电石、烧碱和PVC产业拓展，形成了有色化工产业集群。公司现有氧化铝产量600万吨，在氧化铝及电力方面具备极大优势。除山东外，公司在广西、山西和新疆等地大量进行氧化铝和电解铝投资，预计未来电解铝产能为120万吨。

魏桥铝电为魏桥集团下属企业，国内最大的电解铝单体企业，实际产能达到120万吨。公司拥有自配电厂，是国内唯一一家不需上网的企业，省却了0.1元/度上网费，在成本上具备得天独厚的优势。魏桥铝电专注于电解铝生产，通过与周边上下游企业紧密合作，形成产业集群效应，群内产业链上下游都能够获取正常的行业利润。由于上下游企业非常集中，使得公司生产的电解铝中70%以铝液形式销售，进一步优化了产业链结构，反过来强化了集群效应。公司还特别注重下游铝加工企业的扶持，对于增长较快，管理较好的下游企业，公司会有一定程度的资源倾斜。对于行业内的"西进"现象，公司近期没有这方面的打算，主要以立足本地为主。

山东南山铝业股份有限公司是山东铝行业唯一一家上市公司，也是在山东乃至全国产业链最完整的公司之一，逐渐形成了从电力、氧化铝、电解铝到铝型材的完整产业链。公司利用长单协议以及龙口港口优势，从而使煤价维持在一个较低的成本之内。通过使用拜耳法工艺以及天然气，大大节约了氧化铝制造成本和电解铝冶炼成本。公司特别注重往下游发展，引进了目前国内最先进的1.7万吨的挤压设备，是业内第一家同时获得中国南车和中国北车认证的铝加工企业，所生产的铝型材都是具备高科技含量和高附加值的品种，在深加工领域形成了资金、技术和设备壁垒。为进一步提升这种优势，公司还积极走出国门，投资在美国印第安纳州建厂，希望将世界上最先进的技术为我所用。

山东兖矿铝电为兖矿集团下属企业，兖矿集团是一家大型的煤、电、铝一体联产企业，电解铝产能15万吨，在行业内产能规模并不大，这与兖矿集团的身份似乎并不匹配。究其原因在于作为一家国有大型企业，积极响应国家调控高耗能行业的政策，后期没有进行产能扩张。但兖矿集团并未放停前进的脚步，积极往海外拓展，向上下游发展。往上游进军澳大利亚，参股大型煤矿和铝矿。下游引进15000吨/年的大型挤压机，向高附加值的铝加工行业进军。集团年产煤3千万至4千万吨，集团内部煤价采取调整制，远远低于市场煤价，这也是兖矿铝电得天独厚的低成本优势。

中铝公司山东企业（山东铝业公司、中国铝业山东分公司）位于山东省淄博市张店区。现已发展成为以氧化铝、化学品氧化铝、电解铝及其再生铝合金、水泥、氯碱生产为主体，集采矿、加工、科研、设计、机械制造、建安、热电供应、内外贸易、职业教育、医疗卫生等于一体的现代化大型联合企业。公司产品有130余种，广泛应用于冶金、化工、建筑、国防、交通、电子、生活耐用品等领域。主要产品年产能氧化铝200万吨、化学品氧化铝80万吨、电解铝及再生铝合金13万吨、水泥300万吨、烧碱15万吨、金属镓20万吨、碳素制品4.5万吨、机械制品1.5万吨、铝型材2万吨。

（二）产业链条全，但高附加值产品少

山东铝产业链比较健全，但是高附加值产品少，主要占据了产业链的上游，如2012年山东电解铝、氧化铝、铝材占全国比重分别为9.85%、29.01%、16%，可见，铝行业的低端产品所占比重比较高，铝材所占比重16%。

（三）山东铝行业技术先进

山东省重点铝企业的氧化铝和电解铝生产采用了拜耳法短流程工艺、160千伏安以上大型预焙电解槽，开发了高精度铝及铝合金板带箔、高性能结构型材、无缝管材等高附加值产品。南山集团主要开发高端铝型材，信发、魏桥在电解铝生产上都采用先进的技术。

（四）全国区域分工中占重要地位，产业集群重复建设

山东省内铝产业集群以生产电解铝和氧化铝为主，存在区域之间的分工不清晰、产业结构趋同，优势产业少，产业集群和主导产业不够突出，带动性强的大企业、大集团不多等问题。

区位熵又称专门化率。区位熵指数（LQ）是指一个给定区域中产业占有的份额与整个经济中该产业占有的份额相比的值。

$$LQ = (E_{ij}/E_i)/(E_{lg}/E_k)$$

式中，E_{ij}具体指山东地区铝产业的产值，E_i是指山东地区生产总值，Ekj指的是全国铝产业的产值，E_k指我国生产总值。

经计算，2012年山东省区位熵大于1，说明山东省在全国的铝产业中

发达，发展水平高。

从表 7-2 中可以看出 2009—2012 年各省市的电解铝产量，可以看出山东省电解铝产量基本在前五名内，表明山东省铝产业在全国分工中占有举足轻重的地位。

表 7-2　　　　　　2009—2012 年各省电解铝产量（万吨）

	2009	2010	2011	2012
河南	315.99	366.32	392.516	368.84
山东	210.17	248.55	187.712	196.89
内蒙古	124.5	162.01	176.715	179.404
青海	101.43	160.63	175.274	203.195
宁夏	93.72	102.6	119.333	152.351
甘肃	72.5	81.79	121.76	176.005
山西	73.74	90.53	105.609	105.574
贵州	60.35	72.16	87.966	104.349
云南	44.14	60.81	95.1195	89.4707
四川	65.75	95.82	79.2578	62.1458
广西	53.89	67.91	65.1009	65.6208
湖北	28.57	40.7	35.4634	28.6319
湖南	23.26	29.41	32.855	33.593
浙江	12.81	17.85	15.3046	15.3394
陕西	29.18	29.47	29.4806	29.891
辽宁	8.91	20.06	21.1548	26.3159
江苏	10.12	10.85	10.998	11.2506
重庆	16.43	14.35	10.4827	26.7867
新疆	5.19	12.43	29.4099	93.1974
福建	6.36	10.56	14.6606	14.9969
黑龙江	0.43	0.27	0.32	0.34
合计	1357.01	1695.25	1806.49	1984.19

资料来源：根据产业信息网数据整理。

三　山东铝产业集群市场特征

（一）铝资源的外贸依存度达到 60% 以上

中国铝土矿质量较差，优质铝土矿自给率不足，随着国内新建铝产能的陆续投产和下游冶炼能力的扩大，全球近40%的氧化铝产能集中在中国，这直接导致我国铝土矿资源难以应对日益激增的需求。中国铝土矿进口迅速增加。中国进口的铝土矿主要来自印度尼西亚、澳大利亚、印度，其中印度尼西亚占70%以上。2010年我国铝土矿进口量为3036万吨，同比增加53.3%，当年铝土矿对外依存度高达45.18%。2011年我国铝资源对外依存度已高达61.5%。2012年中国铝土矿进口约4亿吨，铝土矿的外贸依存度达到60%以上。我国电解铝行业的原材料——氧化铝有一半左右依靠进口，我国是世界上最大的氧化铝进口国。

2012年中国铝土矿的进口量为4亿吨，氧化铝铝的进口量为502万吨，而出口量为7.3万吨，我国的氧化铝主要依靠进口，而氧化铝是电解铝的主要原材料，可见我国铝行业原材料的外贸依存度较高。2012年中国铝材的进口量为58万吨，出口量为321万吨，我国铝材的出口量大于进口量，出现了净出口。不过铝材的出口越来越受到反倾销调查，未来有可能影响其销售量。

山东铝土矿产地25处，资源存储量70176.73万吨，但是开采较少，大部分是进口，如信发购买了斐济的90%的铝土矿。其他氧化铝公司大部分也是靠进口铝土矿加工氧化铝。同时，山东铝企业也表现了另外一个特点，在国内进军西部地区，将铝厂建到了新疆、青海、贵州、宁夏以及广西等地，充分利用当地丰富的煤资源以及铝土矿资源，不过由于西部铝产业链尚未形成，配套设施仍不完善，企业只能采取输入氧化铝输出电解铝的方式，而这对运输要求非常高。如山东信发集团将企业扩张到广西、新疆、山西、贵州等煤炭资源和铝土矿资源比较丰富的地区，降低生产成本，然后把氧化铝粉从西部地区运回茌平压制成铝锭销售给铝材企业。

(二) 山东铝市场集中度较高

为了测算山东铝市场集中度，将采用CR_n指标来衡量山东铝行业的市场集中度。CR_n指标是最常用、最简单易行的绝对集中度衡量指标，含义是在行业内规模最大的几个企业的有关数值X（可以是产值、产量、销售额、销售量、职工人数、资产总额等）占整个市场或行业的份额。计算公式为：$CR_n = S_1 + S_2 + S_3 + S_4 + \cdots + S_n$，其中最常用的是4家企业集中度（$CR_4$）和8家企业集中度（$CR_8$）。因此，如果在一个不完全竞争行业中，四家企业或者更少的企业的集中度达到了100%，那么可以认为这些企业在这个市场中具有较强的垄断权力；反之，如果一个市场中由很多小企业组成，且

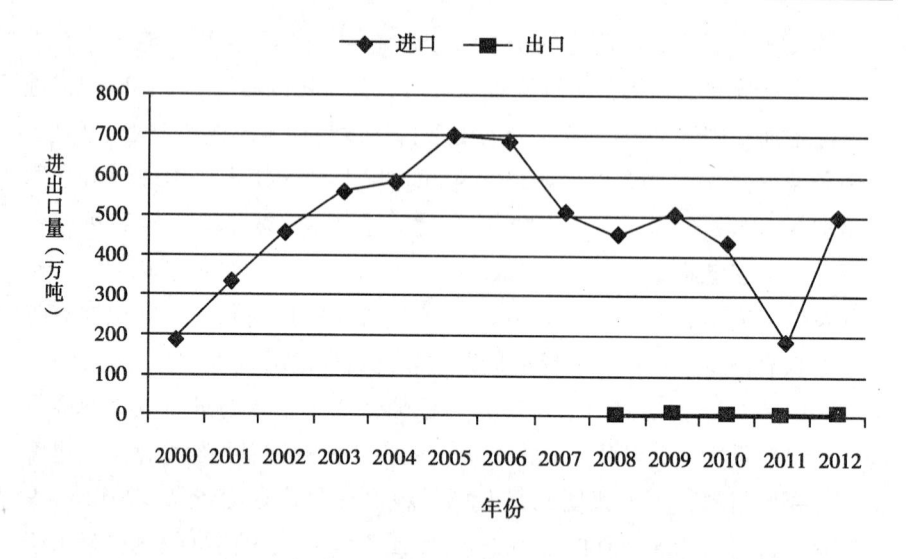

图 7-4　2000—2012 年中国氧化铝进出口量

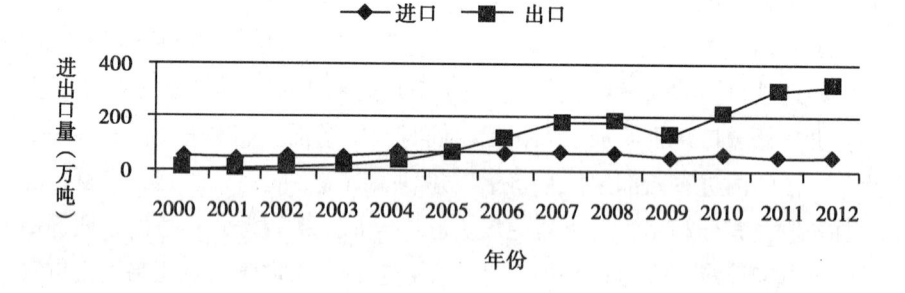

图 7-5　2000—2012 年中国铝材进出口量

四家企业的集中度为 10% 或者 20%，那么认为这个行业是一个竞争型的市场结构。本文采用 CR_4 指标衡量山东铝行业的市场集中度。

本文利用山东四大铝公司是南山集团、信发集团、魏桥创业集团、中铝山东分公司电解铝产量计算 CR_4 为，表明山东省铝产业集群市场集中度高。

（三）电解铝主要销售到国内市场

由于山东铝产业集群是围绕四大企业而建的，电解铝产品大部分销售到当地或者内部消化，如山东产业链最为齐备的大型民营企业信发集团，公司的电解铝产品基本上在山东当地就消化掉了，只有极少数产品销往华东市场。山东魏桥铝电有限公司的产品多数在本地消化，除了与极少数实力雄厚的老客户保持供货关系外，一些小型的铝加工企业已经无法满足供应。南山铝业股份有限公司基本内部消化生产高端铝材。

四 山东铝产业集群制度特征

（一）规模以上企业较少，企业规模普遍较小

铝产业规模以上企业数目比较难找，但可以通过有色金属企业数目查看山东铝产业的规模以上企业。2012年山东规模以上的有色金属矿采选业93家，有色金属冶炼和压延加工业有348家。从中可见，山东省铝产业规模以上企业并不多，企业规模普遍较小，尤其是铝材、铝合金企业规模普遍较小，限制了铝产业集群向下延伸。

（二）集群内企业以民营企业为主，国有和外资企业较少

（1）山东铝行业的外资企业数较少，规模以上的有色金属矿采选业4家，有色金属冶炼和压延加工业有22家。（2）国有企业数目也较少，规模以上的有色金属矿采选业4家，规模以上的有色金属冶炼和压延加工业有5家。在铝行业国有企业主要有两家，一家是中铝山东分公司，另外一家是兖矿集团下属铝公司；（3）非公有制企业较多，规模以上的有色金属矿采选业53家，规模以上的有色金属冶炼和压延加工业有335家。在铝产业集群，民营企业占主体，如信发集团、魏桥创业集团、南山集团。除了这三家大的企业外，山东还存在众多的铝材、铝合金民营中小型企业。（4）政府对大企业的扶持力度比较大。一些企业之所以在短时期实现跨越式成长，原因在于政府在土地、资金、税收等政策方面的大力扶持。如魏桥纺织股份公司通过政府支持进行资本运作和多元化经营，2012年集团实现营业收入24905.5亿元；实现利润1127.6亿元；上缴各级财政税金83亿元。2012年世界500强排名第440位。从山东铝行业规模以上企业数目和企业性质，可以看出山东铝产业的制度环境比较良好，这也是山东铝产业能够迅速发展的重要原因。

第三节 山东铝产业集群升级存在问题和对策建议

一 问题分析

（一）产业分工链条较短，高端产品所占比重较小

山东铝产业集群主要以初级加工产品为主，主要以氧化铝和电解铝为主，除了南山股份有限公司有完善的产业链条和生产制造高性能特种铝合金材料，其他三大铝产业集群大多以生产电解铝和氧化铝为主要业务，如信发集团产品主要是电解铝、氧化铝、铝锭，铝加工材占的比重很小。山东铝产业集群基本还是以生产铝行业低端的原材料产品为主，其围绕铝型大企业形成的产业集群的铝合金、铝材公司规模普遍较小，品牌知名度较低，科技含量较低，大多是低端的铝合金、铝材产品。2012年，山东氧化铝、电解铝等上中游产品的销售收入占整个铝行业的60%左右，铝深加工产品，低档产品比重为70%左右，产品附加值低。从技术层面说，国际上先进的生产技术与落后的技术在聊城并存，精深加工比重小，飞机、高速列车等所需的高端产品开发不足。总体处于国际分工产业链的中低端环节，资源保障能力不足，高端产品开发能力较弱，投入产出效率不高。

（二）生态问题严重

铝行业生态问题主要体现在以下几个方面：一是重生产，轻污染防治。虽然部分铝产业集群建立循环经济示范区，但是由于电解铝生产过程中烟气未经处理而直接被排放大气，排氟量大，对环境污染严重。邹平县、茌平县的环境质量就是明显的一个例证；二是重眼前利益，轻长远可持续发展。山东铝产业集群大多急于上规模，追求发展速度，再加上政府积极助推，导致了忽略环境保护，造成当地环境质量下降。

（三）原材料对外依赖性较大

由于山东省铝矿资源较少，大多依赖进口，这就造成了铝行业原材料外贸依存度较高，这对于铝行业持续发展有一定制约，为此，很多铝企业大力购买国外铝矿资源或者走出山东去国内铝矿资源丰富地区建立分厂，拓展发展空间。

（四）自主创新能力有待提高

铝企业研发经费支出占主营业务收入的0.65%，低于国内平均水平。自主开发的新材料少，新合金开发方面基本是跟踪仿制国外，关键铝产业新材料开发滞后于战略性新兴产业发展需求。

二　对策建议

依据DMI框架分析得出的结论，本文从分工、市场和制度三个方面提出建议，以促进山东铝产业持续、快速、健康的发展。山东省发展重点应放在合理调控氧化铝、电解铝产量，鼓励发展铝精深加工产品，加快技术改造和淘汰落后，推进节能减排，实现科学发展，具体建议如下：

（一）调整产业结构，扩大生产规模，延长铝业经济产业链

目前，在我国铝产品市场上，氧化铝是比较短缺的品种，每年都要靠大量进口满足生产需要。电解铝缺口不大，供需基本平衡；铝材加工主要集中在普通型铝材，高精度铝板带材则有1/3的部分需要通过进口解决。根据这种背景，山东铝产业集群应积极调整产业结构和产品结构，在保持氧化铝基础上，逐步扩大化学品氧化铝的产量，彻底改变以往那种"高投入、高消耗、高污染、低效益"的粗放型经营管理模式，走出一条产品规模、资源消耗、经济效益、社会效益相统一的发展道路，积极发展铝深加工业，进一步降低GDP能耗，发展煤电铝一体化生产，延长产业链，减少资源、能源转换损失，实现综合节能节材；加快淘汰能耗高、效率低、污染重的工艺、技术和设备；大力调整能源消费结构，提高发电用煤在煤炭消费中的比重，增加电力在终端能源消费中的比重；发展洁净煤技术；重点引进国际先进工艺技术对现有电解铝企业进行扩建和技术改造；用高新技术改造传统氧化铝和电解铝产业，重点开发高精度薄铝板带材、高质量的铝箔、铝塑复合板、铝镁合金等，增加产品附加值，提高资源利用的广度和深度，彻底扭转"卖原材料"的局面。

（二）积极进行纵向一体化发展

铝业是一个规模经济效益显著的行业，加强上下游产品企业的合作，加强纵向一体化，是世界铝业发展的特点和趋势。不仅应扩大单个企业的企业规模，还应当对现有铝业企业通过收购兼并重组和入股等多种形式进行合并，实现纵向一体化，形成集采选冶炼加工为一体的大型企业集团。进行综合开发利用和经营，减少生产成本，合理利用设备，支持和参与地方的经济建设，双方相互协作与配合，提高科技含量，增加产品附加值，实现规模经济。

主要鼓励电解铝产业做强做大，提高产业的集中度；继续加强宏观调控，严格控制总量，加快淘汰落后电解铝产能，控制其生产能力的盲目扩张；实现产业结构优化，支持电解铝企业与上下游企业进行联合重组，提高企业竞争力；鼓励电解铝企业与电厂联营，降低成本。打造具有国际竞争力的企业集团是中国铝业发展的目标，政府产业政策是这一过程的催化剂。

（三）提升节能减排和循环经济水平

铝产业具有良好的循环利用性能。实现产业链紧密相连，做到能源、物料的循环使用，可以全面提升资源利用效率，是产业发展的一个重要方向。鼓励节能减排、发展循环经济是山东促进铝产业持续发展的一项重要措施。

（四）延伸产业链，生产高附加值产品

山东的电解铝产量占全国的大约35%左右，而高附加值产品占的比重较少，可以在电解铝的上下游产业进行延伸，而这也符合国家宏观调控政策。在上游方面，部分企业选择了走出国门，进行煤炭资源以及氧化铝的投资，丰富未来的资源储备。在下游方面，部分企业积极拓展铝加工业，选择国内目前产能比较紧缺或者还不能生产的产品进行技术攻关，包括：机车用铝、航空航天用铝、汽车船舶用铝等项目，这些项目具备高技术含量及高附加值。深度铝加工的利润远远超过普通铝锭，这些技术一旦掌握，将非常有助于企业未来的发展。而对于没有铝加工项目的企业，也通过产业集聚方式，吸引大量铝加工企业围绕周边生产，强化了本地区的竞争力，也增强了企业的抗风险能力。

（五）大力推进海外矿产资源开发，积极建设铝回收交易市场

铝产业加工的原材料有两个来源，一是原矿，二是废旧铝。山东铝土矿资源并不丰富，可以重点建设铝产业回收交易市场，鼓励企业采用先进技术和装备，回收利用废杂铝，提高资源使用率，采用高效、低耗、低污染的工艺装备，建设再生铝生产线，促进资源利用上规模，提高资源自给率。随着经济全球化的深入发展，全球资源与市场的争夺不断加剧，加快境外矿产资源开发势在必行。通过地质勘探、并购重组等多种方式运作矿权，获取有效资源，形成长期稳定的矿产资源基地，提高资源保障能力。积极开发利用粉煤灰等含铝非铝土矿资源，实现资源综合利用。积极开发利用粉煤灰等含铝非铝土矿资源，实现资源综合利用。

（六）增强自主创新能力

当前，铝产业发展的大环境已发生深刻变化。国家铝产业调整振兴规划，提出了国家收储、提高出口退税率、技术进步及技术改造等多项扶持政策，各级应积极搞好政策宣传和落实，进一步优化企业发展环境。政府、银行、企业也应及时沟通合作，不断完善银企合作机制，为企业争取更多的信贷支持。必须高度关注铝产业科技发展新趋势，抓住机遇，努力

提高自主创新能力，着力突破制约行业发展的共性、关键技术，着力推进技术创新战略联盟在产业结构调整中的支撑作用，造就一批拥有核心技术和自主品牌、具有国际竞争力的企业，促进科技支撑与产业振兴、企业创新相结合，加快产业共性技术研发推广应用。从根本上改变山东铝行业主要依靠冶炼扩张寻求发展的粗放型模式，引导产业走内生增长、创新驱动的发展道路。

三 结论

基于DMI框架分析山东铝行业产业集群特征及存在问题分析，可以得出如下结论：从分工上看，在技术分工上，铝产业低端产品在市场上占的比重高。高端产品、高附加值产品占的比重较小；在区域分工上，区位熵大于1，表明山东铝产业在全国的区域分工中占有重要地位。从市场上看，山东铝行业在国内市场的市场集中度比较高四大企业的比重较高。国际市场上，在原材料上，山东铝大部分是靠进口，而出口较少，大部分氧化铝产品是销售到国内市场。在制度层面上，规模以上企业数目较少，且大企业占有比重较高，大部分是民营企业，表明铝行业的制度环境还是比较灵活的，尤其是在能源供给的发电层面上。但是，在山东铝产业集群的快速发展中，山东铝产业还存在着原料过分依赖进口（进口铝土矿占全省总需求80%以上）、氧化铝电解铝铝加工能力不配套、高精铝产品加工能力低、产业组织结构不尽合理等结构性矛盾、自主创新能力弱。

第八章　结论与需要进一步讨论的问题

本书在总结归纳国内外关于产业集群升级研究成果的基础上，提出了一个关于产业集群升级的系统性的研究框架，即"分工—市场—制度"分析框架（DMI框架）。该框架的特点是系统性，是以分工为逻辑起点，由分工推导出产业集群的产生、演化机理，分工优势是产业集群产生和升级的根本动力；由分工和市场的关系推导出产业集群和市场的互动作用，产业集群升级的实质是获取市场竞争优势；由分工和市场所依赖的外在环境推导出制度对于产业集群升级的重要性，制度升级是获取分工优势与市场竞争优势、推动产业集群升级的前提条件。

DMI框架不同于单独从某一个方面研究产业集群升级，比如从价值链，或者技术创新，或者制度创新，而是立足于分工视角，把价值链、技术创新、制度创新等影响产业集群升级的关键因素涵盖在内，从系统性的高度，分析了各要素之间的内在关系，遵循由分工到市场，再由市场到制度的逻辑顺序逐步展开，分析每个因素对产业集群升级的影响机制，最后认为：产业集群升级是三者综合作用的结果。

DMI框架是一个具有一般意义的产业集群分析框架，既适用于分析我国东部地区产业集群升级问题，也适用于分析部分省份的产业集群升级。本书以山东为例，立足于山东的产业集群实际情况，指出当前山东产业集群升级面临的问题是：分工价值链低端状态与国内区域分工趋同导致分工锁定；国内市场分割与无序竞争导致市场锁定；社会资本价值的低端化、企业家创新功能缺失与政府职能错位导致制度锁定等。通过技术创新，嵌入全球价值链高端环节，形成具有区域分工特色的产业集群，获得分工优势，推动集群的产业组织升级。以发展服务业为前提，提升专业化市场，加速国内外市场一体化进程，克服市场分割，进行市场创新，获取市场优势，强力推动产业集群中的产业结构升级。通过制度创新，提升社会资本的价值，培养创新型企业家，改善政府服务，改善产业升级的制度环境，获得制度优势，推动产业集群的制度框架升级。只有分工优势、市场优势、制度优势的组合，并进行产业组织升级、产业结构升级、制度框架升级，才能最终实现产业集群升级。

山东产业集群升级问题，是我国东部地区产业升级问题中的子课题，它和我国东南沿海地区产业集群升级相比，既有共性，也有个性。因此，研究分析这一问题，既需要站在我国东部地区产业升级角度进行考察，更需要立足于山东产业集群发展的实际情况进行研究。

通过对山东青岛家电产业集群、纺织产业集群以及铝产业集群升级的实证分析，基本验证了这一分析框架的合理性。山东产业集群升级是我国东部地区产业集群升级的一个典型代表，因而这一分析对其他省份也有借鉴意义。

本书的框架和验证还处于基础阶段，存在以下两个亟待解决的问题：

第一、有些指标的合理性值得商榷，需要对框架的指标进一步筛选。框架中涉及的指标比较多，有些指标容易量化，有些指标不容易量化，要把全部指标量化，并具有数据的可取性和代表性。

第二、对框架中的数学关系进一步推导，今后工作的重点应该构建计量框架，在合理的前提假设之下，选取动态数据，进行多元回归分析，以检验框架的结论的合理性。如果框架过于复杂，可以简化处理，先逐步分解，逐一检验，最后再综合检验。

本书调研基础是青岛的家电产业集群和聊城市的纺织产业集群、铝产业集群，今后需要扩大调研范围，争取对全省每个市的典型产业集群进行调研。

参 考 文 献

[1] 刘芹：《产业集群升级研究述评》，《科研管理》2007 年第 3 期。

[2] 罗勇、曹丽莉：《全球价值链视角下我国产业集群升级的思路》，《国际贸易问题》2008 年第 11 期。

[3] 张杰、张少军、刘志彪：《多维技术溢出效应、本土企业创新动力与产业升级的路径选择——基于中国地方产业集群形态的研究》，《南开经济研究》2007 年第 3 期。

[4] 詹霞：《基于全球价值链视角的地方产业集群升级对策》，《企业经济》2007 年第 8 期。

[5] 谢名一、王季：《全球价值链内集群产业升级研究综述》，《商业时代》2007 年第 30 期。

[6] 聂鸣、刘锦英：《地方产业集群嵌入全球价值链的方式及升级前景研究述评》，《研究与发展管理》2006 年第 6 期。

[7] 周宏燕、谷祖莎：《跨国公司与产业集群双嵌入：地方产业集群升级的有效路径》，《学术论坛》2012 年第 11 期。

[8] 李亚林：《区域品牌对产业集群升级路径的影响研究》，《企业导报》2012 年第 18 期。

[9] 钱平凡：《基于产业集群和全球价值链的我国淡水珍珠产业发展方略》，《国务院发展研究中心调查研究报告》2003 年第 12 期。

[10] 文嫮、曾刚：《嵌入全球价值链的地方产业集群发展——地方建筑陶瓷产业集群研究》，《中国工业经济》2004 年第 6 期。

[11] 张辉：《全球价值链下地方产业集群转型和升级研究》，经济科学出版社 2006 年版。

[12] 张辉等：《全球价值链下北京产业集群升级研究》，北京大学出版社 2007 年版。

[13] 黄永春、郑江淮等：《全球价值链视角下长三角出口导向型产业集

群的升级路径研究》,《科技进步与对策》2012 年第 17 期。

[14] 刘珂:《创新网络视角下的产业集群升级研究》,《企业活力》2007年第 5 期。

[15] 李文秀:《全球化视角下产业集群的治理与升级》,《武汉大学学报》(哲学社会科学版) 2006 年第 3 期。

[16] 李文秀:《基于非正式创新网络建设的产业集群升级实证研究》,《工业技术经济》,2007 年第 10 期。

[17] 张杰、刘东:《我国地方产业集群升级困境的一个制度解析——基于社会资本的逻辑视角》,《东南学术》2006 年第 3 期。

[18] 陈晓峰、邢建国:《集群内外耦合治理与地方产业集群升级——基于家纺产业集群的例证》,《当代财经》2013 年第 1 期。

[19] 盛世豪、郑燕伟:《"浙江现象"产业集群与区域经济发展》,清华大学出版社 2004 年版。

[20] 钟成材:《内源型产业集群升级探讨》,《宏观经济管理》2006 年第 5 期。

[21] 秦兴方:《促进原发性产业集群升级的一种模式——江苏杭集洗漱用品产业集群升级的解读》,《扬州大学学报》(人文社会科学版),2007 年第 3 期。

[22] 周宏燕:《我国地方产业集群升级的路径选择——基于 FDI 的视角》,《科技管理研究》2007 年第 11 期。

[23] 涂文明:《我国外资驱动型产业集群与全球价值链延伸》,《改革》2008 年第 4 期。

[24] 周虹等:《内源型与外源型产业集群升级比较——以浙江和广东为例》,《浙江经济》2006 年第 3 期。

[25] 严北战:《基于多层空间整合的产业集群升级路径研究》,《科研管理》2012 年第 9 期。

[26] 张连业、杜跃平:《论我国资源型产业集群的升级与转型》,《陕西师范大学学报》(哲学社会科学版) 2007 年第 6 期。

[27] 丘海雄等:《珠江三角洲产业集群发展模式与竞争力研究》,经济科学出版社 2008 年版。

[28] 项枫:《基于核心企业网络构建的产业集群升级研究》,《浙江学刊》2012 年第 5 期。

［29］王娇俐：《产业集群升级的内生动力及其作用机制研究》，《商业经济与管理》2013年第2期。

［30］王梅、王文平、杨东：《互补性知识超网络视角下的产业集群升级研究》，《科技进步与对策》2013年第1期。

［31］［英］亚当·斯密：《国富论》，杨敬年译，陕西人民出版社2001年版。

［32］刘茂松、曹虹剑：《信息经济时代产业组织模块化与垄断结构》，《中国工业经济》2005年8月。

［33］［日］腾田昌久、［美］保罗·克鲁格曼、安东尼·J.维纳布尔斯：《空间经济学——城市、区域与国际贸易》，中国人民大学出版社2005年版。

［34］魏后凯等：《中国产业集聚与产业集群战略》，北京经济管理出版社2008年版。

［35］余明龙、郭玉华：《专业市场与产业集群耦合联动机理研究——以浙江为例》，《重庆工商大学学报（西部论坛）》2006年第6期。

［36］杨小凯：《新兴古典经济学和超边际分析》，中国人民大学出版社2000年版。

［37］蒋满元：《区域性市场分割：测度、成因及影响分析》，《广西财经学院学报》2007年4月第2期。

［38］王乃静：《山东半岛城市群内日韩企业集聚的现状与发展对策探析》，《山东经济》2005年第1期。

［39］宋忠伟、徐江：《山东省区域经济差距的空间分界》，《资源开发与市场》2008年12月第24期。

［40］孙朋杰：《基于互动机理的产业集群治理框架与制度安排研究》，《企业经济》2009年第7期。

［41］王缉慈等：《创新的空间：企业集群与区域发展》，北京大学出版社2001年版。

［42］朱华友、陈军：《产业集群治理结构分异及其对集群升级的影响》，《社会科学家》2009年第7期。

［43］安曼、杨敏、霍春辉：《基于治理结构演进的集群治理模式探析》，《社会科学辑刊》2007年第3期。

［44］卫龙宝、阮建青：《产业集群与企业家才能——基于濮院羊毛衫产

业的案例研究》,《浙江社会科学》2009年第7期。

[45] 周虹:《企业家合作创新与产业集群竞争优势》,《科研管理》2008年第12期(增刊)。

[46] 柏遵华、聂鸣:《产业集群背景下的社会资本与产业集群互动研究》,《科技进步与对策》2004年第10期。

[47] 卢林、姜滨滨:《产业集群与社会资本:一个文献综述》,《商业研究》2009年第10期。

[48] 杨黛:《社会资本专用性对产业集群的影响分析》,《经济问题》2006年第8期。

[49] 陈剑锋:《产业集群中社会资本价值框架及其影响因素》,《学术研究》2003年第2期。

[50] 孙海燕:《齐鲁文化对山东经济发展的影响》,《长江大学学报》2009年第4期。

[51] 陈伟鸿、李凯明:《基于分工网络治理的产业集群演进机制——对浙江三个产业集群实证数据的比较分析》,《产业与科技论坛》2006年第6期。

[52] 杨艳琳、李魁:《社会资本视角的我国产业集群发展分析》,《浙江学刊》2006年版。

[53] 陈志平:《地方政府在促进产业集群发展中的作用》,《求索》2009年第9期。

[54] 魏丽华:《金融危机视角下地方政府的有效行为分析——从推动产业集群升级的角度》,《人文杂志》2009年第5期。

[55] 沈静、魏成:《全球价值链下顺德家电产业集群升级》,《热带地理》2009年第3期。

[56] 《苏粤鲁利用外商直接投资比较》,中国统计信息网2008年1月16日11:34:40。

[57] 李善同、刘勇:《促进空间一体化市场形成的对策与措施》,国务院发展研究中心网站2000年9月19日。

[58] 张杰、刘东:《我国地方产业集群的升级路径:基于组织分工架构的一个初步分析》,《中国工业经济》2006年第5期。

[59] 文嫮、曾刚:《全球价值链治理与地方产业网络升级研究——以上海浦东集成电路产业网络为例》,《中国工业经济》2005年第7期。

［60］盖文启：《创新网络——区域经济发展新思路》，北京大学出版社2002年版。

［61］李冰：《产业集群发展与产业集群升级研究——以纺织业为例》，硕士学位论文，山东大学，2006年9月。

［62］《山东产业集群"链短"问题突出》，中国联合钢铁网（http://www.custeel.com）2008年11月13日10：01。

［63］刘冰主编：《山东半岛经济社会发展概论》，北京经济管理出版社2008年版。

［64］陈晓涛：《产业集群的衰退机理及升级趋势研究》，《科技进步与对策》2007年第2期。

［65］徐竹青：《地方产业集群升级的演化分析与政策支持》，《科技管理研究》2007年第5期。

［66］张华：《山东经济特色与竞争优势研究》，山东人民出版社2007年版。

［67］周维颖：《新产业区演进的经济分析》，复旦大学出版社2004年版。

［68］倪鹏飞：《中国城市竞争力报告NO.3，集群：中国经济的龙脉》，社会科学文献出版社2005年版。

［69］盛世豪、郑燕伟：《"浙江现象"产业集群与区域经济发展》，清华大学出版社2004年版。

［70］[美]迈克尔·波特：《国家竞争优势》，华夏出版社2002年版。

［71］[美]保罗·克鲁格曼：《地理与贸易》，张兆杰译，北京大学出版社2000年版。

［72］[美]迈克尔·波特：《竞争论》，中信出版社2003年版。

［73］卢福财、胡大力：《产业集群与网络组织》，经济管理出版社2004年版。

［74］梁琦：《产业集聚论》，商务印书馆2004年版。

［75］李青、李文军、锅金龙：《区域创新视角下的产业发展：理论与案例研究》，商务印书馆2004年版。

［76］陆立军、刘乃全、任光辉：《专业市场与产业集聚互动研究：来自浙江的案例》，《经济学家》2009年第8期。

［77］《山东统计年鉴》，2000年到2012年，山东统计出版社。

［78］侯樱樱：《青岛和宁波家电产业集群的比较研究》，学位论文，浙江

理工大学，2009年。

[79] 刘红：《产业集群竞争力的理论与实证研究——以青岛家电产业为例》，学位论文，东北师范大学，2007年。

[80] 李群芳：《青岛家电产业集群研究》，学位论文，南昌大学，2008年。

[81] 曲学梅：《青岛家电产业集群竞争力研究》，学位论文，山东理工大学，2007年。

[82] 周梁：《全球价值链治理与家电行业升级研究——以浙江慈溪市家电行业为例》，学位论文，浙江工商大学，2010年。

[83] 刘爱东、刘文静：《我国家电产业集群升级的战略思考——以青岛家电产业集群分析为例》，《中南大学学报》（社会科学版）2011年第12期。

[84] 《2008山东统计年鉴》，山东统计信息网。

[85] 李亚林：《产业集群升级研究成果综述》，《价格月刊》2011年第7期。

[86] 薄文广：《产业特征、空间差异与制造业地理集中：基于中国数据的实证分析》，《南方经济》2010年第6期。

[87] 吴进红：《外商直接投资的加工贸易倾向与产业升级》，《南京社会科学》2005年第7期。

[88] 陶凌云、赵增耀：《FDI与产业集群互动机制的分析——基于上海和江苏的例证》，《开发研究》2009年第4期。

[89] 吴波：《FDI知识溢出与本土集群企业成长——基于嘉善木业产业集群的实证研究》，《管理世界》2008年第10期。

[90] 祖强、孙军：《跨国公司FDI对我国产业集聚和产业升级的影响》，《世界经济与政治论坛》2005年第5期。

[91] 李琳、韩宝龙、高攀：《地理邻近对产业集群创新影响效应的实证研究》，《中国软科学》2013年第1期。

[92] 卢华玲等：《产业集群发展影响因素研究——基于电子及通信设备制造业省级面板数据实证分析》，《工业技术经济》2013年第1期。

[93] 顾培：《FDI进入与本土产业升级及失衡——以昆山地区为例》，《江苏论坛》2007年第6期。

[94] 陈涛涛：《影响中国外商直接投资溢出效应的行业特征》，中国社会

科学2003年第4期。

[95] 谢建国：《外商直接投资与中国的出口竞争力——一个中国的经验研究》，《世界经济研究》2003年第3期。

[96] 冼国明、葛顺奇：《跨国公司FDI与东道国外资政策演变》，《南开经济研究》2002年第1期。

[97] 冼国明、严兵、张岸元：《中国出口与外商在华直接投资——1983年—2000年数据的计量研究》，《南开经济研究》2003年第1期。

[98] 王新燕、张伟：《云南进出口和FDI与经济增长关系的实证分析》，《云南财贸学院学报》2005年6月第3期。

[99] 《2011山东统计年鉴》，山东统计信息网。

[100] 李军：《基于技术预见的产业创新系统建设与运行研究——以青岛家电产业为例》，学位论文，青岛科技大学，2009年。

[101] 2008年国家和各省国民经济和社会发展统计公报，中国统计信息网。

[102] 杨波：《山东省外向型经济发展地域差异及分类研究》，《世界地理研究》2004年3月第1期。

[103] 刘涛：《外商直接投资对山东经济发展格局的影响》，《东岳论丛》2007年1月第1期。

[104] 青岛韩资企业发展状况的实地调研（节选），新浪财经（http://www.sina.com.cn）2008年10月23日22：01。

[105] 冼国明、严兵：《全球FDI的发展趋势与前景》，《国际经济合作》2007年1月。

[106] 朱华晟：《基于FDI的产业集群发展模式与动力机制——以浙江嘉善木业集群为例》，《中国工业经济》2004年第3期。

[107] 史亚东：《产业集群、集聚经济与FDI相关关系研究述评》，《现代乡村》2008年6月。

[108] 郭炳南、欧阳有旺：《江苏省实际利用外资对进出口贸易影响的实证分析》，《科技与管理》2009年第4期。

[109] 张骞、王宁：《发挥政府职能促进产业集群转型升级——白沟箱包集群转型升级经验探索》，《经济研究参考》2012年第65期。

[110] 刘芹：《产业集群共性技术创新过程及机制研究述评》，《工业技术经济》2012年第7期。

[111] 曹群:《产业集群的升级:基于动态能力的观点》,《学术交流》2006年第9期。

[112] 郭金喜:《传统产业集群升级:路径依赖和蝴蝶效应耦合分析》,《经济学家》,2007年第3期。

[113] 李善同等:《中国国内地方保护问题的调查与分析》,《经济研究》2004年第11期。

[114] 计国忠:《论我国的省际贸易壁垒:现状、原因与危害》,《广东财经职业学院学报》2004年第5期。

[115] 朱希伟、金祥荣、罗德明:《国内市场分割与中国的出口贸易扩张》,《经济研究》2005年第12期。

[116] 马中东、韩晔、宋淑慧:《山东利用外资的质量和水平分析——基于FDI与进出口贸易关联性视角》,《聊城大学学报》2012年第3期。

[117] 马中东:《基于DMI模型的我国产业集群升级》,《经济管理》2010年第6期。

[118] 马中东:《全球价值链视角下的产业集群升级研究综述》,《商业时代》2010年第18期。

[119] 马中东:《区域治理模式与产业集群升级困境分析》,《山东社会科学》2014年第4期。

[120] Gereffi G, "International trade and industrial upgrading in the apparel commodity chain", *Journal of International Economics*, 1999, pp. 37–70.

[121] Humphrey J. and Schmitz H., "Governance and upgrading: Linking industrial cluster and global value chain research", *IDS Working Paper* No. 120, Institute of Development Studies, University of Sussex, Brighton.

[122] Gereffi G., Humphrey J., Sturgeon T., "The Governance of Global Value Chains", *forthcoming in Review of international political economy*, 2003.

[123] Shahid Yusuf, Kaoru Nabeshima and Shoich Yamashita, Growing Industrial Clusters in Asia, *THE WORLD BANK Washington*, D. C. 2008.

[124] Edmund R. Thomson, Clustering of Foreign Direct Investment and En-

hanced Technology Transfer: Evidence from Hong Kong Garment Firms in China. *World Development*, Volume 30, Issue 5, May 2002, pp. 873 – 889.

[125] Gábor Hunya, *Restructuring through FDI in Romanian manufacturing. Economic Systems*, Volume 26, Issue 4, December 2002, pp. 387 – 394.

[126] DING Ke, "Domestic Market-based Industrial Cluster Development in Modern China", *Institute of Developing Economies*, February, 2007, pp. 1 – 29.

[127] Ke Li, Chihning Chu, Derfang Hung, Chauchyun Chang and Songlin Li, Industrial cluster, network and production value chain: a new framework for industrial development based on specialization and division of labour, *Pacific Economic Review*, 15: 5 (2010), pp. 596 – 619.

后　　记

　　本书是在博士后出站报告的基础上完善而成。博士后出站报告在2010年4月完成，其内容只有本书的前五章内容，经过四年的修改、补充、完善，终于定稿。该书也是作者主持的省社科基金课题的结题成果。

　　2008年的世界金融危机对世界经济产生深远影响，世界经济进入调整期，中国经济发展模式也发生了改变，结束了经济高速增长时代，进入以中高速增长为特征的经济新常态。新常态的主旋律就是产业转型升级，就是要提升产业附加值，降低消耗，发展绿色低碳经济，达到发展和环境保护的双赢。本书以产业集群升级为研究对象，以价值链分工为分析的逻辑起点，进而分析市场和制度对于产业集群升级的内在机理，尝试构建一个产业集群升级的分析框架，并以山东为例进行实证检验。价值链分工状况取决于技术创新的状况，分工和市场相互促进，又都受制度影响，因而制度创新和技术创新成为产业集群转型升级的根本路径。

　　随着"云（计算）、物（联网）、大（数据）、智（能系统）"强力支撑的科技革命新时代的到来，美国以新科技革命成果拉动产业升级，提出了产业回归战略。党的十八大提出了创新驱动战略，抢占第三次工业革命先机，打造升级版经济，我们认为产业集群升级是关键。党的十八届三中全会提出市场对资源配置起决定性作用，并界定了政府的职能，这为产业升级提供了基础动力和好的外部环境。

　　世界经济深度调整、第三次工业革命和经济新常态成为产业集群升级的宏观背景，也是本书书稿形成的前提，世界分工的新变化、技术创新的新模式、经济新常态的新要求，作者尝试在内容上进行了衔接和体现。当然有许多地方衔接的不够深入和到位，还有许多工作需要继续努力。

　　感谢山东大学经济学院博士后导师张东辉教授，为书稿的结构和完善提供了基础性的思路和建议，也再次感谢博士导师杨玉生教授，关于产业集群的研究开始于博士论文的写作，杨老师对博士论文的指导仍然能够体现在本书的内容之中。感谢聊城发展研究院王志刚院长，他倡导的问题导向、产学研结合等研究理念，深深影响了本书的写作路径和方法。感谢同事韩晔老师和梁树广老师，在本书后期的修改过程中，两位老师付出了很多精力，并一起撰写了第五章和第七章的主要内容。学院的研究生宋淑慧、宁朝山、周乐等同学也做了很多资料搜集与翻译、文献整理等工作。最后也感谢我的妻子王晓燕的长期支持和鼓励。